utb 4082

Eine Arbeitsgemeinschaft der Verlage

Böhlau Verlag · Wien · Köln · Weimar
Verlag Barbara Budrich · Opladen · Toronto
facultas · Wien
Wilhelm Fink · Paderborn
A. Francke Verlag · Tübingen
Haupt Verlag · Bern
Verlag Julius Klinkhardt · Bad Heilbrunn
Mohr Siebeck · Tübingen
Nomos Verlagsgesellschaft · Baden-Baden
Ernst Reinhardt Verlag · München · Basel
Ferdinand Schöningh · Paderborn
Eugen Ulmer Verlag · Stuttgart
UVK Verlagsgesellschaft · Konstanz, mit UVK/Lucius · München
Vandenhoeck & Ruprecht · Göttingen · Bristol
Waxmann · Münster · New York

Hamid Reza Yousefi

Einführung in die islamische Philosophie

Eine Geschichte des Denkens von den Anfängen bis zur Gegenwart

2., überarbeitete Auflage

Wilhelm Fink

Der Autor:

PD Dr. Hamid Reza Yousefi lehrt interkulturelle Philosophie und Geschichte der Philosophie an der Universität Koblenz-Landau und ist der Gründungspräsident des Institus zur Förderung der Interkulturalität in Trier. Er gibt die Schriftenreihe ›Interkulturelle Bibliothek‹ heraus.

Illustrationen: Anna Lukasik-Fisch

Online-Angebote oder elektronische Ausgaben sind erhältlich unter **www.utb-shop.de**

Bibliografische Information der Deutschen Nationalbibliothek

Die Deutsche Nationalbibliothek verzeichnet diese Publikation in der Deutschen Nationalbibliografie; detaillierte bibliografische Daten sind im Internet über http://dnb.d-nb.de abrufbar.

2., überarbeitete Auflage 2016

(Wilhelm Fink GmbH & Co. Verlags-KG, Jühenplatz 1, D-33098 Paderborn)

Internet: www.fink.de

Printed in Germany.
Herstellung: Ferdinand Schöningh, Paderborn
Einbandgestaltung: Atelier Reichert, Stuttgart

UTB-Band-Nr: 4082
ISBN 978-3-8252-4523-8

Inhalt

Zum Ausdruck meiner Dankbarkeit,

Reza

Abdoldjavad Falaturi (1926-1996) gehört zu den Klassikern des christlich-islamischen Dialogs des 20. Jahrhunderts. Zeit seines Lebens setzt er sich, jenseits aller europhobischen oder euroverliebten Positionen, für eine kommunikative Hermeneutik der Kulturen und Religionen ein. In einer groß angelegten Studie untersucht Falaturi deutsche Lehrwerke für den Religionsunterricht im Hinblick auf die Darstellung des Islam und läutet dadurch einen Neubeginn des christlich-islamischen Dialogs ein. Ihm ist dieses Buch in Dankbarkeit gewidmet.

»Was du ererbt von deinen Vätern hast,
erwirb es, um es zu besitzen.«

Johann Wolfgang von Goethe

Vorwort

In meinen bisherigen Veröffentlichungen habe ich bereits die Konsequenzen beschrieben, die sich aus einer möglichen Dezentralisierung der Geistesgeschichte ergeben.[1] Ich habe auf die Notwendigkeit hingewiesen, dass die verschütteten Philosophien erneut als ein Bestandteil des Weltdiskurses zu betrachten sind. Dieses Buch begreift sich als ein systematischer Versuch, Tiefe, Dauer und Breite der marginalisierten und bisweilen vergessenen Philosophien des islamischen Orients vorzustellen und kritisch zu würdigen.

Als ich mit der Niederschrift dieses Werkes begann, habe ich die Schwierigkeiten, auf die ich stoßen würde, weit unterschätzt. Es stellte sich bald heraus, dass die Verwirklichung eines solchen Kompendiums ohne Pionierarbeit nicht möglich ist, weil die Werke von Philosophen der islamischen Welt seit ihren Anfängen im europäischen Mittelalter nur bruchstückhaft und bisweilen willkürlich ins Lateinische übersetzt und kommentiert worden sind. Dies brachte es mit sich, dass seitdem ein einseitiges Bild der Philosophie der islamischen Welt entworfen und gepflegt wurde. Deshalb beschloss ich, auf die Originalwerke zurückzugreifen, um diese Philosophen und Naturwissenschaftler, zumindest in einer Auswahl, kurz vorzustellen.

Der islamische Orient, diese Nahtstelle mehrerer Welten, trägt das Vermächtnis früherer Religionen, Philosophien und Weisheitslehren aus der vorislamischen Zeit in sich. Ägyptische, altpersische und griechische Leistungen fließen hier ineinander. Ein weiteres früheres Kultur- und Zivilisationszentrum war Mesopotamien, das Zweistromland, welches die historischen Länder Assyrien und Babylonien in Vorderasien verbindet. Über die Seidenstraße, ein Netz von Karawanenwegen, die das Mittelmeer mit Ostasien auf dem Landweg verbindet, entstehen interkulturelle Zentren des Austauschs von Gütern, Kenntnissen und Informationen wie auch Begegnungsorte der Religion. Diese Kulturräume bilden das Herzstück des Orients.

---

1 Vgl. hierzu Yousefi, Hamid Reza: *Interkulturalität und Geschichte*, 2010; *Zarathustra neu entdeckt*, 2010 und *Die Bühnen des Denkens*, 2013.

Der Begriff ›Islam‹ steht also nicht nur für eine Religion, sondern auch für eine Kultur und eine Philosophie. Im Orient läutet die Entstehung des Islam durch den Propheten Mohammad (570-632) eine Revolution der Denkungsart ein. Es geht um eine grundlegende Erneuerung der religiösen und sozial-politischen Strukturen. Als er 610 im Namen Allahs auftritt, steht das Gebiet seines Wirkens unter der Herrschaft des oströmischen Kaisers Heraklios I. (575-641). Im Jahr 622 vollzieht sich die Hidschra, die Auswanderung des Propheten von Mekka nach Medina. Er flüchtet vor denen, die ihm nach dem Leben trachten. In seiner neuen Heimat Medina wird er verstanden, seine Lehre wohlwollend aufgenommen, und er gründet eine Gemeinde.

Die Ausbreitung des Islam im Orient und darüber hinaus über Nordafrika bis zur Iberischen Halbinsel vollzieht sich in einem knappen Jahrhundert. Sie führt zu einer großen Blüte in Politik, Kultur und Wissenschaft. Der entstehende Wohlstand führt zur Errichtung wissenschaftlicher Zentren in der gesamten islamischen Welt. Zu diesen Zentren gehören zweifelsohne Bagdad, mit dem Sitz des Kalifen, und die maurische Alhambra auf der Iberischen Halbinsel.

Die Philosophen der islamischen Welt zeigen von Anfang an eine starke Affinität zum griechischen Denken, das für die Entfaltung islamischer Philosophie maßgeblich ist. Mit der Entdeckung philosophischer Werke, wie denen des Platon (427-348) und Aristoteles (384-322), erhält die Erkenntnissehnsucht der Philosophen in der islamischen Welt neue Nahrung. Aufgrund ihrer Erfahrungen der unterschiedlichen Philosophien der orientalischen Welt und ihrem unbändigen Erkenntnisdurst vermögen sie scharfsinnig Philosophie und Philosophisches erfinderisch zu erkennen.

Eine erste entscheidende Begegnung zwischen den Philosophen islamischer und europäischer Welt vollzieht sich in den Wellen der mittelalterlichen Philosophien Europas. Die Philosophen der islamischen Welt transferierten die eigenen und griechischen Wissensvorräte nach Europa, woraus sich der europäische Geist noch heute speist. An der Übersetzung der Werke von Philosophen der islamischen Welt ins Lateinische – und später in die entsprechenden modernen Sprachen – entzündete sich eine Blütezeit der Philosophie in Europa.

Die Philosophien der islamischen Welt sind aus mehreren Gründen einzigartig. Beschäftigt man sich mit ihrer Entwicklung, so kommt eine Systematik zum Vorschein, die bis heute nicht an Stringenz verloren hat. Die Epochen der islamischen Philosophiegeschichte unterteile ich nicht nach europäisch-westlichem Vorbild in Antike, Mittelalter, Neuzeit und Gegenwart, weil ich eine solche Einteilung in zweifacher Hinsicht für problematisch halte. Diese Epocheneinteilung suggeriert die Existenz monolithischer Blöcke, die nichts miteinander zu tun hätten: das Mittelalter löst die Antike ab, die Neuzeit das Mittelalter und die Moderne wiederum die Neuzeit usw. Diese eurozentrische Einteilung sollte nicht darüber hinwegtäuschen, dass die europäisch-westliche Philosophiegeschichte nicht die Weltgeschichte darstellt und dass all diese inselhaft gedachten Epochen-Blöcke in gewisser Weise fließend ineinander übergehen. Wir finden viele Elemente des Mittelalters noch heute, und manche Elemente der Neuzeit schon im Mittelalter. Geschichte der Philosophie kann nicht ohne Verlust stufentheoretisch wie eine Rolltreppe nach oben gedacht werden. Es handelt sich stets um offene Phasen, die eng miteinander verzahnt sind.

Weiterhin ist die Bewertung der Epochen problematisch. Während europäische Antike und Neuzeit als strahlende Weltalter gefeiert werden, wird das Mittelalter weitestgehend als ›finster‹ und ›dunkel‹ abgetan. Hier stellt sich die Frage nach dem Grund einer derartigen Erinnerungskultur.

Man darf vermuten, dass die Europäer mit ihrer Epocheneinteilung die Geschichte des Denkens nach ihrem Weltbild gestalten, verabsolutieren und universalisieren wollten. Bei genauem Hinsehen erweist sich diese Einteilung als ein Kind des expansiven Kolonialismus, mit der eine historiographische Intersubjektivität einhergeht. Eine solche erzwungene Angleichung ist zurückzuweisen.

So erklärt bspw. der Ausdruck ›finsteres Mittelalter‹ die Verdienste derer für null und nichtig, die in jener Zeit eine wissenschaftliche Denkweise in Gang gebracht haben. War es nicht die islamische Welt, die auf allen Gebieten der Wissenschaft führend gewesen ist und der wir viele unserer heutigen Erkenntnisse zu verdanken haben? So hätte griechisches Denken ohne die islamischen Wissenschaften und ihre Übersetzungsarbeit kaum in europäisches Bewusstsein eindringen können. Griechische Werke sind zum großen Teil nur in arabischer Übersetzung erhalten.

Deshalb liegt eine Aufgabe der vorliegenden Einführung gerade darin, die philosophiegeschichtliche Kontinuität der islamischen Welt aufzuzeigen und zugleich zu demonstrieren, warum eine neue Philosophiegeschichtsschreibung notwendig geworden ist. Die Philosophien der islamischen Welt unterteile ich in drei aufeinanderfolgende Phasen:

Die *erste* Phase (8. bis beginnendes 14. Jahrhundert) markiert die Gründung und Blüte der Philosophie der islamischen Welt. Hier entstehen Denkrichtungen, in denen die menschliche Vernunft und ihre Forderungen für den Erkenntnisgewinn grundlegend werden. Es entstehen Denkrichtungen, welche die Frage nach der Transzendenz mit oder auch ohne Maßstäbe der Vernunft ergründen. Diese Phase ist die erste tiefgreifende Begegnung mit der griechischen Philosophie, die bis in die Gegenwartsphase hinein ein Bestandteil des islamischen Denkens geblieben ist.

Die *zweite* Phase (14.-19. Jahrhundert) ist dadurch geprägt, dass man die Erkenntnisse der ersten Phase aufnimmt, jedoch hieraus die Grundlage für neue Konzepte der Philosophie, Politik und Wissenschaft entwickelt, welche für die sich rasch verändernde Welt des 14. Jahrhunderts notwendig sind. Um nur ein Beispiel zu nennen, sei hier die Gesellschaftstheorie eines Ibn Khaldun mit dem Schwerpunkt ›Assabia‹, ›Gruppensolidarität‹ erwähnt.

Die *dritte* Phase (19.-21. Jahrhundert) ist geprägt von den Auswirkungen kolonialistischen Denkens. Die Philosophen dieser Phase greifen, trotz dieses strukturellen Hindernisses, die Erkenntnisse der beiden vorangegangenen Phasen kritisch auf. Hier bildet sich eine Reihe von durchaus kontroversen Schulen. Während einige eine rein analytische Richtung einschlagen, sind andere bestrebt, diese mit spirituellen Erkenntnissen zu harmonisieren. In allen Strömungen bleibt die Rolle der Vernunft, im Sinne der islamischen Aufklärung, auch in religiösen Angelegenheiten, von großer Bedeutung.

Es ist in der Tat ein Defizit, dass im vorliegenden Werk nicht alle maßgebenden Philosophen und Naturwissenschaftler der islamischen

Abdoldjavad Falaturi (1926-1996) gehört zu den Klassikern des christlich-islamischen Dialogs des 20. Jahrhunderts. Zeit seines Lebens setzt er sich, jenseits aller europhobischen oder euroverliebten Positionen, für eine kommunikative Hermeneutik der Kulturen und Religionen ein. In einer groß angelegten Studie untersucht Falaturi deutsche Lehrwerke für den Religionsunterricht im Hinblick auf die Darstellung des Islam und läutet dadurch einen Neubeginn des christlich-islamischen Dialogs ein. Ihm ist dieses Buch in Dankbarkeit gewidmet.

Geistesgeschichte zur Darstellung kommen können. An dieser Stelle seien wenigstens einige Namen der dritten Phase genannt, auf die nicht weiter eingegangen wird: Jamaleddin Afghani (1838-1897) [Persien], Mohammed Abduh (1849-1905) [Ägypten], Muhammad Iqbal (1877-1938) [Pakistan], Amin Al-Khuli (1895-1966) [Ägypten], Fazlur Rahman (1919-1988) [Pakistan], Fuad Zakariya (1928-2010) [Ägypten], Gholamhossein Ebrahimi Dinani (*1934) [Iran], Sadiq Jalal Al-Azm (*1934) [Syrien], Hasan Hanafi (*1935) [Ägypten], Mohamed Mesbahi (*1939) [Marrakesch], Gholamreza Aavani (*1943) [Iran], Abdolkarim Sorousch (*1945) [Iran] und Nasr Hamid Abu Zaid (1943-2010) [Ägypten].

In dieser dritten Phase vollzieht sich eine Wissenschaftsrevolution mit einer daraus resultierenden Techniküberlegenheit im Okzident. Diese führt zu der strukturellen Gewalt des Kolonialismus, der eine technologisch entsprechende Entwicklung außereuropäischer Völker im Keim erstickt. Hinter dieser technischen Dominanz verbirgt sich ein philosophisch nicht mehr haltbarer Dominanzanspruch. Es ist durchaus verständlich, dass heute diese freigewordenen Völker unermüdlich und bisweilen unnachgiebig daran arbeiten, diese erzwungene Rückständigkeit aufzuholen.

Bedingt durch den Kolonialismus der letzten 250 Jahre sind in dieser letzten Phase drei Positionen voneinander zu unterscheiden, die in ehemaligen Kolonien zu beobachten sind:

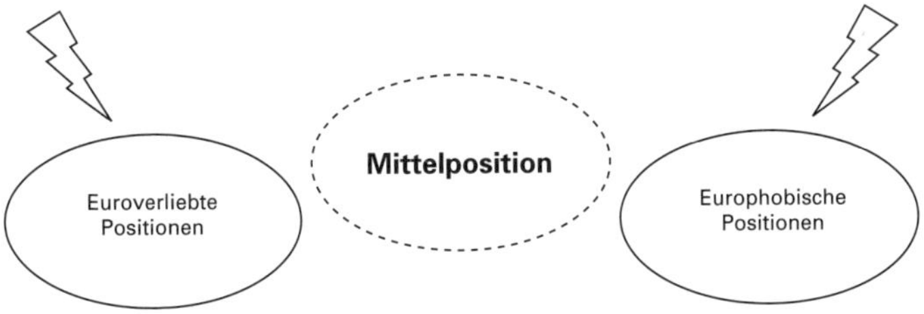

Europhobische Positionen, die eine radikale Abwendung von der europäisch-westlichen Moderne anstreben, weil sie diese Mentalität für dekadent und ausbeuterisch halten. *Euroverliebte* Positionen, welche die okzidentale Moderne nachahmen und die Philosophien der islamischen Welt für rückständig und überholt halten. *Mittelpositionen*, die zwar eine starke Verankerung in eigenen Traditionen suchen, aber theoretisch wie praktisch bemüht sind, allen Philosophien gegenüber offen zu sein und ihnen verstehend zu begegnen, jedoch eine philosophische Dominanz ablehnen. Sie spiegelt Momente der Anerkennung, Ergänzung, Korrektur sowie der Erweiterung und Versöhnung wider. Mit dieser Mittelposition erwächst eine erneute Begegnung zwischen dem Orient und dem Okzident, die im Westen weitestgehend als Streit zwischen Tradition und Moderne begriffen wird.

* * *

Mit dem vorliegenden Werk ist der Versuch verbunden, in die Geschichte des Denkens islamischer Welt von ihren Anfängen bis zur Gegenwart einzuführen. In einem ersten Schritt geht es um die Beantwortung der Fragen nach Wesen, Ort und Sinn der Philosophie allgemein. In einem zweiten Schritt wird die Frage nach Philosophie, Mystik und Weisheit diskutiert. In einem dritten Schritt erörtere ich die drei oben genannten Phasen der Philosophie im Orient: Gründungs- und erste Blütephase, mehrdimensionale Übergangsphase und kritische Gegenwartsphase.

Was ist damit gemeint, wenn wir ›Islamische‹ bzw. ›Arabische Philosophie‹ sagen? Mit dieser Formulierung sind Philosophien in der islamischen Welt angesprochen, in denen Weisheit und Philosophie tief verwurzelt sind. Es handelt sich um Philosophen, die ihre Werke in Persisch, Arabisch oder Türkisch niedergeschrieben haben. Um dem begrenzten Raum eines einführenden Werkes gerecht zu werden, beschränke ich diesen Ausdruck im Folgenden auf die Arabisch und Persisch schreibenden Autoren, wobei bis 1934 von Persien die Rede ist, was in der Folgezeit von der Bezeichnung ›Iran‹ bzw. dem ›Eran‹ abgelöst wird, was soviel bedeutet wie ›Land der Arier‹.

Die persischen und arabischen Fachausdrücke habe ich ohne diakritische Zeichen gesetzt, zumal die Fachleute ohnehin die wissenschaftlichen Begriffsapparate kennen, während dies für interessierte Laien ungleich schwieriger ist.

Ausgehend von 30 konkreten Einzelvorstellungen bedeutender Naturwissenschaftler, Philosophen sowie Mystiker oder Sozialkritiker aus der islamischen Welt, versteht sich das vorliegende Werk als ein Versuch, die Geschichte des Denkens in der islamischen Welt darzustellen. Hier möchte ich einige Denkformen voneinander unterscheiden, die diese Lektüre und das Erschließen der Denkmethode dieser Persönlichkeiten erleichtern möge: Es gibt Denkansätze, die eine Mischung eingehen aus Philosophie und erkenntnistheoretischer Weisheitslehre, sie heißen ›Erfan‹. Solche Ansätze nenne ich ›Transzendentale Philosophie‹. Weiterhin werden Persönlichkeiten vorgestellt, die theoretisch wie praktisch neue Denkkonzeptionen formulieren, um ihren Gesellschaften Auftrieb zu verleihen. Solche Denker nenne ich ›Philosophen der Tat‹. Es werden auch Wissenschaftler portraitiert, die weniger praktisch als vielmehr theoretisch vorgehen. Diese Denkansätze nenne ich ›Philosophie des Wortes‹. Des Weiteren ist zu vermerken, dass Theologen an Offenbarung festhalten, während Mystiker, sie heißen ›Orafa‹, ihr Leben eher nach individueller Intuition und Erleuchtung ausrichten. Zu beachten ist aber, dass es Momente gibt, in denen sich, wie wir noch sehen werden, all diese Bereiche berühren.

Dieses Werk ist ein Plädoyer für eine praktische Betrachtung der Interkulturalität, die von einer gelebten Kultur der Kooperation und wechselseitiger Anerkennung abhängig ist. Es geht nicht darum, den Garten der Vielfalt aus Rosen, Tulpen und Lilien auf eine Einheitsblume zu reduzieren, sondern zu lernen, sich an der jeweils anderen Schönheit zu erfreuen.

* * *

Einige Freunde, Studenten und Kollegen haben mich bei der Entstehung dieses Werkes mit Wort und Tat unterstützt, bei denen ich mich hiermit herzlich bedanken möchte. Neben Ina Braun und Peter Gerdsen möchte ich meinen Dank, allen voran Hans-Gerd Hamacher, Karam Khella und Jürgen Pferdekamp, aussprechen. Nicht zuletzt geht mein Dank an den Wilhelm Fink Verlag für die Aufnahme des Buches in das UTB-Verlagsprogramm und insbesondere an Frau Nadine Albert für die gewissenhafte Betreuung meines Werkes.

Hamid Reza Yousefi
Trier, im Frühjahr 2014

I. Was ist Philosophie?

1. Das Wesen der Philosophie

Wer den Sinn der Philosophie ergründen will, hat sich mit zwei Fragen zu beschäftigen: Was ist Philosophie und was heißt Denken? Ich möchte in dieser Tradition bleiben und zunächst die Frage diskutieren, was Denken ist, bevor ich mich der Beantwortung der Frage nach dem Wesen der Philosophie zuwende.[1]

1.1 Was bedeutet Denken?

Der Mensch wird stets als ein Wunder der Natur gefeiert. Warum? Weil er sich und seine Umwelt denkend wahrnimmt. Was aber ›Denken‹ konkret bedeutet, darüber gibt es viele Antworten, die sich bisweilen sogar gegenseitig ausschließen. Denken umfasst, jenseits aller Meinungsverschiedenheiten, vielfältige Vorgänge, in denen Erkenntnisformen und Begriffe entfaltet, vernetzt oder verworfen werden. Denken ist auf radikale Weise spontan und vermag urplötzlich Leistungen hervorzubringen, die ordnungs- und orientierungsstiftend sind.

Denken ist die hörbar gewordene Stimme des Geistes, der sich durch die Versprachlichung mitteilt. Denken heißt Freiheit und schafft Beziehungen zu sich selbst und zur eigenen Welt. Denken ermöglicht, sich die Welt als eine Ganzheit vorzustellen, deren Teile sich gegenseitig nach bestimmten Gesetzmäßigkeiten beeinflussen. Anders ausgedrückt, heißt Denken, sich die Welt und alles, was ist, im Kopf als abstraktes Gebäude aufzubauen. *Beobachtung* und *Denken* sind zwei Grundsäulen des Geistes. Zunächst wird etwas betrachtet; das Beobachtete zwingt den Betrachter dann zum Denken. Durch die gezielte Wahrnehmung können wir sogar, gewissermaßen reflexiv, die Vorgänge unseres Denkens analysierend erfassen. Wir können beobachten, wie sich das Denken selbst denkt.

Die Ergebnisse gehen stets ein interdependentes Verhältnis miteinander ein. Diese Beziehung zu sich und zur Welt der Objekte wird angetrieben durch starke Gefühls- und Willensdynamik und ist letztlich

---

[1] An dieser Stelle sei darauf hingewiesen, dass einige Philosophen aus der vorliegenden Studie in einem anderen Werk des Autors ansatzweise thematisiert worden sind. Vgl. Yousefi, Hamid Reza: *Die Bühnen des Denkens*, 2013.

eine Lebensbestimmung der menschlichen Persönlichkeit. Obschon Menschen insgesamt über ähnliche kognitive Ausstattung verfügen, sehen sie das Gleiche oft unterschiedlich. Dennoch gibt es geschichtlich betrachtet verblüffende Ähnlichkeiten zwischen den Menschen überhaupt. Wie ist es zu erklären, dass die Mythen der Völker einander so ähnlich sind, die auf unterschiedlichem Wege Heil bringen und zugleich bedrohende Kraft erzeugen, welche bis in die politischen Ideologien ausstrahlt? Die Menschheit ist eine Einheit, eine vielfältige Einheit.

Der Mensch ist mittels des Denkens imstande, nicht nur die ins Bewusstsein tretenden Sachverhalte der Außenwelt in Zeit und Raum miteinander zu verknüpfen, sondern sich auch eine Innenwelt imaginärer Vorstellungen, Normen und Figuren zu schaffen. Das schlussfolgernde Denken ist charakteristisch für die geistige Entwicklung des Menschen. Der menschliche Geist ist in der Tat ein Spielfeld, auf dem Beobachtung und Denken aufeinanderfolgen.

Ein Ergebnis solcher Wechselwirkungen sind Begriffsbildungen und Aussagen. Während Begriffe zusammengefaltete Aussagen darstellen, die ein Phänomen benennen, sind Aussagen auseinandergefaltete Begriffe, die ein Phänomen beschreiben. Diese Differenzierung besagt, dass Begriffe eine Reihe von Explikationen in sich tragen. Der Mensch generiert Begriffsbildungen und Hypothesen durch seine Assoziationsgabe.

Auch im quasi zusammengefalteten Begriff ›Mensch‹ ist, je nach Denkintention auseinandergefaltet, eine Aussage mit vielen Facetten enthalten. ›Mensch‹ wird in einem Kontext als ›Krone der Schöpfung‹ und in einem anderen Kontext als ›intelligentes Tier‹ verstanden. Diese kontradiktorischen Aussagen stimmen in weiteren Aussagen jedoch überein: ›Menschen sind sterblich‹, ob wir sie nun als das Eine oder das Andere begreifen wollen.

Mit allen Begriffen verbinden wir somit einen bestimmten Inhalt, der das Ergebnis unseres beobachtenden Denkens ist. Mit dem Begriff ›Philosophie‹ verhält es sich nicht anders. In diesem Begriff lebt die Aussage, Philosophie sei eine ›denkende Tätigkeit‹.

1.2 Sprache als Ausdruck des Denkens

Alle Sozial- und Geisteswissenschaften, allen voran die Anthropologie und Sprachphilosophie, haben das Wechselverhältnis zwischen Bewusstsein und Wort sowie Mensch und Sprache zum Gegenstand. Sie versuchen, die Anfänge des Denkens zu rekonstruieren, die mit dem Erwachen des menschlichen Geistes eng zusammenhängen.

Der frühere Mensch ist in seine Umwelt integriert und begreift sich zunächst als einen Teil von ihr. Durch die Sesshaftigkeit und später die Entstehung der Zivilisation vollzieht sich in seinem seelisch-geistigen Weltbild eine tiefreichende Veränderung. Er lernt sich allmählich als Individuum kennen und gestaltet seine Umwelt mehr und mehr selbst. Indem sich der Mensch immer intensiver den materiell-technologischen Dingen zuwendet, entsteht ein Bedarf zum Austausch mit seinen Artgenossen.

Sprache ist eine Art verlautbartes Denken, während Denken stilles Sprechen ist. Das Gedachte kann von Anderen nur verstanden werden, wenn Sender und Empfänger die gesendeten Botschaften sprachlich dekodieren können. Ohne zureichende Kenntnis über die symbolischen Formen und/oder einer Reihe von Ordnungsprinzipien bleibt das Gedachte unvermittelbar.

Sprache ist ein soziales Medium, das wir nur in einer Gemeinschaft lernen können. Es wäre töricht anzunehmen, dass Kinder sprechen lernen könnten, wenn sie völlig isoliert aufwachsen würden. Man darf sagen: Der kulturelle Aufbruch, ob vor oder nach der Geschichtsschreibung, ist stets ein Aufbruch der Sprache, der sprachlichen Entwicklung sowie später ein Aufbruch der Schrift. Worte ermöglichen es uns, Gedanken festzuhalten. Sprache stellt folglich die zentrale Säule der Kultur, ihrer Entwicklung, ihres Erhalts und ihrer Weitergabe dar. Es ist die Sprache, die Menschen in die Lage versetzt, sich mitzuteilen, Traditionen zu bilden und Geschichte mit der Gegenwart zu verbinden. Philosophisches Denken ist aktives Hineinarbeiten in den geistigen Urgrund der Welt. Unsere Entwicklung würde wahrscheinlich ohne Sprache einen anderen Verlauf genommen haben.

Bei der Gestaltung gesellschaftlicher Strukturen und der Bildung von Institutionen ist sie ›das‹ dialogische Medium. Erst Sprache macht es Menschen möglich, durch ihren kreativen und flexiblen Geist passende Verhaltensregeln und Orientierungssysteme zu formulieren. Sie bietet schließlich Möglichkeiten, die uns umgebende Natur gemäß dem beobachtenden Denken durch Begriffsbildung zu benennen und diese in Form einer Tradition zu perfektionieren.

2. Orte des Denkens

Die Philosophie steht auf der Bühne ihres kulturellen Hintergrundes, ohne darin restlos aufzugehen. Weil es letztlich Menschen sind, die philosophieren, so bleibt jenseits aller Verschiedenheit der Kulturen etwas Überlappendes, etwas Gemeinsames. Beschäftigen wir uns mit der Philosophie im Weltkontext, so wird uns klarer, dass die Fragen: ›Wer bin ich?‹, ›Woher komme ich?‹, ›Wohin gehe ich?‹ und ›Was ist die Welt?‹ kulturunabhängige Relevanz besitzen. Zu Recht wird darauf hingewiesen, dass »alle Menschen von Natur aus nach Wissen«[2] streben.

Wenn ›Philosophie‹ ein Produkt des beobachtenden Denkens ist, so ist evident, dass dies von Individuum zu Individuum verschieden ist und sein muss. Im Grunde genommen gibt es so viele Philosophien, wie es Individuen gibt.

Philosophie ist hier der Name einer bestimmten methodisch orientierten Form zu denken, zu reden und zu handeln, um die Welt und alles, was damit zusammenhängt, zu begreifen. Es ist daher nicht verwunderlich, dass es im Verständnis der Kulturen verschiedene Namen für Philosophie gibt, die Gleiches anders benennen und begreifen. Diese aufgrund soziokultureller Hintergründe nicht ganz deckungsgleichen Benennungen sind Grund eines immerwährenden Streitens zwischen einzelnen Schulen, aber auch innerhalb einzelner Fakultäten.

Philosophie ist also weder bloßes Nachdenken über das Leben noch Leben im Denken. Philosophie fängt an, wenn Erfahrung ihre Grenzen erreicht. Insofern beschäftigt sie sich auch mit der Frage nach dem Glauben, ist aber mit ihm nicht gleichzusetzen. Sie ist weder »Gottesdienst« noch »identisch mit der Religion«.[3] Philosophie hängt mit Wissen zusammen, während Glaube nicht *per definitionem* geklärt werden kann. Dies bedeutet aber nicht, dass Religion und Vernunft voneinander zu trennen wären; Religion braucht neben der Erkenntnis des Herzens auch die der Vernunft, um reflektiert zu werden.

Philosophie ist auch das Wagnis des Neuen. Sie kennt viele Wege und Umwege. Es wäre voreilig anzunehmen, dass sie *ausschließlich* ›systematisches Denken‹ sei. Auf allen Kontinenten gibt es Philosophien, die *systematisch*, *unsystematisch* oder gar *antisystematisch* sind. Das zeigt sich an Platons ergebnisoffenen Dialogen, an Ibn Miskawayhs philosophischer Erzählweise, Friedrich Nietzsches (1844-1900) Aphorismen, Ludwig Wittgensteins (1889-1951) Sprachspielen, Hans-Georg Gadamers (1900-2002) Hermeneutik und

[2] Aristoteles: *Metaphysik,* 980a 21.

[3] Hegel, Georg Wilhelm Friedrich: *Vorlesungen über die Philosophie der Religion,* 1969, S. 28.

Jaques Derridas (1930-2004) Dekonstruktionen. Die Bedeutung, ob eine Denkform *systematisch*, *unsystematisch* oder gar *antisystematisch* ist, ergibt sich aus dem jeweiligen Kontext. Nach diesem Ansatz heißt »philosophisch denken«, […] »in Modellen« zu denken.[4]

Philosophie und Philosophieren ist nach diesem Modell von einer unaufhebbaren Pluralität geprägt, welche diverse Weltanschauungen in Form von Überzeugungen und Einstellungen zulässt, mit denen in der Regel ein immerwährender Streit der Ansichten, Weltanschauungen und Denkmodelle ausgelöst wird.

Die Frage nach dem Wesen der Philosophie bleibt letzten Endes eine offene Frage. Jeder kann sie für sich beantworten, ohne einen universellen Geltungsanspruch erheben zu müssen. Philosophie und Philosophieren hat eine *ausschließlich* anthropologische Verankerung, weil Denken ein Bestandteil des Menschseins überhaupt ist. Entstehungsorte lassen sich somit auf allen Ebenen des menschlichen Seins in unterschiedlichen kulturellen und traditionellen Zusammenhängen ausmachen.

Jedes Denken artikuliert eine bestimmte Lebensweise. Denn alle Philosophien entstehen innerhalb eines Kultur- oder Traditionsraumes und sind dementsprechend Ergebnis oder Folge bestimmter Umstände oder Herausforderungen, ohne restlos von ihrer Kultur, Religion und Tradition abgekoppelt zu sein. Betrachten wir die Philosophie im Orient und Okzident sowie in Asien, Afrika, Lateinamerika, so werden wir uns überzeugen können, dass dabei der Koran, das Alte und Neue Testament sowie die Lehre des Buddha (563-483), die Veden oder die Gathas eine wichtige Rolle spielen. Es gibt keine Philosophie, die zufällig entsteht; immer ist sie das Ergebnis einer Reihe von Fragen und Reflexionen. Die eigentliche Wirklichkeit der Philosophie ist jedem Menschen offen.

Mit dieser Erkenntnis geht der Anspruch einher, dass keine Bühne der Philosophie als die eigentliche Bühne des Denkens deklariert werden darf. Eine *reine* von anderen abgekoppelte Bühne der Philosophie gibt es nicht. Wer solche Konstrukte als Tatsachen missversteht und universalisieren wollte, dass nur eine einzige Form des Philosophierens bestünde, wird letztendlich in der Umsetzung nicht auf irgendeine Form von Streit verzichten können.

Philosophie können wir bedingt regionalisieren. Dieses Offenlassen ebnet den Weg für die Verwirklichung einer vielgestaltigen Einheit, die mit der Dezentralisierung der Geistesgeschichte einhergeht.

---

4 Adorno, Theodor W.: *Negative Dialektik*, 1966, S. 27.

Alle philosophischen Denkformen, ob systematisch, unsystematisch oder antisystematisch, haben vor allem eine kulturelle bzw. regionale Prägung.

Eine solche Betrachtung der Philosophie entfaltet das notwendige Friedenspotential, um die Gefahr einer philosophischen Monokultur durch eine Dezentralisierung der Geistesgeschichte zu minimieren. Es gibt nicht nur einen Ort des Denkens, sondern viele, die sich gegenseitig ergänzen. Jene sind asiatische, europäische, orientalische und lateinamerikanische, afrikanische sowie primär mündliche Philosophien. Auf diesen Bühnen oder Orte entfalten sich alle Denktraditionen im Weltkontext. Die gegenwärtige Debatte um die Philosophie kann ohne Rückgriff auf deren mannigfaltige Geschichten nicht angemessen weitergeführt werden. Ohne die theoretische wie praktische Bereitschaft, die vielfältigen Bühnen des Denkens als gleichberechtigte, wenn auch unterschiedliche Positionen zu akzeptieren, wird jeder Versuch, Philosophie und ihre Geschichte zu beschreiben, scheitern müssen.

Philosophie bedeutet also Denken im Horizont befristeter Zeit, über deren Anfang und Ende wir nichts Genaues sagen können. Es geht letztlich um das Bestreben des Menschen, in der Endlichkeit seiner Existenz das Unendliche zu begreifen. Philosophie ist eine denkende Antwort darauf, wie wir uns in diesem begrenzten Horizont unseres Daseins gegenseitig bereichern können: Ob durch die afrikanische Ubuntu-Konzeption ›Ein Mensch ist ein Mensch durch andere Menschen‹, ob durch konfuzianische Mitmenschlichkeit, durch taoistische Demut, durch buddhistisches Mitgefühl oder die Barmherzigkeit und Nächstenliebe der abrahamischen Religionen.

Die Vielfalt ergibt das Ganze. Alle sind für die Entstehung von Kunst, Kultur, Wissenschaft, Tradition und deren Erhalt ursächlich. Indem diese und ähnliche Weltanschauungen seit Anbeginn der Geschichte die Frage nach Erlösung und Glückseligkeit stellen, eröffnen sie dem Menschen neue Motivations- und Hoffnungstüren zu einer neuen Welt mit weniger Egoismus und mehr liebender Mitmenschlichkeit.

Neben der Frage, was Philosophie bedeutet, stellt sich nun die Frage: ›Wie kommt der Mensch überhaupt zur Philosophie?‹ Was sind die Triebfedern seines Bestrebens? Warum strebt der Mensch nach Selbsterkenntnis, nach Welterkenntnis? Warum verfolgt er zeit seines Lebens das Ziel, seine Stellung im Kosmos zu bestimmen?

Vorläufige Antworten gibt es auf diese Fragen viele. Philosophie ist wie erwähnt, ein Versuch des Menschen, die Rätsel seiner Existenz denkend und verstehend zu lösen. Dies hängt offenbar damit zusammen, dass der Mensch sich und seine Daseinsumstände, soweit die Überlieferung zurückreicht, stets als ein Rätsel empfunden hat und immer noch empfindet. Der Kosmos und die Welt stellen kein System ruhender Sachverhalte dar, die nicht miteinander verbunden wären. Die Welt unterliegt in ihrer Gesamtheit, jenseits aller menschlichen Spekulationen, eigenen Gesetzmäßigkeiten.

Es muss daher erlaubt sein, Philosophie als einen Reflexionsweg zu begreifen, auf dem die Einseitigkeit von Wissensansprüchen kenntlich gemacht wird. Sie lässt sich betrachten als Studium ihrer eigenen Geschichte, als Zivilisierungsprozess des Denkens oder als Niemandsland zwischen Wissenschaft und Theologie. Philosophie ist eine Berufung im Sinne eines inneren Rufes. Sie ist ein Sammelbecken für diverse Orte des Denkens im Weltkontext. Philosophie ist reflektierte Liebe zum Leben im Bewusstsein der Ohnmacht gegenüber der kosmischen Natur.

3. Sehnsucht – Wurzel der Philosophie

Warum philosophieren Menschen? Ich bin der Überzeugung, dass es eine geheimnisvolle Sehnsucht, eine Ur-Sehnsucht ist, die sie antreibt. Was aber ist Sehnsucht? Sehnsucht ist ein Begriff, der in allen Sprachkulturen mit variierten Bedeutungen zuhause ist. Es ist eine unergründbare Kraft, ein starker Drang, etwas tief im Menschen Gelegenes, das Menschen veranlasst, ein Orientierungsschema, eine Erkenntnis von Sinn und Zweck des Lebens oder nach Entstehung von Mensch und Natur, für sich und die Welt zu finden.

Sehnsucht meint im vorliegenden Kontext weder das krankhaft übersteigerte Verlangen nach etwas noch geht es um die ›Blaue Blume‹ und das romantische Streben nach dem Unendlichen. Der Drang, den Kosmos zu ergründen und damit einhergehend Philosophie zu betreiben, ist meiner Auffassung nach die Folge einer *unbändigen* und *schöpferischen* Sehnsucht des Menschen, welche die Grenze des Animalischen in der Natur grundlegend überschreitet.

Das persische ›arezoumandi‹ und das deutsche Wort ›Sehnsucht‹ sind in ihrer Bedeutung deckungsgleich. In diesen Sprachkulturen artikuliert Sehnsucht die treibenden und lebensspendenden Kräfte der menschlichen Existenz. Man könnte sie als eine Grundausstattung des Menschen begreifen, aus der kreative und suchende Impulse hervorgehen. Es ist letztlich der Mensch selbst, der seinem Leben

Dynamik verleiht. Ein Despot, Trotziger, Fanatiker oder Fatalist, der auf der Sinnsuche ist, handelt stets gemäß seiner Weltbeziehung, dementsprechend geht er mit seinen Sehnsüchten anders um.

Fragend-forschendes Denken – und in Konsequenz das Handeln – speist sich aus ebendieser Sehnsucht. Geht die Sehnsucht verloren, so gehen Motivation, Wissensdrang und letztendlich die Sinnsuche verloren. Sehnsucht bringt Philosophie hervor, die das Ziel verfolgt, Sinn und Zweck im Leben und in der Welt zu erkennen.

Für Platon ist das Staunen die Wurzel der Philosophie, ohne darauf hinzuweisen, was die Quelle dieses Staunens ist. Es ist das Eingeständnis der eigenen Unwissenheit über die Vorgänge der uns umgebenden und tragenden Welt, wobei wir einen Teil dieser Wirklichkeit selbst bilden. Die Quelle dieses Staunens ist die unstillbare Sehnsucht.

Aristoteles sucht nach einem allgemeingültigen Schema für die Welt. Sokrates (469-399) versucht es mit Selbsterkenntnis. Platon lässt seinem Staunen freien Lauf. Ghazali zweifelt sicherheitshalber an jedem Erkenntnisvermögen. Immanuel Kant (1724-1804) feilt und poliert an dem Instrument ›Vernunft‹. Georg Wilhelm Friedrich Hegel (1770-1831) hofft, dass Philosophie im absoluten Geist aufgeht. Karl Marx (1818-1883) hat Sehnsucht nach einer gerechteren Welt. Karl Jaspers (1883-1969) träumt Zeit seines Lebens von der Überführung der Abendröte der europäischen Philosophie in die Morgenröte der Weltphilosophie. Max Scheler (1874-1928) sucht die Verwirklichung eines ›Weltalters des Ausgleiches‹ und Wittgenstein beginnt seine Suche mit der Analyse der Sprache.

Diese Ackerflächen der Sehnsucht sind vielfältige Orte des Denkens, die deutlich machen, dass es einen Unterschied zwischen Philosophie und Philosophieren gibt. Während Philosophie immerwährend ist und jenseits aller ideologischen Vereinnahmungsversuche dieselbe bleibt, stellt Philosophieren die Reinform der Subjektivität dar.

Freilich unterliegen diese Bereiche neben persönlichen Präferenzen auch regionalen Prägungen und überregionalen Einflüssen. Unbestreitbar gehören nach diesem Vorverständnis neben den obengenannten kontinentalen Bühnen des Denkens auch die Schöpfungsgeschichten dazu. Auf all diesen Bühnen werden Wahrnehmen und Erkennen, Personalität und Intersubjektivität, Freiheit und Handeln, Vernunft und Glaube, Leib-Seele-Problem oder die Frage nach dem menschlichen Geist und seinen Tätigkeiten diskutiert, wenn auch unterschiedlich. Nicht nur in den Fragestellungen, sondern auch in der Art und Weise der Beantwortung dieser Fragen gibt es Gemeinsamkeiten und Unterschiede. Kein Denkfeld kann einen Monopolanspruch für diese Bereiche allein erheben, ohne das andere zu marginalisieren oder zu leugnen. Ich unterscheide zwischen materieller und geistiger bzw. spiritueller Sehnsucht. Erstere beschränkt sich auf bloßes Glücksstreben durch Konsum, gesellschaftliche Anerkennung oder Macht. Letztere ist eine existentielle, eine reflektierte Dimension, die sich aus der Tiefe des Seins speist. Eine solche schaffende Sehnsucht ist etwas Dynamisches. Sie löst im Menschen ungeahnte Kräfte aus und zwingt ihn geradezu, sich Ziele zu setzen und gibt ihm die Kraft, Hürden zu überwinden und Gipfel zu erklimmen. Diese Sehnsucht will ihre Beruhigung in Antworten formulieren, die einen Letztbegründungscharakter haben, eine Erklärung, die Beweise dafür liefert, wie der Mensch entstanden ist, wie seine Sprache entstanden ist, wie Gesellschaften entstanden sind, warum es überhaupt Kulturen gibt, warum diese dennoch verschieden sind und woraus jene vielgestaltige Einheit der Natur hervorgegangen ist.

Die existentielle Sehnsucht ist Triebfeder der Selbstaufklärung, bei der der Mensch in sich Menschsein und Würde entdeckt. Wissensdrang und Glaube sind letztlich komplementäre Elemente der Sinnsuche: In jedem Wissen ist auch Glaube und in jedem Glauben ist auch tiefes Wissen enthalten. Dies eröffnet einen Lernprozess, um Verabsolutierung von Teilwahrheiten reflektierend zu überwinden. Es ermöglicht auch Despoten und Trotzigen sowie Fanatikern und Fatalisten, das Gute und Menschenwürdige in sich und außerhalb des eigenen Horizontes zu entdecken. Diese anthropologische Ur-Sehnsucht führt den Menschen zu seiner Freiheit und ihren Grenzen.

Existentielle Sehnsucht befähigt den Menschen, mit dem Instrument seiner Vernunft und Intuition denkend zu suchen und denkend zu experimentieren. Der naive Mensch wächst aus sich heraus und betritt verstehend und erklärend das weite Feld allen Daseins. Der Mensch entdeckt in sich einen Geist, ein Novum, das in der vorausgehenden biologischen Stammesgeschichte der Lebewesen unbekannt war. Es ist die Einzigartigkeit jenes Geistes, der sich selbst erkennt, seine Umwelt denkend wahrnimmt und auf spezifische Weise kultur- und geschichtsbildend in den kosmischen Prozess eintritt. Der Mensch erscheint als ein Wesen, in welchem Leib mit Seele zu einer Einheit zusammenfinden. Diese Wechselwirkung, hervorgegangen aus Ursehnsucht und Willensdynamik, zeichnet ihn gegenüber allen anderen Lebewesen der kosmischen Natur aus.

Ich komme auf meine eingangs gestellte Frage nach dem Wesen der Philosophie zurück. Weit verbreitet ist die Haltung, Philosophie und Philosophieren als einen Akt der Liebe zur Weisheit zu bezeichnen. Liebe geht aus der Ur-Sehnsucht heraus und ist in der Tat ein zentrales Element der Philosophie. Liebe ist ebenfalls in eine materielle und eine existentielle Art zu unterteilen. Während materielle Liebe letztendlich auf bloße Daseinsdimensionen hinausläuft, ist existentielle Liebe weisheitsorientiert. Die Quelle dieser Form der Liebe ist nichts anderes als die Sehnsucht, aus der sich ihre Kräfte speisen. Ohne Sehnsucht gibt es keine Liebe.

Philosophie ermöglicht uns, Orientierung in der Welt und im Leben zu finden. Sie gibt uns Anleitung für die Praxis unseres Denkens, Redens und Handelns. Im Idealfall kann Philosophie durch jene »suchende Vernunft und den schöpferischen Geist« zur »Genesung der Seele« führen.[5] Sie speist sich stets auch aus der Erkenntnis des eigenen Leides und kann sich von dieser anthropologischen Konstante nicht freikaufen. Diese schicksalhafte Gegebenheit und das Nachsinnen darüber schenkt dem Menschen die nötige Tugend, um das Leid des anderen dialogisch aufzugreifen. Echte Philosophie ist ungebrochener Wille zur Kommunikation; echte Philosophie ist dialogische Anthropologie. Die sokratischen Dialoge sind ein signifikanter Ausdruck dieses Bestrebens.

Philosophie ist allgegenwärtig. Wir philosophieren, wenn wir unserer Existenz denkend gewahr werden. Die Sinnfrage stellt nur der Mensch. Philosophie ist nach dieser Feststellung älter als ihr Name. Sie ist ein innerer Ruf, ein denkendes Verlangen. Sehnsucht ist die treue Gefährtin des Menschen, die ihn überall und immer begleitet: Im Anfang war die Sehnsucht, der Antrieb allen Suchens.

Es dürfte deutlich geworden sein, dass die Entstehung der Philosophie nicht als Folge der Zivilisation zu betrachten ist, sondern in der Sehnsucht des Menschen, den Sinn seiner Existenz zu ergründen, einer Sehnsucht, die genauso alt ist wie die Menschheit selbst. Kultur, Tradition und Zivilisation entspringt geradezu aus dieser Ur-Sehnsucht. Auch die Technik beschreibt eine Ur-Sehnsucht des Menschen, durch die er sein Weltbild in Formen ausdrückt, Formen, die differieren und sich zugleich überlappen. Der Mensch ist eine formgebende Kultur seiner selbst. Wir dürfen hoffen, dass diese Sehnsucht über alle kulturbedingte Problematik hinaus ihre Wirksamkeit entfalten

---

5 Ibn Sina, Abu Ali al-Hussain ibn Abdullah: *Dar haghighat va kejfiat mogoudat* [Über die Wahrheit und Qualität der Dinge], 2004, S. 1.

wird, bis eine neue Morgenröte anbricht und sie ihr Licht über den Horizont unseres Denkens ergießt.

Philosophie hat eine theoretische und eine praktische Dimension, die sich stets bedingen. Philosophie wird meist als theoretische Wissenschaft gesehen, aber ohne sinnsuchende Praxis wird sie zur bloßen Denkakrobatik.

II. Vorüberlegungen zu einem langen Weg

1. Gründungs- und Blütezeit des islamischen Orients

In die islamische Geistesgeschichte münden Denkströme altägyptischer, altpersischer sowie jüdischer und christlicher Kulturen ein, die auf unterschiedlichem Wege bestrebt sind, den menschlichen Geist tiefgreifend zu erneuern. Am Vorabend des Islam beherrschen den Orient zwei rivalisierende Großreiche: im Westen die hellenistische Welt mit dem römisch-byzantinischen Reich, und im Osten das persische Großreich unter den Achämeniden, Parthern und den Sassaniden.

Der Übergang von der Vielgötterei zum monotheistischen Islam verändert nachhaltig die Selbstwahrnehmung sowie Stellung des Menschen im Kosmos und sein Verhältnis zur Transzendenz. In der arabischen Gesellschafts- und Bewusstseinsstruktur vollzieht sich ebenfalls eine beachtliche Veränderung. Eine Kultur der Sesshaftigkeit wird etabliert, die nicht nur neue Menschen- und Weltbilder hervorbringt, sondern auch große Wissenschaftssysteme.

Die Philosophie der islamischen Welt nimmt ihren konkreten Anfang im 8. Jahrhundert. Zwischen dem 9. und 12. Jahrhundert regieren die abbasidischen Kalifen in der islamischen Welt. Sie setzen sich tatkräftig für die Förderung der Kunst, Wissenschaft und insbesondere der Philosophie ein. Diese Unterstützung bewirkt eine erste Blütezeit der Philosophie im islamischen Orient. Sie gründet auf der unbändigen Sehnsucht, die Struktur des Kosmos und darin den Stellenwert des Menschen sowie das Wechselverhältnis von Diesseits und Jenseits zu begreifen. Im Zentrum dieser Sehnsucht steht nicht nur die Gott-Mensch-Beziehung, sondern auch die Mensch-Welt-Beziehung.

Hier tritt eine Anthropologie in Erscheinung, die den Menschen nicht nur als Spitze der Evolution darstellt, sondern ihm gleichsam eine Sonderstellung in der Natur zuweist. Der Mensch ist bestrebt zu ergründen, ob die Welt aus sich heraus entstanden ist oder ein Schöpfer sie als geordnete Materie aus Liebe und Güte erschaffen hat. Er will seinem Schöpfer und dessen Werken begegnen und Gründe für die Einheit in der Vielheit der menschlichen Daseinsformen finden. Letztlich geht es ihm um den Sinn des Lebens und das Begreifen der notwendigen Voraussetzung für alles, was existiert. Koranische Ausdrücke, ›alfaz‹ – um hier und im Folgenden nur einige zu nennen – bilden die Grundlage der islamischen Philosophie und damit dieser Erkenntnissehnsucht überhaupt:

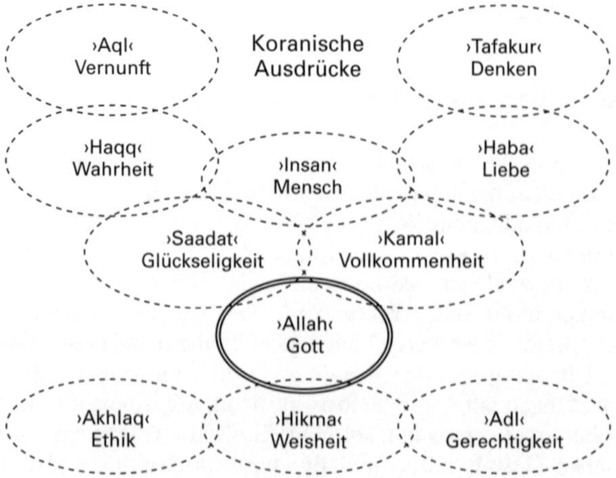

Von dieser Suche aus öffnen sich dynamische Kreise und Horizonte. Gerechtigkeit und Verantwortung gehören zu den Grundlagen des koranischen Denkens. Es geht um die gelebte Tugend, sich allen Menschen gegenüber gerecht zu verhalten. Nach dieser Maxime wird der Mensch im Koran aufgefordert, die Waisen, Bedürftigen und Gefangenen aus echter Liebe heraus durch die ›Zakat‹, die Pflichtsozialabgabe, zu unterstützen. Hier kommt es auf das ›Sidq‹ an, auf das Motiv innerer Wahrhaftigkeit. Solche Menschen sind die ›Sadiqoun‹, die ›Wahrhaftigen‹ und werden im Koran ausdrücklich die »redlich bewährten Gottesfürchtigen«[1] genannt.

Dieses Menschenbild und diese Wirklichkeitsdeutung sollte der ›Umma‹, der Gemeide bzw. Gemeinschaft der Muslime, ›Ezat‹, also ›Würde‹, verleihen. Ghazali verweist ausdrücklich darauf, der Mensch sei »nicht zum Scherz und für nichts erschaffen, sondern hoch ist sein Wert und groß seine Würde.«[2] Im Koran wird der Mensch als Kalif Gottes auf Erden bezeichnet. Diesem Ziel kann sich der Mensch zeit seines Lebens durch den ›Djihad‹, also eine permanente Anstrengung und Selbstüberwindung, nähern. Aufgrund seiner ›Willensfreiheit‹ trägt der Mensch Verantwortung für sein Handeln. Ihm ist die Freiheit gegeben, sich aus freien Stücken für das Gute oder

1 Sure 2:178.

2 Al Ghasāli: *Das Elixier der Glückseligkeit*, 1979, S 26.

Schlechte zu entscheiden. Diese Freiheit ist sein Glück und sein Verhängnis zugleich. Ein Grundgebot des Islam ist die Achtung für das eigene und das Leben anderer sowie die Achtung vor der Natur. All das soll Ausdruck von ›Taqwa‹, Gottesfurcht sein.

Die Philosophen der islamischen Welt erheben, wie wir noch sehen werden, naturgemäß den inneren Gehalt und die zentrale Botschaft des Korans zum Gegenstand ihres Denkens. Ontologisches Philosophieren verbindet das philosophische und naturwissenschaftliche Denken in der islamischen Geistesgeschichte, weil alle danach fragen, was eine Sache zu dem werden lässt, was sie ist. Später entdecken sie zu ihrem eigenen Staunen weite Teile dieses Gehaltes auch in der griechischen Philosophie. Ihre Themen umfassen alle Dimensionen des menschlichen Lebens und Denkens. Nicht nur Bereiche der Anthropologie, Theologie und Religionsphilosophie oder Ethik und Staatsphilosophie, sondern auch Rechts- und Kulturphilosophie, ferner Mathematik, Physik, Chemie bis hin zu Erkenntnistheorie und Logik sowie Wissenschaftstheorie und Naturphilosophie.

Bereiche der islamischen Kulturwissenschaft

Die Beschäftigung mit der islamischen Geistesgeschichte setzt eine gewisse Kenntnis islamischer Kulturwissenschaft und ihrer Themenfelder voraus. Das Kompositum ›Islamische Kulturwissenschaft‹ ist die Bezeichnung für eine Dachwissenschaft, die den Islam als Religion, Kultur und Zivilisation historisch und gegenwärtig zum Gegenstand hat. In der Hauptsache geht es um die Ontologie der Weltstruktur, die Vorstellung von Diesseits und Jenseits sowie menschliche Rechte und Pflichten in Anlehnung an den Koran und die Sunna, d.h. die Lebensführung und Äußerungen des Propheten als Inbegriff der liebenden Gerechtigkeit.

Islamische Kulturwissenschaft ist interdisziplinär angelegt und beheimatet neben der Geschichte des Islam, vor allem Koranexegese, Rezitation, Rechts- und Überlieferungswissenschaft sowie Mystik. Sie vereint in unterschiedlichen Kombinationen ebenfalls Theologie, Ethik, Kunst- sowie Literaturwissenschaft und arabische Sprache. Philosophie als akademische Disziplin wird im Orient in der Regel sowohl an manchen Theologischen Fakultäten als auch in Philosophischen Instituten gelehrt:

Die islamische Geistesgeschichte ist seit ihren Anfängen ein Reflexionsfeld der Philosophie, Naturwissenschaft und Religion. Dies hängt damit zusammen, dass die Philosophen dieser Kulturräume nach der Entstehung des Islam nicht nur Religionsphilosophen und

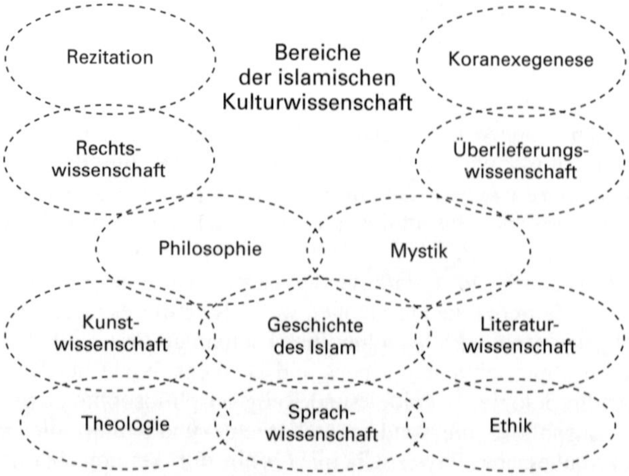

Theologen, sondern auch Astronomen und Geometriker sind. Ein Grund, warum die Wissenschaftler der islamischen Welt, insbesondere die der schiitischen Prägung, von Anfang an eine starke Affinität zu Technik sowie Natur- und Ingenieurswissenschaften haben, rührt daher, dass Vernunft und Glaube nicht zwingend als Gegensätze wahrgenommen werden. Wie es einige gibt, die eher die Stimme der Vernunft und einige, die eher die Stimme der Offenbarung bevorzugen, so gibt es auch Wissenschaftler und Philosophen, die zwischen beiden Polen vermitteln und diese als anthropologische Komponenten betrachten.

Zu den Prinzipien der Rationalität dieser Prägung gehört das immerwährende Bemühen zwischen Gebotenem und Verbotenem in Wissenschaft, Politik und Gesellschaft zu unterscheiden. Die islamische Geisteswelt ist nicht nur kulturell, sondern auch religiös ein heterogenes Gebilde mit dennoch vielen Gemeinsamkeiten neben den erhellenden Unterschieden. Wer die islamische oder europäische Philosophie in zwei oder mehrere sich ausschließende Welten unterteilt, geht von einer Weltbild-Zergliederung aus, in welcher Dauer-Rivalität und kämpferische Konfrontation die Spielregeln sind. Übertragen auf die Philosophie des Orients würde dies bedeuten, die Philosophie eines Ibn Sinas im Osten sei von ›unvergleichbar‹ anderer Art zu denken als die Philosophie eines Ibn Ruschds im Westen des islamischen Orients.

2. Philosophie – Mystik – Weisheit

Das Studium der islamischen Geistesgeschichte setzt nicht nur das Wissen um Philosophie voraus, sondern auch um ›Erfan‹, Weisheitslehre und um ›Hikma‹, Weisheit, die in vielfacher Hinsicht ergänzend ineinandergreifen.

Philosophie ist, wie wir im ersten Kapitel eingehend untersucht haben, eine unbändige Sehnsucht, den Sinn des Lebens zu ergründen. Ihr Endziel ist die Entfaltung der Bedingungen menschlicher Glückseligkeit. Weisheitslehre bzw. Erfan beschreibt als eine intuitive Erkenntnis ebenfalls eine unstillbare Sehnsucht, das Absolute, das Göttliche als Gipfel der Transzendenz zu berühren. Der Erfan liegt ein transpersonales Bewusstsein zugrunde, eine Innerlichkeit, welche die Kontinente menschlicher Seelen miteinander verbindet.

Weisheit verkörpert das vollkommenste Gut menschlichen Geistes, eine Unendlichkeit, in welche Erfan und Philosophie einfließen. Weisheit ist ein Gefäß, welches das Menschliche mit dem Göttlichen vereint; Wahrheit ist ihre eigentliche Heimat. Sie ist zeit- und geschichtslos; sie ist unendlich. Philosophie und Mystik erstreben in einem sehnsuchtvollen Ringen das Erreichen solcher Weisheit. Philosophie wird – um nur ein Beispiel zu nennen – im Iran mit Hekmat, Weisheit, gleichgesetzt und beide Begriffe werden als Synonyme gebraucht, während sich Philosophie innerhalb der Geschichte vollzieht. Dies ist der eigentliche Unterschied zwischen Weisheit und Philosopie.

Von ihrem Beginn an sind viele islamische Philosophien aufgrund dieses Zusammenflusses sowohl systematisch als auch unsystematisch und sogar antisystematisch orientiert, mit einem stark historischen und umfassend vergleichenden Charakter. Dies hängt damit zusammen, dass sich Philosophie, Mystik und Weisheit im islamischen Denken gegenseitig durchdringen und wie ein Uhrwerk zusammenspielen. Philosophie der islamischen Welt bzw. islamische Philosophie trägt zugleich eine reichhaltige Geschichte der Religion in sich. Philosopie- und Religionsgeschichte greifen ineinander, ohne sich aufeinander zu reduzieren.

In der islamischen Geisteswelt wird zwischen Geistigkeit, ›Manawijjat‹ und Weltlichkeit, ›Madijjat‹ unterschieden. Manawijjat, die im Deutschen mit ›Spiritualität‹ bzw. ›Geistigkeit‹ übersetzt wird, bewegt sich auf einem Mittelweg, um Diesseits- wie auch Jenseitsanforderungen in Harmonie zu bringen. Sie ist die Lebensmitte der islamischen Denk-und Lebensweise überhaupt. Der Boden der Manawijjat wird erreicht, wenn sich der Mensch reflektierend von seiner Ichbezüglichkeit entfernt. Sie beschreibt eine tiefe Sehnsucht des Menschen nach Befreiung und Einswerdung mit sich und der Welt. In diesem Bestreben kann sich der Mensch menschengemäß entfalten sowie Erlösung und Glückseligkeit erlangen.

Diese Form von Geistigkeit unterteile ich in eine *erstarrende*, eine *weltliche* und eine *befreiende*:

In der *erstarrenden* Geistigkeit bzw. Spiritualität lebt ein Wahrheits- und Absolutheitsanspruch, der alle anderen geistigen Inhalte ablehnt und nur sich selbst als alleinseligmachend begreift. Ihr wohnen extremistische Züge inne, welche die eigene Lesart für endgültig halten.

Die *weltliche* Geistigkeit materialisiert die Transzendenz und sucht die Erfüllung ausschließlich in diesseitigen Neigungen, Wünschen und Bedürfnissen. Sie sucht Kosmisches im Rausch des Konsums und reiner Sinnlichkeit.

Die *befreiende* Geistigkeit integriert Dimensionen der Transzendenz und Immanenz. Sie speist sich aus einer anerkennenden Wertschätzung allem Seienden gegenüber. Der spirituelle Mensch ist stets bemüht, sich aus freien Stücken für das Gute und Wahrhaftige im Leben zu entscheiden und ein würdiges Dasein zu gestalten.

3. Islamische Welt und griechische Philosophie

Die Übersetzung der altgriechischen Werke ins Arabische beginnt unter einigen wissenschaftsfördernden Kalifen, auf die ich noch eingehen werde. Den Übersetzern gelingt es, den längst vergessenen Wert der Philosophie der Griechen auferstehen zu lassen, sie darüber hinaus aber auch zu kommentieren und weiterzuentwickeln. Sie tragen dazu bei, die eigenkulturellen Leistungen mit dem griechischen Denken zu verbinden.

Dabei gilt es zu bemerken, dass es den Übersetzern und ihren Auftraggebern nicht primär darum geht, philosophische und juristische Werke mehrerer Kulturräume ins Arabische zu übersetzen, um unterschiedliche Völker unter dem Dach des Islam zusammenenzuschmelzen. In erster Linie haben sie Interesse an den Inhalten, der Philosophie. Diese Feststellung wird dadurch erhärtet, dass die Werke nicht nur ein einziges Mal übertragen wurden, sondern immer wieder neu in akribischer Auseinandersetzung mit den Quellen übersetzt wurden, um den Inhalten der Werke gerecht zu werden. Noch heute unterzieht man die Originalwerke immer wieder der kritischen Übersetzung und des Kommentars.[3]

An diesen Übertragungen aus den drei oben genannten Phasen hat sich die ohnehin differenzierte arabische Sprache geschärft und eine immer präziser werdende Terminologie entwickelt. Betrachten wir genauer die Übersetzungen aus dem Griechischen ins Arabische, so machen wir weiterhin die Entdeckung, dass nur einige wenige Begriffe aus der griechischen Philosophie – um nur zwei Ausdrücke zu nennen – wie ›Faylasuf‹ oder ›Falasifa‹ als Lehnwörter Eingang in die arabische Sprache gefunden haben. Andere philosophische Begriffe, mit wenigen Ausnahmen, wurden aus dem bereits vorhandenen arabischen Vokabular gebildet.

Die Muslime vermochten also, vor der Rezeption griechischer Werke, kraft ihrer Sprache und ihrer Denkweise, komplexe Formen der denkerischen Reflexion präzise aufzunehmen, zu übersetzen und zu interpretieren.[4] Dies lässt darauf schließen, dass sie bereits vor der Entstehung des Islam eine hoch entwickelte Sprache und Philosophie ausgebildet hatten. Von daher rührt auch die beeindruckende Poesie der arabischen Frühsprache. Das Arabische gehört zur semitischen Sprachfamilie, benannt nach Sem, dem Sohn Noahs, und ist mit den in altorientalischer Zeit gesprochenen Sprachen, insbesondere mit dem Aramäischen, eng verwandt. Das Altarabische gestaltet eine Schrift, die auf dem nabatäischen Alphabet beruht. Die Perser nehmen nach der Islamisierung des Reiches im Jahr 642 bei der Schlacht bei Nahavand in Westpersien das arabische Alphabet fast vollständig in das Mittelpersische auf.

Viele Philosophen islamischer Kulturräume verfassen ihre Werke zum Teil in ihrer Muttersprache wie Persisch oder Türkisch, vorwiegend aber in Arabisch. Diese Komponente interkultureller Pluralität

---

[3] Im Jahr 2000 ist eine vollständige Neuübersetzung von Platons Werken im Iran erschienen, die dem Original so ähnelt, dass die Absichten Platons förmlich mitlesbar sind.

[4] Dass Vorkenntnisse erst ein Verstehen ermöglichen, lässt sich am Beispiel der Kritzeleinen an der Marmorwand des Apollotempels in Didyma erkennen: Der Archäologe Lothar Haselberger erkannte anhand seines Wissens eine Zeichnung als eine wichtige Konstruktionsanweisung, durch welche die griechischen Tempel und Säulen ihre Lebendigkeit und elastische Spannung erfahren, während diese Zeichungen von Laien für ›Touristen-Kritzeleien‹ gehalten worden waren. Vgl. *Skizzen im Marmor,* in: DER SPIEGEL, Nr. 15 vom 08.04.1985.

zeichnet die Philosophien der islamischen Welt als einen tragfähigen Geist mit Offenheit und dialogischem Anpassungscharakter aus.

Die Philosophie der islamischen Welt und die Übersetzung islamischer und griechischer Werke haben für das Lateinische große Bedeutung. Die Übersetzung dieser Werke leitet eine Revolutionierung der lateinischen Sprache ein – die, als sogenanntes ›Mittellatein‹ vom 6. bis zum 15. Jahrhundert gepflegt – in die Geschichte der Linguistik eingeht. Durch die Übersetzerschule im spanischen Toledo werden im 12. Jahrhundert viele Werke von Philosophen islamischer Welt ins Lateinische übersetzt. Die Übertragungen erfolgen allerdings meist willkürlich und verkürzt. Dennoch wird der islamische Orient in diesem Moment zu so etwas wie dem Geburtshelfer Europas. Bereits in der Gründungs- und Blütephase im islamischen Orient gelangten Philosophen zu revolutionären Erkenntnissen, welche vergleichbaren Entwicklungen in Europa um ein Jahrtausend vorausgingen.

Die entstehenden europäischen Wissenschaften im Mittelalter setzen fort, was dort begonnen wurde. Ohne Philosophien der islamischen Welt hätte die Scholastik nicht entstehen können. An diesem Ort der Begegnung entfaltet sich eine mentalitätsgeschichtlich einzigartige Situation der Verständigung zwischen Orient und Okzident, die mit der Rückeroberung der Iberischen Halbinsel ihr Ende gefunden hat.

III. Philosophien der islamischen Welt

Was macht das Wesen der Philosophie aus? – So lautete die Grundfrage des ersten Kapitels, mit der wir an die anthropologische Fragestellung anknüpften: Was bedeutet Denken und wo ist die Erkenntnisquelle der Philosophie? Wir erörterten eine Antwort, der zufolge Philosophie aus einer menschlichen Sehnsucht heraus entsteht. Die menschliche Sehnsucht ist der Urgrund des Denkens, mit dem der Mensch den Rätseln seiner Existenz und den Fragen nach der Entstehung der Welt nachspürt.

Auf der Grundlage dieser Erkenntnisse soll nun der nächste Gegenstand dieser Arbeit betrachtet werden, nämlich die Philosophie der islamischen Welt.

Philosophen der islamischen Welt sind von den Anfängen an Universalgelehrte, insbesondere ist dies in ihrer Gründungs- und Blütezeit zu beobachten. Es handelt sich um Naturwissenschaftler, die teilweise Ärzte, Religionsphilosophen, Theologen oder Astronomen sind. In anderen Phasen gibt es Philosophen, die ausgehend von einer mystischen Grundüberzeugung eine philosophiekritische Position einnehmen oder eine Mischung von beiden eingehen. In der dritten Phase gibt es wiederum Denker, die nicht per se Philosophen sind, sondern Wissenschaftler, die, beeinflusst von der Epoche der Aufklärung oder beseelt durch eine mögliche Wiedererweckung eigener alter Traditionen, zumindest philosophierelevante Fragen stellen. Zu diesen Denkertypen gehören vor allem, wie wir sehen werden, Akhondzade, Kermani, Talbof Tabrizi, Foroughi oder Arkoun.

Diese Einführung wurde geschrieben, weil es in der europäisch-westlichen Hemisphäre an gut verständlichen einführenden Werken mangelt. Aufgrund einer mehr als tausend Jahre alten Geschichte bietet sich eine Einteilung in mehrere Phasen an, die mit historischen und kulturellen Ereignissen einhergeht. Die Philosophien der islamischen Welt sollen demnach eingeteilt werden in eine Gründungs- bzw. erste Blütephase, eine mehrdimensionale Übergangsphase und eine kritische Gegenwartsphase.

Zwei Anmerkungen seien hier gestattet:

Erstens: Philosophien der islamischen Welt werden in europäisch-westlichen Geschichtsschreibungen als ›Arabische Philosophie‹ bzw. ›Islamische Philosophie‹ bezeichnet, was dem Kern dieser Vielfalt nicht Rechnung trägt. Es wäre genauso unangemessen, generell von einer ›Christlichen Philosophie‹ zu sprechen. Philosophen wie Ludwig Feuerbach (1804-1872) oder Friedrich Nietzsche sind geradezu antichristlich eingestellt, dennoch haben sie in der europäischen Welt gewirkt. Richtig wäre, von der ›Europäischen Philosophie‹ zu sprechen, welche die Vielfalt der geschichtlich gewachsenen Denkansätze in diesem Kontinent würdigt. Daher wäre es angemessener, Ausdrücke wie ›Philosophen der islamischen Welt‹ bzw. ›Philosophien der islamischen Welt‹ zu verwenden, die ich allen anderen Formulierungen vorziehe.

Zweitens: Es gibt noch heute in Deutschland keine einheitlich-verbindliche Schreibweise orientalischer Namen. Einige Beispiele sollen dies verdeutlichen: Sartoscht ist im Abendland hinlänglich bekannt – man nennt ihn Zarathustra, Zoroaster, Zoroastra, Zoroastre oder auch Sarastro. Auch die Namen von Philosophen wie Farabi, Ghazali oder Ibn Ruschd werden unterschiedlich wiedergegeben. Mit Ortsnamen verhält es sich nicht anders. Esfehan wird wiedergegeben als Isfihan, Esfahan, Esfihan. Die Stadt Tabriz wird wiedergeben als Täbris, Trauris oder Tabreez.

Dies alles scheint mehr als eine verzeihbare Nachlässigkeit zu sein. Es handelt sich um eine performative Modifizierung der Benennungen, welche die eigene Perspektive in den Vordergrund stellt und dadurch eine interkulturelle Verständigung stört. Die sich in dieser nachlässigen Schreibweise manifestierte Haltung dürfte aus islamischer Sicht als Missachtung begriffen werden. Daher wäre es sinnvoll, generell Personen, Orte und Länder so zu benennen, wie die entsprechenden Bewohner sich selbst nennen oder genannt werden wollen.

Im Rahmen der vorliegenden Studie wird angestrebt, alle Namen, Personen, Orte und Länder so zu schreiben, dass sie sowohl der Phonetik als auch dem Gebrauch in ihren Kulturräumen gerecht werden. Die persischen Philosophen Farabi und Ghazali würden sich wohl wundern, obgleich sie sich bei der Abfassung ihrer Hauptwerke gerne der arabischen Sprache bedient haben, durch die Hinzufügung der Vorsilbe ›Al‹ zu ihren Namen arabisiert worden zu sein.

1. Gründungs- und erste Blütephase (8. bis beginnendes 14. Jahrhundert)

Im 8. Jahrhundert ist die Welt Zeuge gewichtiger Veränderungen. Während in Europa Bonifatius (673-754) auf Geheiß des Papstes in Thüringen, Hessen, Bayern und Friesland das Christentum einführt, die Klosterschule in Tours sich zur Hochschule antiker Wissenschaft erhebt und die Universitätsstadt Oxford in England entsteht, entwickelt sich im Orient eine erste Blütezeit der islamischen Kultur.

Die Entstehung des Islam stellt den gesamten Orient vor neue Herausforderungen. Kalif Al-Mansur (714-775), der zweite Kalif der Abbassiden, verlegt den Hauptsitz des Kalifats von Damaskus nach Bagdad, eine Stadt, die er ›Medinat as-salam‹, also ›Stadt des Friedens‹, nennt. Dieser Ausspruch ist auf Münzen dieser Zeit zu lesen. Der Ausbau dieser Stadt in den Jahren 762 bis 766 erfolgt nach altpersischer Architektur als Rundbau, in dessen Mittelpunkt das Areal des Kalifen liegt.

Diese Initiative Al-Mansurs ist für die Entwicklung der grundlegend neuen sozialen und philosophischen Denkweise im Orient von großer Bedeutung. Am Kalifenhof in Bagdad beginnt die Übersetzung syrischer und antiker medizinischer Schriften ins Arabische. Dies gilt als Geburtsstunde der Medizin in der islamischen Welt.

Der nächste Kalif in Bagdad, Harun al-Raschid (763-809), fördert Künste und Wissenschaften. Wegen seiner allgemein gerechten Haltung erlangt er großen Ruhm. Das Kalifenreich wird bald zum Zentrum von Kunst, Philosophie und Wissenschaft. Innerhalb der gesamten islamischen Territorien entstehen Schulen, in denen wissenschaftliche Einrichtungen aufblühen. Im weiteren Verlauf macht Al-Mamun (786-833), Harun al-Raschids Sohn, diese Metropole ab 810 mit der Gründung eines ›Hauses der Weisheit‹, das ›Bait al Hikma‹ zu einer Weltbühne der Wissenschaft und der Philosophie. Seine Vision ist die Errichtung eines Reiches der Weisheit und des Friedens. Er erhebt Bagdad nicht nur zu einem interkulturellen Zentrum, sondern auch zu einer Hauptstadt der Weltgeschichte.

Das Haus der Weisheit löst die Universität bzw. Akademie im persischen Gondischapur ab. Diese ist im Jahr 271 n.u.Z. von Schapur I. (240-272) gegründet worden und war ein wissenschaftliches Zentrum des Sassanidenreichs. Sie gehört zu den ältesten medizinischen Zentren der Welt mit dem ersten bekannten Lehrkrankenhaus und einer beachtlichen Bibliothek, in der das persische, griechische und indische Wissen zusammenfließt. In Gondischapur wurden nicht nur Naturwissenschaften gelehrt, sondern auch Philosophie und Theologie. Nach der Islamisierung des persischen Reiches wird sie zunächst zu einem Zentrum der islamischen Wissenschaften, verliert aber mit der Gründung des Hauses der Weisheit in Bagdad an Bedeutung.

Zur Zeit der Islamisierung ist Yazdgerd III. (616-651), der letzte Großkönig Persiens aus dem Haus der Sassaniden, an der Macht. Die Perser nehmen den Islam, trotz anfänglicher kriegerischer Verwicklungen, auf. Aufgrund der eigenen geschichtlichen Entwicklung und dem zarathustrischen Gedankengut, wohl zu denken, wohl zu reden und wohl zu handeln, gelingt es ihnen in kürzester Zeit, islamische Erkenntnisse mit den eigenen Werten zu vereinen und eine exponierte Sonderstellung in der islamischen Welt einzunehmen, die bis heute andauert.

Das Haus der Weisheit übernimmt die Methoden der Gondischapur-Universität, bis diese im 10. Jahrhundert endgültig aufgelöst wird. Um die Kenntnisse des Hauses der Weisheit zu vermehren, sendet Al-Mamun immer wieder Experten in Territorien jenseits der islamischen Welt mit dem Auftrag, Meisterwerke anderer Kulturen aufzuspüren. Gemäß seiner inneren Überzeugung nimmt er in die Übersetzergruppen auch christliche Vertreter auf. Bedeutende Übersetzer sind in dieser Zeit unter anderem Hubei Ibn ben al-Hasan (875-939), Ibn al-Batrik (876-941), Al-Haschadsch ben Jusuf ben Matar (786-833), Salam al-Abresch oder Abdalmasih Ibn Naima al-Himsisch (886-939). Zu nennen sind auch die damascenischen Christen Juhanna ben Masuweih und Honein ben Ischak (809-873). Diese beiden beordert Al-Mamun ins Oströmische Reich, um wissenschaftliche Meisterwerke der Römer zwecks Übersetzung nach Bagdad zu bringen.

Die Araber zielen nicht, wie bspw. Alexander der Große (356-323), auf bloße zerstörerische Eroberung ab. Ihr Ziel ist es, eine islamische Weltkultur zu etablieren, weil sie Religion mit kulturellem Sendungsbewusstsein verbinden. Deshalb fördern sie in allen islamischen Territorien Wissenschaft und Philosophie. Ihre Expansion erstreckt sich über Nordafrika bis zur Iberischen Halbinsel. Später (929-1031) gründen sie im Süden das Kalifat von Córdoba und befreien die Juden von den Verfolgungen durch die Westgoten. Im Zuge der Reconquista verlieren die Araber jedoch später das Gebiet León an den König von Asturien und in den Folgejahren alle eroberten Territorien auf der Iberischen Halbinsel an die kastilischen Könige.

1.1 Mutaziliten und die Dialektik

Die Philosophie der islamischen Welt nimmt ihren Anfang im 8. Jahrhundert. Sie wird durch die Theoriebildung der Mutazila bzw. Mutaziliten, einer rationalistischen Schule, nachhaltig geprägt. Sie sind die Gründer einer systematischen Philosophie und dialektischen Theologie. Besondere Leistungen erbringen sie durch die Begründung der Dialektik, weil sie alles nach den Forderungen der Vernunft ausrichten. Dies hängt damit zusammen, dass sie von einem Vernunft bzw. Verstandesbegriff ausgehen, über den alle Menschen gleichermaßen verfügen, auch wenn sie unterschiedlich davon Gebrauch machen. Dialektik bedeutet für sie logische Folgerichtigkeit der Aussagen und Behauptungen.

Die Geschichte dieses Prinzips ist älter als ihr Name. Bereits in der altägyptischen und altpersischen Dialektik ist dieses Grundprinzip späterer Denktraditionen anzutreffen. Es geht sowohl um das Polaritätsprinzip des ägyptischen Isisgottes Thot, einer Gottheit, deren Ideen durch Inschriften in Bauwerken und Papyrus-Aufzeichnungen gut belegt sind, als auch um das Dualitätsprinzip in den ›Gathas‹ des Sartoscht (Zarathustra), die ebenfalls erhalten sind.

Das Ergebnis dieses dialektischen Prinzips ist stets das gemeinsame Dritte. Mann und Frau schaffen zusammen neues Leben, die Begegnung von Gut und Böse schafft neue Erkenntnisse. Selbst wenn zwei Negativa oder zwei Positiva aufeinandertreffen, so entsteht ebenfalls etwas Neues. Dieses Wechselverhältnis von Überlegung und Gegenüberlegung sowie Rede und Gegenrede wird als ›Ilm al-kalam‹, ›Wissenschaft des Wortes‹, also ›Dialektik‹ bezeichnet.

Das Menschenbild der Mutaziliten ist universalistisch. Für sie sind alle Menschen als Geschöpf Allahs gleich. Hiernach ist der Mensch frei geboren und verfügt über einen freien Willen, weshalb er für seine Taten verantwortlich ist. Die Mutaziliten bzw. die Mutakallimun erheben die Vernunft, ›aql‹, zur obersten Instanz, welcher der Mensch prizipiell verpflichtet ist. Mutakallimun sind also Theologen, die sich mit einer rationalen Begründung der Offenbarungslehren beschäftigten. Sie sind aufgrund ihrer Logos-Theologie der Meinung, dass alle Absichten Gottes stets vernünftig begründet und begründbar seien. Nichts vollzieht sich ohne zureichenden Grund. Mutaziliten sind aufgrund dieser Annahme bestrebt, den ›wahren‹ Glauben gegen die Angriffe ketzerischer Lehren zu verteidigen.

Theorie und Praxis, Erkenntnis wie auch gesellschaftliches Handeln, dürfen nicht voneinander getrennt werden. Darum verbinden

Mutaziliten Vernunft und Gerechtigkeit, also ›aql wa adl‹. Alle anderen Instanzen sind der Vernunft als oberstem Kriterium untergeordnet. Der menschliche Intellekt wird als Pflicht bedingungslosen Dialogs verstanden, der sich zwischen Geschichte und Gegenwart sowie Gegenwart und Zukunft bewegt.

Neben der Begründung einer systematischen Philosophie und dialektischen Theologie entwickeln die Mutaziliten eine kritische Hermeneutik, die zunächst in der Theologie zur Auslegung ihrer Heiligen Schrift entwickelt wird. Ein Spruch, z.B. ein Vers des Koran, solle nicht allein nach dem ›Zahir‹, dem äußeren Schein, sondern auch nach seiner ›Batin‹, der tieferen Bedeutung, begriffen werden. Es handelt sich um aufeinanderfolgende, vertiefende Schritte der Betrachtung eines Sachverhaltes. Die kritische Hermeneutik geht der Exegese voraus, die wiederum eine Voraussetzung der Kommentierung der Heiligen Schrift ist. Diese Art der Beschäftigung mit dem Koran beschert den Mutaziliten eine Reihe von Widersachern. Werden die Forderungen der kritischen Vernunft bei der Wahrheitssuche zur Anwendung gebracht, so stellen ihre Widersacher die Legitimität dieser Vernunft in Abrede.

Eine bedeutende Gegenbewegung zur Mutazila wird von Abu l-Hasan Al-Ashari (873-935) in Gang gebracht. Durchaus ein Kenner der mutazilitischen Philosophie, ist er zugleich ihr schärfster Gegner. Ihre Methode der Argumentationsführung führt Al-Ashari fort, während er die Inhalte ihres Denkens verwirft. Insbesondere weist er jede Wirksamkeit und Bedeutung des logischen Denkens bei der metaphysischen Erkenntnisgewinnung zurück und sieht diese Gewissheit nur im Koran gegeben. In dieser Heiligen Schrift, die er für ein unausschöpfbares Gotteswerk hält, sieht Al-Ashari die objektiv gewordene Wahrheit, welche keiner Interpretation bedarf. Nach dieser Bewegung ist das im Koran offenbarte Wort absolut und eindeutig. Al-Ashari ist der Ansicht, dass Allah am Jüngsten Tage mit den Augen leibhaftig gesehen werden wird.

Weiterführende Literatur:

— Dinani, Gholamhossein Ebrahimi: *Madjara-je fekre falsafi dar djahane eslam* [Geschichte des philosophischen Denkens in der islamischen Welt], 1998.

— Zakzouk, Mahmoud: *Ghazali und Descartes*, 2005.

1.2 Ibn Musa Kharazmi und die Entwicklung von Algebra und Algorithmus

Abu Djafar Mohammad Ibn Musa Kharazmi (andere Schreibweisen: Charazmi, al-Khwarizmi, al-Khowarizmi, al-Ḫwārizmī, al-Chwarizmi, al-chwarizmii), genannt Kharazmi (780-850), wird zu jener Zeit in Persien geboren, als die Expansion der Araber nach Europa ihre größte Kraft entfaltet. Zur Zeit seiner Geburt versucht Karl der Große ohne Erfolg, das Vordringen der sogenannten Mauren auf der Iberischen Halbinsel zu stoppen.[1]

[1] Über Kharazmi vgl. Qorbani, Abolqasem (Hrsg.): *Zendeginame-je riazidanane Eslami* [Biographien islamischer Mathematiker], 1997.

Innerhalb der islamischen Territorien setzt sich Kalif Al-Mamun für die Entwicklung der Wissenschaften ein. Neben den Geisteswissenschaften fördert er insbesondere die Naturwissenschaften, um dadurch Lebensstandard und Wohlergehen des islamischen Volkes zu erhöhen.

Al-Mamun sendet Fachkundige an den Hof des byzantinischen Kaisers mit der Bitte, dieser möge ihm mathematische Arbeiten, wie die des Euklid von Alexandria, zum Zwecke der Übersetzung zur Verfügung stellen. Zahlreiche griechische Werke werden ins Arabische übersetzt. Diese Übersetzungen bilden eine solide Grundlage, um den eigenen Initiativen auf den Gebieten der Mathematik, Arithmetik und Geometrie neue Impulse zu geben.

Dem neuen wissenschaftlichen Bestreben liegt die Einstellung zugrunde, dass Mathematik für die orientalisch-islamischen Denker als ein Tor zwischen der Sinnes- und Verstandeswelt einerseits sowie eine Leiter zwischen dem Irdischen und Himmlischen verstanden wird. Es geht letztlich darum, die Struktur der Welt und ihre Dimensionen auf ein handliches Format zu bringen.

In seinem Werk ›Mafati-hol olum‹, ›Werkzeuge der Wissenschaft‹, diskutiert Kharazmi Geometrie, Astronomie, Musik und vor allem Logik und Philosophie. Für ihn gehören Logik und Philosophie zusammen. Demnach bedeutet Philosophie »Ergründung der Welt« und »vernunftverwurzelter Erkenntnisgewinn.« Vernunft sei ein »gottgegebenes Vermögen«[2], den Kosmos und die Welt der Lebewesen unter ihrer Leitung zu erforschen. Vernunft vergleicht er mit der Sonne, welche die Seelen erleuchtet. In Gott sieht Kharazmi den ersten Grund, die erste Ursache allen Seins. Er ist Inbegriff der liebenden Gerechtigkeit. Diese Grundannahme stellt ihn in die philosophische Tradition seiner Nachfolger Al-Kindi, Razi und Farabi.

Kharazmi oszilliert zwischen den Polen der Natur- und Geisteswissenschaften und wendet sich vorwiegend naturwissenschaftlichen Fragen zu. Lange Zeit wirkt er in Bagdad im ›Haus der Weisheit‹, das zur Zeit der Abbasidenkalifen ein wissenschaftliches Zentrum der islamischen Welt darstellt.

In dieser Zeitspanne machen die Wissenschaftler der islamischen Welt eine Reihe von Entdeckungen, welche nicht nur für die Entwicklung innerhalb der islamischen Territorien bedeutsam sind, sondern bis in unsere Tage einen festen Gegenstand der Forschung bilden. Zu

---

[2] Kharazmi, Abu Djafar Mohammad Ibn Musa: *Mafati-hol olum* [Werkzeuge der Wissenschaft], 1983 S. 127f.

diesen historisch bedeutsamen Forschern gehört zweifelsohne der iranische Mathematiker, Optiker und Astronom Abu Ali Hasan Ibn Hasan Ibn Haisam (965-1039), der im Westen als Alhazen bekannt ist.[3] Er ist ein Entdecker von Lichtbrechung, Lupe und Linse; er berechnete als erster die Licht- und Schallgeschwindigkeit. Mit seiner Forschung über das menschliche Sehvermögen und die Funktion von Linsen gilt Ibn Haisam als Vater der Optik.

Aufgrund zahlreicher wissenschaftlicher Experimente stellt Ibn Haisam die Sehstrahlen-Theorie und dessen Auffassungen zur Lichtbrechung und Lichtreflexion des Ptolemäus in Frage. Bei der Analyse des Aufbaus eines Auges erkennt Ibn Haisam die Bedeutung der Linse für das Sehvermögen. Er erkennt und beschreibt die Eignung gewölbter Glasoberflächen zur optischen Vergrößerung und wendet seine Erkenntnisse an zur Entwicklung von Sehhilfen und ersten Leselupen aus Glas. Von seinen Arbeiten sind Jahrhunderte später Wissenschaftler wie Roger Bacon (1214-1292) inspiriert, die unhandlicheren Leselupen zu einer Brille weiterzuentwickeln.

Die gewonnenen Erkenntnisse auf dem Gebiet der Optik wendet Ibn Haisam auch auf dem Gebiet der Astronomie an. Ihm gelingt es, die Höhe der Atmosphäre aus der Beobachtung von Sonnenuntergängen zu berechnen. Auch machen ihm seine Forschungen deutlich, dass das optische Brechungsgesetz auch für die Lufthülle der Erde gilt. Ibn Haisam beobachtet, dass der Mond sowohl am Horizont als auch im Zenit die gleiche Größe hat. Die Erkenntnis, dass der scheinbar größere Durchmesser des Mondes in Horizontnähe eine Wahrnehmungstäuschung ist, geht Jahrhunderte später als ›Mondtäuschung‹ in die Astronomie ein. Ibn Haisam wie auch Kharazmi bleiben zeit ihres Lebens dem ›Haus der Weisheit‹ verbunden.

Kharazmi betreibt auch Astronomie, Geographie und Kartographie, deren Werke nicht nur zu ihrer Zeit, sondern auch in der Gegenwart kaum an Gültigkeit eingebüßt haben. Unter seinen umfangreichen Forschungsarbeiten sind die Einführung des Dezimalsystems mit arabischen Ziffern und der Entwurf einer Gleichungslehre besonders hervorzuheben.

In seinem gegen 825 entstandenen Werk ›Kitab al-Dscham wa-l-tafriq bi-hisab al-Hind‹[4], ›Über das Rechnen mit indischen Ziffern‹,

---

3 Über Ibn Haisam vgl. Schramm, Matthias: *Ibn Al-Haythams Weg zur Physik,* 1963.

4 Vgl. Kharazmi, Abu Djafar Mohammad Ibn Musa: *Kitab al-Dscham wa-l-tafriq bi-hisab al-Hind* [Über das Rechnen mit indischen Ziffern], 1991.

das später unter dem Titel ›Algoritmi de numero Indorum‹[5] ins Lateinische übersetzt wird, erläutert Kharazmi seine Vorgehensweise zur Erstellung eines Dezimalsystems. Daraus entsteht später die Bezeichnung ›Algorithmus‹, einer mathematischen Methode zur Durchführung genau definierter Rechenverfahren, die heute vor allem in Computersystemen zur Anwendung kommt. Ursprünglich handelte es sich um ein Verfahren, bei dem ein Problem zu seiner Lösung in eine Vielzahl einzelner Schritte aufspalten wird.[6]

Kharazmi baut sein System auf dem aus Indien stammenden Zahlensystem mit neun Ziffern und einer Null auf. Er führt die ›sifr‹, also die Null, in das arabische Zahlensystem ein. Kharazmi erkennt in den Zahlen die gesetzmäßige Struktur der Welt, deren Einheit er in der Zahl Eins geborgen sieht. Damit weist auch er auf das Verstehbare des Kosmos durch naturwissenschaftliche Methoden hin. Bei seiner ausführlichen Darstellung der Vorteile des dekadischen Positionssystems erläutert er die Bedeutung der Eins: »Und ich habe […] erörtert […], dass jede einzelne Zahl aus der Eins zusammengesetzt wird. Die Eins wird also in jeder einzelnen Zahl gefunden.«[7]

Kharazmi gelingt es, aus einer Mischung aus griechischer und indischer Mathematik die Disziplinen der Algebra und des Algorithmus zu gründen. Durch die Übersetzung dieses Werkes aus dem Arabischen ins Lateinische findet die indische Arithmetik Eingang in Europa. Die anschließende weltweite Verbreitung des Dezimalsystems über den gesamten Planeten macht Kharazmi zu einem Begründer der komparativen und der interkulturellen Mathematik.

In seinem weiteren Werk ›Kitab al-mukhtasar fi hisab al-gabr wa-l-muqabala‹[8], ›Einführung in das Rechnen der Algebra und Almuqabala‹, das er im Jahr 830 abschließt, entwickelt Kharazmi eine Gleichungslehre.

---

5 Vgl. Al-Ḫwārizmī, Muḥammad Ibn Mūsā: *Algoritmi de numero Indorum,* 1857.

6 Vgl. Kharazmi, Abu Djafar Mohammad Ibn Musa: *Kitab al-mukhtasar fi hisab al-gabr wa-l-muqabala* [Einführung in das Rechnen der Algebra und Almuqabala], 1993.

7 Vgl. Kharazmi, Abu Djafar Mohammad Ibn Musa: *Kitab al-Dscham wa-l-tafrig bi-hisag al-Hind* [Über das Rechnen mit indischen Ziffern], 1991, S. 31.

8 Vgl. Kharazmi, Abu Djafar Mohammad Ibn Musa: *Kitab al-mukhtasar fi hisab al-gabr wa-l-muqabala* [Einführung in das Rechnen der Algebra und Almuqabala], 1993, S. 7 f.

Kharazmis Erkenntnisse zu Gleichungen basieren teilweise auf dem Text ›Brahmasphutasiddhanta‹ des indischen Mathematikers Brahmagupta (598-668), das Kharazmi und andere aus dem Sanskrit übersetzen und sich zunutze machen. Er integriert in dieses Werk eine Reihe von Berechnungsarten, die praktischen Charakter besitzen. Kharazmis Schrift besteht aus drei Teilen:

1. Zunächst enthält sie einen eigentlichen algebraischen Abschnitt, in dem eine Lehre vom Auflösen linearer und quadratischer Gleichungen mit Zahlenkoeffizienten dargestellt wird, die sechs Klassen umfasst. Dem folgt ein Kapitel über kaufmännisches Rechnen, eine einfache Dreisatzrechnung nach indischem Vorbild und andere, eher praktisch orientierte Rechenarten.
2. Im zweiten Teil sind Verfahren zu geometrischen Messungen unter Verwendung der Algebra niedergelegt.
3. Gegenstand des umfangreichen dritten Teils sind Berechnungsmodi für Erbschaftsangelegenheiten und konkrete Vorschläge zur Berechnung von Nachlässen.

Kharazmis Leistung besteht darin, Regeln zum formalen Lösen von Gleichungen aufzustellen, die für jeden nachvollziehbar sind. Seine Schrift hat großen Einfluss auf die Mathematik im Vorderen Orient und darüber hinaus.

Auch als Geograph und Kartograph verfasst Kharazmi bedeutende Arbeiten. In seinem Werk ›Kitab surat al-ardh‹[9], ›Das Bild der Erde‹ überarbeitet und erweitert er die Erkenntnisse und die Landkarten der ›Geographie‹ des griechischen Geographen Ptolemäus (100-160). Mit seinen Forschungen beteiligt er sich maßgeblich an der Neufassung der bestehenden Vorstellungen einer Erdkarte und trägt zu einer verbesserten Bestimmung des Erdumfanges bei.

Durch die Vermittlung eines indischen Reisenden erhält Kharazmi Zugang zu dem astronomischen Werk ›Siddhanta‹, das er, unter Verwendung der Erkenntnisse von Ihn Haisam, gründlich überarbeitet und das alsbald in der islamischen Welt unter dem Titel ›Zij al-Sindhind‹, ›Sindhind‹ bekannt wird.[10] Das Werk enthält 116 astronomische Berechnungstabellen, unter denen auch eine trigonometrische Tabelle mit Werten der Sinusfunktion zu finden ist. Weitere Domänen

---

[9] Vgl. Kharazmi, Abu Djafar Mohammad Ibn Musa: *Kitab surat al-ardh* [Das Bild der Erde], 1990.

[10] Vgl. Kharazmi, Abu Djafar Mohammad Ibn Musa: Zij al-Sindhind [Sindhind], 1975.

Kharazmis sind die Berechnung der Stellung von Sonne und Mond, die mittlere, direkte und rückläufige Bewegung der Planeten, die Bestimmung von Sonnen- und Mondfinsternissen sowie Erdnähe und Erdferne von Planeten.[11] Er widmet sich ebenfalls der Erstellung von unterschiedlichen Kalendarien und der Messung von Zeit mit Sonnenuhren. Seine Erkenntnisse zu diesen Forschungsgebieten formuliert er insbesondere in seinem Werk ›Kitab at-tarich‹, ›Buch des Datums‹.[12]

Kharazmi gehört zu denjenigen Naturwissenschaftlern der islamischen Welt, deren Werke in den europäisch-westlichen Hemisphären nicht angemessen rezipiert worden sind. Es ist an der Zeit, die verschütteten Meisterwerke der Denkgeschichte, zu denen zweifelsohne auch Kharazmis Werk gehört, in der europäisch-westlichen Lehre und Forschung zu würdigen.

Ausgewählte Werke:

- *Kitab al-mukhtasar fi hisab al-gabr wa-l-muqabala* [Einführung in das Rechnen der Algebra und Almuqabala].
- *Mafati-hol olum* [Werkzeuge der Wissenschaft].

---

11 Vgl. Kharazmi, Abu Djafar Mohammad Ibn Musa: *Kitab al-mukhtasar fi hisab al-gabr wa-l-muqabala* [Einführung in das Rechnen der Algebra und Almuqabala], 1993.

12 Vgl. Kharazmi, Abu Djafar Mohammad Ibn Musa: *Kitab at-tarich* [Buch des Datums], 1979.

1.3 Al-Kindi und die Stufen der menschlichen Erkenntnis

Abu Yusuf Ya'qub Ibn Ishaq Ibn as-Schabah (andere Schreibweisen: al-Kindī, Alkindus, Alkendi), genannt Al-Kindi (801-873), stammt aus Kufa, einer Stadt im Irak an den Ufern des Euphrat. Er wird als Nachfahre in den arabischen Stamm Al Kindi hineingeboren.[13]

Al-Kindi beginnt später in Kufa zu studieren, wechselt dann aber bald nach Bagdad, dem kulturellen Treffpunkt der islamischen Welt. Dort kann er sich ungehindert mit den verschiedensten Kulturen aus-

---

[13] Über Al-Kindi vgl. Flügel, Gustav Leberecht: *Al-Kindi genannt ›der Philosoph der Araber‹*, 1857 und Abboud, Tony: *Al-Kindi*, 2006.

einandersetzen und mannigfaltige Lehren studieren. In dieser Weltmetropole seiner Zeit erlebt Al-Kindi die rasante Entwicklung wissenschaftlicher Errungenschaften und so kann er sich aktiv und konstruktiv am Fortschritt seines Zeitalters beteiligen. Im Vergleich hierzu schreitet in Europa mit dem Einzug des Christentums eine Vernichtung von Kulturgut einher. Karl der Große krönt 813 auf dem Reichstag in Aachen seinen Sohn Ludwig den Frommen (778-840) zum Mitkaiser, der eine Sammlung germanischer Heldenlieder vernichtet, da er sie als heidnische Werke betrachtet.

Al-Kindi ist als Philosoph, Mathematiker, Arzt, aber auch als Wissenschaftler, Musiktheoretiker und Theologe bekannt. Durch den Reichtum seiner Familie ist es Al-Kindi möglich, seine Bildung breit zu fächern. Die Bandbreite der Schriften Al-Kindis reichen von Mathematik und Geometrie über Medizin bis zur Astrologie.

Dank seines Förderers Al-Mamun gelangt Al-Kindi in das ›Haus der Weisheit‹. Dort widmet er sich den intensiven Studien griechischer Schriften von Aristoteles, Platon und Neuplatonikern, die ihm sehr am Herzen liegen. Deren Werke überträgt Al-Kindi mit Hilfe zahlreicher Übersetzer ins Arabische. Damit legt er ein wichtiges Fundament für viele kommende Philosophen, so dass er von seinen Zeitgenossen den Ehrentitel ›failasuf al-Arab‹, also ›Der Philosoph der Araber‹ erhält. Er hinterlässt ein ganzes Kompendium von Werken.

Al-Kindi bleibt lange Zeit mit der rationalistisch ausgerichteten mutazilistischen Schule verbunden. Daraus lässt sich erklären, warum er in vielen seiner Schriften Philosophie und Religion in Harmonie bringt. Für ihn sind Philosophie und Theologie keine Gegensätze. Er sieht die Aufgabe der Philosophie in der Wahrheitssuche.

Nach Al-Kindi kommt der Philosophie, ›al-falsafa‹ der erhabenste »Rang und die ehrenvollste Stufe zu, die als Wissen um die Wahrheit der Dinge definiert wird, soweit dies dem Menschen möglich ist«.[14] Nach diesem Philosophieverständnis sieht er das Ziel darin, »die Wahrheit zu erkennen«.[15] Das hängt damit zusammen, dass die Ursache der Existenz und des Fortbestehens eines jeden Dinges eben diese Wahrheit ist und jedes Seiende, ›anniya‹, Wahrheit besitzt.

Von grundlegender Bedeutung in seinem philosophischen Werk ist die Frage, ob und inwieweit etwas eigene Essenz verursachen könne. In diesem Zusammenhang diskutiert er das Verhältnis zwischen Ein-

---

14 Al-Kindi: *Die Erste Philosophie,* 2011, S. 59.

15 Ebenda, S. 59.

heit und Vielfalt. Letztere könne nicht gesondert und unabhängig von der Einheit existieren. Vielfalt bedeutet eine von der Einheit abgekoppelte Sache, die in Ausdrücken wie ›Gegensätze‹, ›Ausnahmen‹ oder ›Gemeinsamkeiten‹ enthalten sind. Dies zeigt er in einem einfachen Beispiel aus der Zahlenlehre. Die Zahl ›eins‹ bedeutet Einheit, die in allen weiteren Zahlen enthalten ist.

Aus dem Geist seines pluralistischen Philosophieverständnisses heraus argumentiert Al-Kindi, dass die absolute Wahrheit niemandes Besitz alleine ist: »Wir dürfen uns nicht schämen, die Wahrheit für gut zu erachten« und als solche »anzuerkennen, woher sie auch kommen mag. Auch, wenn sie von Menschen kommt«, die uns fremd sind. »Es gibt nämlich nichts, was angemessener für denjenigen wäre, der nach der Wahrheit strebt, als die Wahrheit selbst. Die Wahrheit wird durch denjenigen, der sie ausspricht oder sie übermittelt, weder herabgesetzt noch geschmälert. Auch wird niemand durch die Wahrheit gemindert, sondern jeder wird durch sie geehrt.«[16]

Die Philosophie Al-Kindis hat eine transzendente und eine immanente Dimension. Die transzendente Komponente ist für ihn die Metaphysik, die ›Erste Philosophie‹, denn es geht um das Wissen der Ursache alles Wahren, während letztere als ein Instrument zu betrachten ist, um dieses Ziel zu erreichen. Als Gegenstand wird das absolut Große, Erhabene und Unvergleichbare verstanden: »Nichts nämlich könnte größer sein als das, was in absoluter Weise als ›groß‹ bezeichnet wird.«[17] Bei seinem Gottesbeweis führt Al-Kindi die Vielheit auf die Existenz des ursprünglich Einen zurück. Hier geht es ihm darum, die Kausalität der Existenz zu begründen.

Die immanente Philosophie beschäftigt sich mit relativen Sachverhalten. Wir können, wie Al-Kindi exemplifiziert, nicht in absoluter Form sagen, ›groß‹, ›klein‹, ›lang‹ oder ›kurz‹. Solcherlei Äußerungen werden in der Regel im Vergleich zu etwas Gegenteiligem gemacht. Nach Al-Kindi können nur diejenigen als ›Philosophen‹ gelten, die sich in Mathematik bzw. Logik zureichend auskennen. Nach seinem dialektischen Verständnis wirkt alles Höhere auf das Niedere ein. Das göttliche Wirken vermittelt sich dementsprechend von oben nach unten.[18]

Al-Kindi formuliert erstmals die Theorie von mehreren Stufen der menschlichen Erkenntnis. Er unterscheidet zwischen dem passiven

---

16 Ebenda, S. 65.

17 Ebenda, S. 145.

18 Ebenda.

und aktiven Denken. Während der aktive Intellekt die Ursache alles Denkens ist, vollzieht sich die passive Art desselben im niederen Bereich. Der passive Intellekt umfasst wechselwirkend folgende Intellekte: *der potentielle Intellekt* beschreibt das Vermögen, überhaupt zu denken, *der erworbene Intellekt* ist das Vermögen, etwas durch Erfahrung zu gestalten, d*er sichtbare Intellekt* beschreibt die sichtbargewordenen Werke als Ergebnis des potentiellen und erworbenen Intellektes.

Die Art und Weise der philosophischen Argumentation Al-Kindis ist durch und durch mutazilitisch ausgerichtet, da er auf allen Ebenen dialektisch vorgeht. Al-Kindi unterscheidet zwischen der Sinnes- und Verstandeswahrnehmung. Bei Urteilbildungen sind beide mehr oder minder involviert. Insofern sind für ihn Theologie, ›ilahiat‹ und Philosophie keine Gegensätze, sondern unterschiedliche Wege, um die Struktur der Welt zu verstehen und Antworten auf die existentielle Abhängigkeit unseres Daseins zu formulieren.

Für die Übermittlung von Al-Kindis Werk sind Abolabbas Ahmad Ibn Mohammad ben Marwan ben at-Tayyeb Sarakhsi (835-899) und Abu Zeyd Ahmad ben Sahl Balkhi (850-934) von großer Bedeutung. Obschon das Werk dieser Philosophen selbst für die Entwicklung der ersten Phase der Philosophie in der islamischen Welt ebenfalls grundlegend ist, werde ich auf deren Werk, Wirken und Methode nicht weiter eingehen können, weil dies den Rahmen dieser Einführung sprengen würde.

Ausgewählte Werke:

— *Kitab al hat aala taalom al falssafa* [Einleitung zum Erlernen der Philosophie].

— *Al falssafa al oula fima douna tabiait wa tawhid* [Über die Erste Philosophie].

1.4 Zakariya Razi und das Primat der Vernunft

Abu Bakr Mohammad Ibn Zakariya Razi (andere Schreibweisen: Al-Razi, Alrazi, Ar-Razi, Rhazes, Rhaze, Rasis), genannt Zakariya Razi (865-932), erblickt das Licht der Welt in Persien zu einer Zeit, in der der normannisch-russische Kriegszug nach Konstantinopel stattfindet.[19]

[19] Über Razi vgl. Gharamaleki, Ahad Faramarz: *Nazarije-je Akhlaq Mohammad Ibn Zakariya Razi* [Ethik im Denken Mohammad Ibn Zakariya Razis], 2012 und Sezgin, Fuat: *Muhammad Ibn Zakariya al-Razi*, 1996.

Razi tritt, im Gegensatz zu seinen Vorgängern und vielen Nachfolgern, von Beginn an für die Autonomie von Philosophie und Theologie ein, die er als zwei völlig verschiedene Sphären der Reflexion betrachtet. Er ist in der Geistesgeschichte der islamischen Welt als ein Universalgelehrter bekannt, der gleichzeitig an mehreren Projekten arbeitet. Er beschäftigt sich mit Philosophie und Metaphysik, Erkenntnislehre, Ethik und Naturphilosophie, mit Musiktheorie, Alchemie, Mathematik sowie mit Astronomie, allgemeiner Medizin und Ehtik der Medizin.

Als Mediziner und Pharmakologe entdeckt Razi durch Destillation von Wein die Gewinnung des reinen Alkohols und seine sterilisierende Eigenschaft. Seine Entdeckung nennt er ›al-kull‹, was im Arabischen ›das Wesentliche beinhaltend‹ bedeutet. Als Arzt führt er in seiner Heimatstadt Rey ein Krankenhaus, wechselt aber später nach Bagdad. Razi beschreibt das Krankheitsbild ansteckender Erkrankungen wie Pest, Tollwut, bestimmte Augenkrankheiten und Pocken sowie Auszehrung. Der Erkenntnisgewinn in der Medizin schreitet zu jener Zeit überall fort. In Italien wird unter Einfluss des Benediktinerordens eine medizinische Schule ins Leben gerufen, in der man sich mit ähnlichen Erkrankungen befasst.

Razi gilt als Vorreiter seiner Zeit, weil er sich mit medizinisch-ethischen Fragen und der Psychologie der Menschen beschäftigt und eine Leib-Seele-Verbindung in Gesundheitsfragen erblickt. In fast allen seinen medizinischen Werken verweist er auf die Grenzen der menschlichen Möglichkeiten bei Heilungsprozessen. Er hält es für nicht hinnehmbar, dass es Mediziner gibt, die einen übersteigerten Anspruch erheben und mit Falschdiagnosen falsche Hoffnungen ihrer Patienten nähren. In seinem Werk ›Al-Mansuri fi al-tib‹[20], ›Kanon der Medizin‹, setzt er sich eingehend mit Schwindlern in der Medizin und allgemein der Redlichkeit medizinischen Bemühens auseinander. Damit wird er zu einem Vorläufer der medizinischen Ethik.

Zu den wichtigsten Schriften Razis zählt ›Al siratol falsafija‹, ›Die philosophische Lebensführung‹, die über den philosophischen Charakter vieles aussagen. In diesem Werk geht Razi von einem Ethos des philosophischen Handelns aus, weil die Maximen von Vernunft und Gerechtigkeit es ablehnen, Mitmenschen jegliche Art von Mißbehagen zu bereiten. Ein wahrer Philosoph ist nach Razi ein Mensch, dessen Worte und Taten sich miteinander im Einklang befinden. In

---

[20] Vgl. Zakariya Razi, Abu Bakr Mohammad ibn: *Al-Mansuri fi al-tib* [Kanon der Medizin], 2007.

Sokrates sieht er das Bild eines wahren Philosophen, der die Weisheit geliebt habe und dafür vom Genuss abgesehen habe.[21]

Razis Philosophie fußt auf drei Säulen, die vier Kulturräume miteinander verbinden: die Suche nach Erkenntnis, die griechisch-islamische Elemente trägt; die Gerechtigkeit, welche in der sartoschtischen (zarathustrischen) Triade, gut zu denken, zu reden und zu handeln, wurzelt; und schließlich dem Mitleid, das Ähnlichkeit mit dem der buddhistischen Lebenswelt aufweist. Seine Religionsphilosophie geht weder in der griechischen noch in der buddhistischen Lebenswelt restlos auf, sondern findet immer Einkehr in die islamisch-persische Tradition.

Wie sein Vorgänger Al-Kindi ist Razi transzendenzoffen. Er geht von der grundsätzlichen Annahme aus, dass Gott seine Barmherzigkeit über die gesamte Menschheit ausbreitet und den Menschen Vernunft und Verstand geschenkt hat, damit sie ihr Leben danach ausrichten. Der Unterschied bestünde darin, dass Menschen von ihrer Vernunft unterschiedlich Gebrauch machen.[22] Jahrhunderte später kommt René Descartes (1596-1650) zu demselben Ergebnis und geht davon aus, dass Verstand, also ›bon sens‹ die bestverteilte Sache der Welt sei.[23] Razi zufolge stehen nur diejenigen Menschen Allah nah, die gerecht sind und Barmherzigkeit praktizieren. Seiner Vorstellung zufolge orientiert sich die Behandlung eines Menschen nach dem Tod demnach, wie er sich im hiesigen Leben geführt hat. Deshalb hält Razi es für Allahs Gebot, gerecht im Denken und Handeln zu sein.

Razi betont stets aufgrund seiner skeptischen Gesinnung die Bedeutung der Vernunft über den Glauben und damit den Primat der Philosophie vor der Religion. Dies hängt mit seiner naturwissenschaftlich geprägten Denkweise zusammen. Er möchte für alle seine Überlegungen nachweisbare Gründe formulieren. Seine Hervorhebung der Vernunft findet später im Europa des 18. Jahrhunderts als das ›Zeitalter der Vernunft‹ Resonanz. Razis philosophisches Denkgebäude ist darauf ausgerichtet, durch diese Differenzierung die Autonomie der Philosophie gegenüber der Theologie zu betonen.

Razi gehört zweifelsohne zu den führenden Rationalisten und Empiristen der Philosophie. In diesem Sinne würdigt er Sokrates' ratio-

---

21 Vgl. Ebenda, 100 f.

22 Vgl. Zakariya Razi, Abu Bakr Mohammad ibn: *Al-siratol falsafija* [Die philosophische Lebensführung], 2011, S. 90.

23 Vgl. Descartes, René: *Abhandlung über die Methode des richtigen Vernunftgebrauchs,* Stuttgart 1995, S. 3.

nalistische Tendenzen. Die Struktur der Welt besteht nach Razi aus geordneter Materie. Ihr Urheber Allah habe sie aus Liebe geschaffen, obschon er gleichsam betont, die Welt sei ein Ort des Leidens. In der Philosophie sieht er die Möglichkeit der seelischen Befreiung und Überwindung des Leidens überhaupt.[24] Hier werden buddhistische Einflüsse in seinem philosophischen Denken erkennbar.

Razis erkenntnistheoretischer Ansatz besagt, dass Menschen durch den Gebrauch ihrer Vernunft Einsicht erlangen und Urteile bilden können; Urteile, die für ihre gesamte Lebensführung wegweisend sind. Nur auf diesem Wege kann der Mensch seiner Aufgabe in der Welt gerecht werden und sein Menschsein im Sinne des Göttlichen entfalten.

Der Mensch ist ein denkendes, urteilendes und Entscheidungen fällendes Wesen, das durch die Barmherzigkeit Gottes über einen freien Willen verfügt. Dieses Bündel an Potenzialen macht aus ihm ein ethisches Wesen, dessen Glück und Unglück damit steht und fällt, wie er sein Leben ausrichtet und wie er von seiner Vernunft Gebrauch macht. Razi glaubt an die Wiedergeburt des Menschen unter bestimmten Umständen. Vernunft ist eine Verpflichtung, kein Privileg. Führt der Mensch kein vernunftgeleitetes Leben nach ethischen Maßstäben des wahren Glücklichseins, so stuft er sich selbst zum niederen Lebewesen herunter und muss, im Gegensatz zu vernunftgeleiteten Menschen, wiedergeboren werden.

Die göttliche Barmherzigkeit sieht laut Razi vor, dass auch solche Menschen, die sich durch ihr widriges Verhalten heruntergestuft haben, stets die Chance bekommen, sich aus dieser selbstverschuldeten Situation herauszuarbeiten. Diese Wiederholungsmöglichkeiten im Prozess der Einswerdung mit dem Göttlichen bieten ihnen die Möglichkeit, einsichtig zu werden und ihre Seelen zu befreien.

Das geschaffene Sein im metaphysischen Verständnis Razis fußt auf fünf Prinzipien. Neben Gott als absoluter und vollkommener Vernunft, werden Zeit, Raum, Universalseele und Materie als anfangslos beschrieben. Razi will durch die Bündelung von Metaphysik, Ethik und Erkenntnis philosophisch vor Augen führen, dass die transzendente Macht, das Heil, allen Menschen, jenseits ihrer kulturellen Zugehörigkeit, zuteil werden kann.

Diese Dreiheit ist in unserem ›modernen Denken‹ verloren gegangen. Während Erkenntnis im wissenschaftlich-technischen Sinne ihre

---

24 Vgl. Zakariya Razi, Abu Bakr Mohammad ibn: *Moallafat wa mosnnafat* [Einführung in die Schriften], 1992.

Triumphe feiert, wird die Notwendigkeit der Ethik zwar diskutiert, sie kommt aber meist nur rudimentär zum tragen. Die existentielle Dimension des befristeten Daseins des Menschen, die Razi Metaphysik nennt, wird als ›nicht zeitgemäß‹ eingestuft und marginalisiert. In den europäisch-westlichen Hemisphären werden seine Werke wenig rezipiert, weil er eine asketisch-bescheidene Lebensweise fordert.

Ausgewählte Werke:

— *Al-madkhal al-mantiq* [Einführung in die Logik].
— *Mejdan al-aql* [Territorien der Vernunft].

1.5 Abu Nasr Farabi und die Typologie der Wissenschaft

Abu Nasr Muhammad Farabi (andere Schreibweisen: al-Farabi, Al-Fārābī, El Farati, Alpharabius, Avenassar), genannt Farabi (870-950), wird in Persien geboren. Zu seiner Geburtsstunde steht in Europa die Teilung Lothringens zwischen Karl dem Kahlen (823-877) und Ludwig dem Deutschen (806-876) an, die zur Entwicklung des späteren deutschen und französischen Reiches führt. Malta wird von den Arabern erobert.[25]

[25] Über Farabi vgl. Ardekani, Reza Davari: *Farabi moassese falsafeje Eslami* [Farabi. Gründer der islamischen Philosophie], 1977; Campagna,

Aufgrund der Übersiedlung eines seiner Lehrer folgt Farabi diesem nach Bagdad, wo er Philosophen kennenlernt, die sich mit Übersetzungen und Kommentaren griechischer Werke beschäftigen. Er bereist verschiedene Gegenden, wie Harran, Ägypten, Aleppo und Damaskus. Er stirbt, als er auf dem Weg zwischen Asqalan und Damaskus von Straßenräubern überfallen und erschlagen wird.

Farabi wirkt in einer Zeit, in der sich mannigfaltige Schulen und Bewegungen bilden. Al-Ashari (873-935) und Mansur Hallaj (857-922) gehören neben den christlichen Philosophen Abu Bischr Matta (870-940) und Yuhanna ibn Hailan zu den großen Persönlichkeiten seiner Zeit. Hallaj ist nicht, wie Al-Ashari, streng an die wortwörtliche Wahrnehmung des Koran gebunden, sondern sucht eine Einswerdung mit dem Göttlichen. Diese Haltung erhebt ihn zu einer der Hauptfiguren des islamischen Sufismus bzw. der islamischen Form der Mystik. Er spricht von einer Verschmelzung der menschlichen und göttlichen Seele in einem einzigen Körper: ›Siehst du mich, siehst du ihn; siehst du ihn, siehst du uns‹. Farabi ist ein induktiv denkender Wissenschaftler, der entdecken will. Während Aristoteles in islamischen Kreisen seit den Anfängen wegen seiner philosophischen Leistungen als der ›erste Lehrer‹ gewürdigt wird, erhält Farabi den Beinamen ›zweiter Lehrer‹. Diese Bezeichnung bedeutet nicht, dass er nur Lehrer des vorher Gedachten gewesen sei. Farabi ist, über das bloße Kommentieren hinaus, der Begründer eines ganzen Wissenschaftssystems. Farabis Interessen erstrecken sich auf die Mathematik, ›ilm at-taalim‹, Physik, ›al-ilm at-tabii‹ und Metaphysik ›al-ilm al-ilahi‹, auf Grammatik, ›ilm al-lisan‹, Logik, ›ilm al-mantiq‹ sowie auf Sozialwissenschaften, ›al-ilm al-madani‹. Er schafft eine eigene terminologische und erkenntnistheoretische Basis und teilt die Wissenschaften auf eine spezifische Weise in unterschiedliche Bereiche ein, die mit den sechs genannten Wissenschaften verknüpft sind[26]: Wissenschaft der Sprache, der Musik, der Philosophie und Theologie, der Staatswissenschaften, Ethik sowie der Mathematik und Naturwissenschaften. Zu den Einteilungen der Wissenschaften gehören, wie Farabi insistiert, auch alle Teilbereiche dieser Disziplinen. Zu nennen

---

Norbert: *Alfarabi – Denker zwischen Orient und Okzident*, 2010 und Sahebozzamani, Mohammed-Hassan: *Das Verhältnis von Religion und Philosophie bei Al-Farabi*, 1956.

[26] Vgl. Al-Fārābī: *Über die Wissenschaften*, 2005.

sind vor allem Rhetorik, Arithmetik, Geometrie, Optik, mathematische Astronomie, Erfindungswissenschaft und Rechtswissenschaft.

Farabi glaubt an philosophische Wahrheiten und deren universelle Gültigkeit. Auf diesem Wege unterscheidet er, wie sein Vorgänger Razi, zwischen Theologie und Philosophie, während letztere für ihn das beste Instrument liefert, um die ›Wahrheit‹ zu beweisen. Sein Wissenschaftssystem gründet auf einer universellen Anthropologie, die noch heute von Wissenschaftlern wie Max Scheler oder Arnold Gehlen (1904-1976), um nur zwei Beispiele zu nennen, vertreten wird. Diese Anthropologie entwickelt Farabi mit der expliziten Frage »Was ist der Mensch?«.[27]

Den Leib des Menschen unterteilt Farabi in zwei Kategorien: das, was *offenbar* ist und das, was *geheim* ist. Die sichtbaren, sinnlich fassbaren Glieder und Dimensionen sind ihm das *Offenbare*. Dieser Bereich des menschlichen Leibes ist Gegenstand der Anatomie, und zwar von seinem Äußeren und Inneren her, soweit die Erkenntnisse hierzu vorhanden sind.

Das *Geheime* des Menschen zeigt sich, Farabi zufolge, in den Kräften vom Geist des Menschen. Diese Kräfte konstituieren sich wiederum aus zwei Teilen: dem Tun und dem Erkennen. Das Tun zerfällt in drei weitere Teile, die Farabi als pflanzlichen, tierischen und menschlichen Teil benennt. Das *pflanzliche* Tun definiert er als den Zweck des Individuums, sich durch Fortpflanzung zu erhalten und zu entwickeln. Im *tierischen* Tun sieht Farabi die Aufgabe des Menschen, das Nützliche herbeizuziehen und das Schädliche zu vermeiden. Als Bereiche des *menschlichen* Tuns nennt er die Beschäftigung mit dem Schönen und dem Nützlichen. Diese Bereiche sind kein Selbstzweck, sondern sie dienen dazu, zu dem Ziel zu gelangen, das sich der Mensch im irdischen Leben gesteckt hat. Das menschliche Tun wird unterstützt vom Intellekt der Erfahrung, der dem Menschen letztendlich Lebensart und Bildung verleiht.

Das Erkennen funktioniert, nach Farabi, ähnlich, als wenn ein Siegel in Wachs geprägt wird. Das Siegel, in ein Stück Wachs gedrückt, hinterlässt eine Einprägung, ein Bild von seiner Form. Diese dient uns dazu, jederzeit das Siegel aus der Erinnerung rekonstruieren zu können. Die Möglichkeit der Erkenntnis sieht Farabi im Sichtbaren und im Unsichtbaren.

---

[27] Vgl. Alfārābī: *Alfārābī's philosophische Abhandlungen,* 1892, S. 108-138.

Die Erkenntnisse des Sichtbaren oder Kreatürlichen gewinnt der Mensch hauptsächlich durch seine fünf Sinne, die – um bei dem obigen Beispiel zu bleiben – das Wachs sind, in das die Eindrücke eingeprägt werden. Je nach der Stärke einer Wahrnehmung werden Auge oder Ohr mehr oder weniger beeindruckt, und in unserem Inneren bildet sich quasi ein Abdruck der Sinneswahrnehmung. Farabi schränkt ein, dass dieser Abdruck nicht den reinen Begriff des Wahrgenommenen widerspiegeln könne, sondern einen Eindruck, den er als »vermischt« bezeichnet.

Erkenntnisse am Unsichtbaren gewinnt der Mensch durch Vermutung bzw. Ahnung. Es versteht sich, dass auch hier Begriffe nicht rein erfasst werden können, sondern, wie Farabi ausführt, ebenfalls vermischt und mit Zusätzen »vom Wieviel, vom Wie, vom Wo und der Lage.«

Eine weitere Komponente von Farabis Anthropologie ist die Sprache als Basis des Denkens. Die Beschäftigung mit ihr führt vor Augen, wie der Mensch im Prozess seiner Evolution einen Übergang von einfachen Dimensionen zu immer differenzierteren Ausdrucksweisen entwickelt und dadurch auch immer höhere Formen des Wissens erreicht. Die Begriffsbildung und differenzierte Benennung von Gegenständen ist ein zentrales Moment dieses Prozesses, in dem sich der Mensch immer wieder selbst entdeckt und die Vielheit der Sprache zu nutzen lernt. Diese Mannigfaltigkeit der Sprache trägt, Farabi zufolge, unmittelbar zur Vielgestaltigkeit des Denkens bei.

Vernunft als eine Grundkonstante von Farabis Anthropologie thematisiert er in mehreren Schriften. In seiner Abhandlung über den Intellekt bzw. die Vernunft setzt er sich mit Arten und Funktion dieses Vermögens auseinander. Dabei unterteilt er Vernunft in eine Vorhandene und eine Erworbene. Letztere wird durch Erfahrung gewonnen und geschult, während die vorhandene Form derselben naturnotwendig den Menschen angeboren ist.[28]

Die Typologie der Wissenschaft und in erster Linie die Frage nach Vernunft diskutiert Farabi ebenfalls in seiner Schrift ›Über die Wissenschaften‹. Er sieht die grundlegende Aufgabe der Vernunft darin, »den Menschen auf den Weg der Richtigkeit und zur Wahrheit bei allem zu führen, wo es möglich ist, dass ein Irrtum bei den Vernunftgehalten auftritt.«[29] Farabi führt an, dass es hierbei Sachverhalte gibt,

---

[28] Vgl. Alfārābī: *Alfārābī's philosophische Abhandlungen,* 1892, S. 75 f.

[29] Vgl. Alfārābī: *Über die Wissenschaften,* 2005, S. 23.

bei denen die Vernunft niemals irren kann. Dies sind jene, deren Erkenntnis und deren Nachweis der Wahrheit der Mensch gleichsam in seiner Seele eingeschaffen vorfindet, wie z.B., »daß das Ganze größer ist als seine Teile und daß die Zahl Drei eine ungerade Zahl ist.« Für Farabi gibt es im metaphysischen Bereich Dinge, »bei denen es möglich ist, daß die Seele irrt und von der Wahrheit abgewendet wird auf das hin, was nicht wahr ist«.[30] Es handelt sich um jene Dinge, die rational nicht zu erfassen sind, aber von denen der Mensch stets glaubt, sie wie eine mathematische Aufgabe, durch reines »Denken und Überlegen« erfassen zu können.

Nach Farabi sind dies Gründe, warum der Mensch, der bei seinen Untersuchungen »eine gesicherte Wahrheit« anstrebt, »logische Regeln« benötigt.[31] Dies sind Instrumente, mit denen Vernunftgehalte überprüft werden können. Diejenigen Regeln aber, bei denen es keine Sicherheit gibt, dass sie den Regeln der Logik entsprechen, vergleicht Farabi mit einem Messinstrument, das unbewusst falsch geeicht wurde. Farabi kommt zu der Ansicht, dass Logik bzw. logische Regeln in unserem Leben einer Richtschnur gleichkommen, die das Maß der Vernunft und Unvernunft unserer Handlungen bemisst und uns eine vernunftgeleitete Orientierung in unseren Entscheidungsfindungen ermöglicht.

Farabi verweist auf der Grundlage dieser Annahme in seinem philosophischen Werk darauf, dass ›Wahrheit‹ die Menschen verbindet; nur die Art und Weise, in der sie erfasst werde, sei unterschiedlich. Zu nennen sind vor allem intuitionische und rationalistische Vorgehensweisen. Auf diesem Wege bedienen sich Philosophen unterschiedlicher Methoden.

Farabi ist ein Kritiker und Beobachter der Gesellschaften seiner Zeit. Die Vernunftleitung auf allen Ebenen des Lebens ist in seinen Schriften, insbesondere in ›Madinatolfazele‹[32], ›Ansichten der Bewohner eines vortrefflichen Staates‹, geradezu beispielhaft. Eine zentrale Achse seiner politischen Philosophie ist die Verwirklichung der Idee eines Musterstaates, der das Glück und das friedliche Zusammenleben der Menschen in Harmonie und Gerechtigkeit nach der Maxime ›Einheit angesichts der Vielfalt‹ garantiert.

---

30 Ebenda, S. 23.

31 Ebenda, S. 23.

32 Vgl. Farabi, Abu Nasr Mohammad ibn: *Arae ahle Madinatolfazele* [Ansichten der Bewohner eines vortrefflichen Staates], 2003.

›Madinatolfazele‹ bedeutet ›Musterstaat‹ bzw. ›Vortreffliche Gesellschaft‹. Farabi diskutiert Struktur, Aufgabe und Funktion einer vortrefflichen Zivilgesellschaft islamischer Prägung. Es handelt sich um ein umgreifendes Prinzip der Staatsverwaltung. Im Zentrum steht der Mensch als ein Wesen, das eine göttlich legitimierte Würde in sich trägt. Farabi ist der Ansicht, dass der Mensch die Vollkommenheit nur durch den ›Zusammenschluss mehrerer Individuen‹ erlangen könne. Dabei unterscheidet er drei Arten von ›vollkommenen Gesellschaften‹: große, mittlere und kleine. Die große ist die Weltgesellschaft, die mittlere eine Nation und die kleine schließlich die Bürger eines bestimmten Gebietes. Die Vortrefflichste dieser Gesellschaften ist diejenige, in der sich alle Individuen zusammenschließen, um Gerechtigkeit, Barmherzigkeit, vernünftige Staatsführung und letztlich Glückseligkeit zu erreichen. Dies setzt nach Farabi die Bedürfniserfüllung der Menschen in der Gesellschaft voraus. Hier geht es nicht nur um die Erfüllung emotionaler und persönlicher Bedürfnisse, sondern auch und vor allem um das wirtschaftliche und politische Wohlergehen.

Die Idee einer vortrefflichen Gesellschaft vergleicht Farabi mit einem menschlichen Körper, in dem alle ›Organe in einem harmonischen Zustand zusammenwirken‹, obschon die Glieder ihrem Rang und ihrer Fähigkeiten nach unterschiedlich seien. Das Zentrum einer solchen Gesellschaft ist für ihn das Herz mit lebensnotwendigen Funktionen. Farabi setzt den Regenten mit dem Herzen gleich, der für das Erlangen letztlicher Glückseligkeit in der Gesellschaft existentiell ist. Diejenige Instanz, die in einem Staat die Funktion des Herzens übernimmt, müsse nicht nur von Natur aus weise, aufrichtig, gerecht, gesetzestreu und redegewandt sein, sondern dürfe Unterdrückung und Ungerechtigkeit nicht dulden. Eine solche Instanz, die über andere Menschen herrschen könne, ist nach Farabi ›der Imam‹ bzw. ›Velajate Faqih‹ Um seinen Regierungsauftrag zu erlangen, bedürfe er der Legitimation durch die Umma. Er vermöge sogar aufgrund seiner gerechten Kompetenzen über die Weltgesellschaft zu regieren. Besitzt ein Mensch nicht alle Eigenschaften eines Imams, so können nach Farabi zwei oder mehrere Personen diese Aufgabe gemeinsam teilen, was Montesquieu im beginnenden 18. Jahrhundert ›Gewaltenteilung‹ nennt.

Der vortrefflichen Gesellschaft stellt Farabi die ›ignorante Gesellschaft‹ gegenüber, die erfüllt ist von Habgier, Maßlosigkeit und schließlich von Dekadenz. In einer solchen Gesellschaft sieht er die Gefahr, dass der Mensch sich von seiner isomorphen Natur entfernt.

Mit der Idee der Errichtung einer vortrefflichen Gesellschaft will Farabi erreichen, die dekadente Gesinnung seiner Zeit, die von Kämpfen und ausschweifendem Leben geprägt ist (ignorante Stadt), in eine vortreffliche Gesellschaft zu überführen. Indem er den Zusammenschluss der Individuen der Gesellschaft und ihre Wechselwirkung wie ein Körper bzw. ein Uhrwerk fordert, in dem alle Teile sich gegenseitig bedingen, legt er den ersten Grundstein eines islamischen Volksprimats bzw. einer islamischen Bürgersouveränität. Jenes lässt sich dadurch begründen, dass die Individuen ihren Wert erkennen und ihre Funktion als Menschen wahrnehmen. Gemeinsam setzen sie sich für die Besserung der Verhältnisse und das Funktionieren des Staatsapparates ein. Der Imam, den Farabi als das Herz dieses Apparates bezeichnet, ist in diesem Zusammenhang nichts anderes als ein kompetentes Staatsoberhaupt, das aufgrund seiner Weisheit die Verhältnisse beobachtet und zu ihrer Besserung beiträgt.

In der Tiefe seiner Staatstheorie liegt der Wunsch, dass der Mensch den Boden der Naivität verlässt, in das Reich des reflektierenden Denkens eintritt und sich als denkender Mensch für das Gemeinwesen einsetzt. Mit dieser Staatstheorie geht Farabi über Platons ›Politeia‹ hinaus, die eine bloße Uniformierung der Gesellschaft sucht, und macht die Selbstarchäologie bzw. Selbstaufklärung zur Grundlage eines gerechten Gemeinwesens.

Farabi betrachtet interne Differenzen und unterschiedliche Formen von Wahrnehmungen, Glücksempfindungen und Lebensentwürfen. Er unterscheidet zwischen einer ›argumentativen‹ und einer ›nachahmenden‹ Erkenntnisgewinnung.[33] Während die argumentative Erkenntnisgewinnung darauf ausgerichtet ist, alles auf der Grundlage von Erfahrung anzunehmen, abzulehnen oder zuzulassen, bestimmen bei der nachahmenden Erkenntnisgewinnung nicht Argumente, sondern vielmehr Interpretation und Nachahmung die Verhältnisse. Konflikte sind dadurch vorprogrammiert.

Farabi versöhnt beide Denk- und Wahrnehmungskulturen miteinander. Darin liegt für ihn die Tugend der Toleranz, ›Tasahol‹ als einer ethisch-moralischen Pflicht gegenüber unterschiedlichen Denkformen innerhalb der Zivilgesellschaft.[34] Im politischen Denken Farabis

---

33 Vgl. Farzaneh Poor, Hossein: Tasahol wa Modara dar andishe-je sijasi-je Eslam [Ta-sahol und Modara im politischen Denken des Islam], 2007, S. 199.

34 Vgl. hierzu Yousefi, Hamid Reza: *Toleranz im Weltkontext,* 2013.

ist transzendenzverwurzelte und zugleich rational ausgerichtete Moral die Basis der Politik.

Ausgewählte Werke:

– *Kitab ihsa al'ulum* [Über die Wissenschaften].
– *Risala fi'l-aql* [Abhandlungen über die Vernunft].

1.6 Ikhwan as-Safa und das Verhältnis von Moral und Wissenschaft

Im 10. Jahrhundert vollziehen sich im Okzident und im Orient unterschiedliche Ereignisse, die den Abstand der beiden Kontinente markieren. Das Papsttum der westlichen Welt erlebt eine Krise, die auch durch klösterliche Reformbewegungen nicht aufgehalten werden kann, während die Blütezeit des Islam andauert und die arabische Märchensammlung ›Tausendundeine Nacht‹ entsteht.

In diesem Jahrhundert entstehen weitere Zentren der orientalisch-islamischen Philosophie. Die Universität Kairo wird gegründet, und in Basra entsteht eine geheime philosophische Gemeinschaft, die aus persisch-arabischen Philosophen besteht. Ihre Mitglieder nennen sich Ikhwan as-Safa wa khillan al-wafa, ›Brüder und Schwestern der Lauterkeit und Freunde der Treue‹. Dieser Name spiegelt die Haltung der Wissenschaftler wider, die bestrebt sind, durch gegenseitige Unterstützung einander zur Förderung ihres Seelenheils zu verhelfen und ein Kompendium des gesamten derzeitigen Wissens, insbesondere auf dem Gebiet der Philosophie, zu erstellen.

Ikhwan als Gründer der ›Inssaniyyat‹

Anknüpfend an die Schule der Mutaziliten, gehen die Ikhwan in ihrem Gemeinschaftswerk von einer grundsätzlichen offenbarungs***un***abhängigen Erkenntnisleistung aus, ohne die Offenbarungswahrheit völlig außer Acht zu lassen. Sie prägen den Begriff ›inssaniyyat‹, eine ›dialogische Menschengemäßheit‹, in der Liebe, Nachsicht, Barmherzigkeit, Anteilnahme, gegenseitige Hilfestellung, Kooperation und Freundschaft dem Einzelnen gegenüber im Vordergrund steht.

Die Ikhwan betreiben eine angewandte Philosophie, zu der sie ein theoretisches System entwickeln. Der Erde messen sie deshalb besondere Bedeutung bei, weil sie von Menschen bewohnt ist. Ihr universalistisches Menschenbild enthält stark ethisch-moralische Komponenten. Der Mensch soll sich darum bemühen, als ein Teil des Ganzen im Einklang mit der Natur zu leben. Darin erblicken die Ikhwan eine universelle Menschlichkeit.

Philosophie und Religion sind für die Ikhwan keine Widersprüche, sondern sie beschreiben unterschiedliche Erkenntniswege, um Transzendenz und Immanenz zu begründen. Eine strikte Transzendenz- oder Immanenzverschlossenheit finden wir in den Philosophien der islamischen Welt selten. Die lauteren Brüder sind ein klassisches Beispiel für eine Praxis, die beide Komponenten miteinander in eine Korrelation bringt, ohne eins auf das andere zu reduzieren.

Die Ikhwan unterscheiden zwischen einer allgemeinen und einer speziellen Anthropologie. Die allgemeine Form umfasst alle Wissensbereiche, während die spezielle Art derselben eng mit der ›inssaniyyat‹ verbunden ist. Dies bedeutet, dass Erkenntnissuche theoretisch wie praktisch einen menschengemäßen bzw. menschenwürdigen Charakter haben muss. Anthropologie in diesem Sinne beschäftigt sich im Denken der Ikhwan mit dem Menschen und seinem Wesen einerseits und mit seiner Stellung in der Welt andererseits.

In der islamischen Theologie bzw. Gotteslehre wird der Mensch als Geschöpf Gottes diskutiert. Dementsprechend ist auch Menschenkunde bzw. Anthropologie eine theologische Disziplin, die nach Gott-Mensch-Verhältnis fragt. Ihre Grundlage sind Koran, Hadith und die Lebensführung des Propheten Mohammads. Die Ikhwan verweisen darauf, dass es Menschen kaum möglich sein wird, die letzten Tiefen der eigenen Entität zu ergründen. In unserer Zeit gehen Philosophen wie Plessner von den gleichen Voraussetzungen aus. Sie sprechen von der Unergründlichkeit des menschlichen Wesens und plädieren für das ›Prinzip der offenen Frage‹.

Die Einteilung der Wissenschaften erfolgt bei den Ikhwan nach bestimmten Komponenten: Rationalismus und Spiritualismus sowie Gerechtigkeit und dem, was später als Pragmatismus in die Literatur Eingang gefunden hat, aber auch Kausalität und Freiheit. In der Akzeptanz des Pluralismus von Einstellungen und Überzeugungen sehen die Ikhwan die Möglichkeit eines menschengemäßen Zusammenlebens der Völker. Aus soziologischer Perspektive vertreten sie eine Sicht, die auf einer ethischen Grundlage basiert.

Ziel der Ikhwan ist die Realisierung einer Weltordnung, in der moralische Dimensionen mit Erkenntnissen der Wissenschaft vereint sind. Grundlegend ist das Streben des Menschen in seiner Ursprünglichkeit nach Liebe, Zusammenhalt, Achtung vor anderen und vor sich selbst. Auf dieser Grundlage können Gerechtigkeit, Egalität und Selbstverwirklichung gedeihen.

Die Ikhwan sind bestrebt, mit der systematischen Einteilung der Wissenschaften die Grundlage einer philosophischen Weltuniversität zu schaffen, die durch spätere Generationen ergänzt werden soll. Ihr Ziel besteht darin, die Wissenschaften ihrer Zeit zu bündeln und weiterzuentwickeln, sie zu einem System zu verbinden und für eine harmonische Entfaltung und Erziehung des Menschen allgemein zugänglich zu machen. Die Ikhwan sind Enzyklopädisten im wahrste Sinne des Wortes, die später auch in Europa Nachahmer finden. Sie vermitteln eine kulturübergreifende Weltsicht, die sich von höchsten bis nierigsten Geschöpfen erstreckt.

Die Episteln der Lauteren Brüder sind ein Kompendium aus 52 ›Abhandlungen‹, ›Risalas‹, Plural ›Rasail‹, die eine systematische Einteilung der Wissenschaften im oben angesprochenen Sinne darstellen und wesentliche Bereiche des profanen und religiösen Wissens abdecken. In seinem Aufbau ist das Kompendium lehrbuchartig und vereinfacht gestaltet, damit Studierende, die der arabischen Sprache nicht mächtig sind, die Inhalte nachvollziehen können. Das Kompendium umfasst vier Abteilungen.

Die *erste* Abteilung hat in 14 Abhandlungen Mathematik und Logik zum Inhalt. Die *zweite* thematisiert in 17 Abhandlungen naturwissenschaftliche Disziplinen, zu denen auch die Psychologie gezählt wird. Die *dritte* Abteilung umfasst zehn Abhandlungen über Geisteswissenschaften. Die *vierte* erörtert in elf Abhandlungen Bereiche von Theologie und Religion, insbesondere der Mystik, sowie der Astrologie und der Magie. In dieser Abteilung wird auch die strukturelle Organisation der Ikhwan als einer philosophischen Geheimgesellschaft dargelegt.

Bei näherer Betrachtung der einzelnen Risalas sind thematische Überschneidungen festzustellen. Diese sind auf die unterschiedlichen Verfasser der einzelnen Abhandlungen zurückzuführen, die teilweise gleichlautende Themen in unterschiedliche Richtung und Intensität behandeln.[35]

Erstes Buch: Risala 1-14

Die 1. Risala beginnt mit der Darlegung einer Zahlenlehre als Teil der mathematischen Wissenschaften. Philosophische Bezüge der Zahlen werden aufgedeckt, wobei die beiden kleinsten Zahlen eine wichtige Rolle spielen. Der Eins wird die Position der Einheit und eine qualitative Geschlossenheit eingeräumt, während die Zwei für Polarität steht. Alle weiteren Zahlen entstehen durch Addition und Multiplikation dieser Grundzahlen.

Die 2. Risala befasst sich mit Grundfragen der Geometrie. Basierend auf diesen Erkenntnissen werden in der 3. Risala zunächst

[35] Vgl. Hussain, Taha und Ahmad Zaki (Hrsg.): *Ikhwan as-Safa wa khillan al-wafa: Rasail Ikhwan as-Safa wa khillan al-wafa* [Abhandlungen von Brüdern und Schwestern der Lauterkeit und Freunden der Treue], 1928.

Grundlagen der Astronomie erläutert, wobei bereits zu jener Zeit die Vorstellung eines heliozentrischen Weltbildes existiert. Dementsprechend kreist die Erde um die Sonne und nicht umgekehrt. Etwa 500 Jahre später greift Nikolaus Kopernikus (1473-1543) diesen Gedanken der Ikhwan auf, was als ›Kopernikanische Wende‹ in die abendländische Geschichte eingeht. Weiterhin werden Fragen nach der Gesetzmäßigkeit in der Natur anhand der Himmelsmechanik und das Verhältnis der Planeten zueinander erörtert. Später wird Abu Reyhan Biruni diese Überlegungen aufgreifen und auf eine spezifische Weise weiterentwickeln.

Die 4. Risala beschäftigt sich mit der Erde. In fortschrittlicher Weise wird sie bereits zu jener Zeit als eine Kugel beschrieben, die frei in der Sphäre schwebt. Neben bloßen geographischen Erkenntnissen soll der Lernende die schwebenden Strukturen der Welt kennenlernen, sich einfühlen und die daraus erwachsenen moralischen und ethischen Verpflichtungen wahrnehmen.

In der 5. Risala wird der Musik, die mathematisch aufgefasst wird, als einer bedeutenden Kunst der Kompositionstechnik, breiter Raum gegeben. Die Persönlichkeitserziehung ist Gegenstand der 6. Risala, wobei Anthropologie und Humanismus mit Zahlen und Geometrie in Verbindung gebracht werden.

Gegenstand der 7. Risala ist die Polarität des Menschen, die in der Dialektik von Leib und Seele sowie von Denken und Handeln ihren unmittelbaren Ausdruck findet. Anthropologische Aspekte werden verdeutlicht an Fragen über den Menschen: Was ist er? Wie ist er? Wo ist er? Wann ist er? Warum ist er? Wer ist er?

In der 8. Risala wird die Frage nach dem Wesen der menschlichen Tätigkeit in theoretischer und praktischer Hinsicht gestellt. Jedes Gewerbe ist Teil eines universellen Schaffens, das sich durch die kunstgerechte Arbeit der Werktätigen offenbart. Für jeden Menschen ist es wichtig, seinen Beruf im Rahmen eines humanistischen, universellen Gesamtzusammenhangs auszuwählen. Praktizieren soll er den Beruf unter Berücksichtigung des damit verbundenen menschlichen Auftrages und der sozialen Bedeutung. Die Ikhwan begründen den Gedanken der polytechnischen Erziehung, verstanden als ein pädagogisches System, in dem jeder ein solides Basiswissen über Sinn und Zweck seiner Arbeit haben soll. Die Spezialkenntnisse des Einzelnen sollen das Gesamtwesen unterstützen und voranbringen.

Gegenstand der 9. Risala ist die Ethik. Die Ikhwan vertreten eine universalistische Ethik, wobei für sie, über Kulturen und Glaubensgemeinschaften hinweg, ein grundsätzlicher Konsens darüber besteht, was gut und was schlecht ist. Ethik wird als eine Begründungstechnik der moralischen Verhaltensweisen behandelt. In der Gemeinschaft sind entsprechende Verhaltensgebote Gemeingut, wobei dem Menschen Wahlfreiheiten eingeräumt werden. Die Ikhwan gehen davon aus, dass die menschliche Vernunft aus sich heraus gebieten und verbieten kann, um das Wohlergehen der Gemeinschaft, aber auch das eigene Wohlergehen zu gewährleisten. Daraus lassen sich die Anfänge eines kategorischen Imperativs ableiten, der auch in der Ethik Ghazalis systematisch Eingang findet.

Von der 10. bis zur 14. Risala folgt eine Abhandlung zum Sachgebiet der Logik. Besonderes Augenmerk wird auf die Isagogik, die Kunst der Einführung in eine Wissenschaft, gelegt, die heute eher als ›Propädeutik‹ bekannt ist. Diese Abschnitte verweisen auf den Zweck der Risalas, die ursprünglich als Handreichung zur Lehrerausbildung verfasst wurden. Der Schwerpunkt liegt auf der Bildung der Persönlichkeit. Die Gebiete der Logik unterteilen die Ikhwan zum einen in ›Konkreta‹, ›Person‹, ›Art‹ und ›Gattung‹. Ein zweites Gebiet betrifft Abstrakta, die in ›Klasse‹, ›Besonderes‹ und ›Akzidentelles‹ unterteilt werden.

In der 11. Risala erfolgt eine Fortsetzung der Typologie von Kategorien, welche voneinander unterschieden werden in ›Gattung‹, ›Art‹ und ›Person‹. Aus ihnen hätten sich alle Dinge der Literatur, der Wissenschaft und der Weisheit entwickelt.

Die 12. Risala dient zur Fortführung der Logik. Die Ikhwan berücksichtigen die ›Analytik‹ des Aristoteles zur Beweisführung und vertiefen diese bspw. in der Konstruktion von Analogien auf der Basis von Prämissen, oder der Verdeutlichung des Kontrastes von Affirmativ und Negativ als Grundlage einer ›harten Logik‹.

Ein Beispiel für harte Logik wäre der Gegensatz: ›Es regnet‹ oder ›Es scheint die Sonne‹ versus ›Es regnet nicht‹ oder ›Die Sonne scheint nicht‹. Weiche Logik wäre: ›Heute ist die Sonne aufgegangen, also wird sie auch morgen aufgehen!‹ Während harte Logik widerspruchsfreien analogisch-wissenschaftlichen Kriterien genügen muss, ist weiche Logik eher ein Element der Orientierung im Alltag. Wenn bspw. ein Fisch immer wieder über die Wasseroberfläche springt, könnte im Betrachter der Eindruck entstehen, diese Aktivität seien Freudensprünge des Fisches, während er in Wahrheit auf der Flucht vor Feinden ist. Hier handelt es sich um einen aus Projektion entstandenen Analogieschluss des Betrachters.

Die Abhandlungen zur Logik werden in der 13. und 14. Risala mit weiteren Überlegungen zur Analogie fortgesetzt. Die Ikhwan präzisieren die Analogie und deren Bedeutung im philosophischen Diskurs. Ein weiteres Beispiel bildet der widerspruchsfreie Analogieschluss, wie in der Feststellung: Jeder Mensch ist sterblich, Farabi ist ein Mensch, also ist Farabi sterblich.

Eine solche Analogie, die harter Logik genügt, bildet die Basis einer wissenschaftlichen und philosophischen Methode.

Zweites Buch: Risala 15-26

Im zweiten Band des Kompendiums werden die Themenbereiche ›Natur und Körper‹ betrachtet, die als Urstoff verstanden werden.

In der 15. Risala geht es um die Eschatologie, genannt ›Weisheit des Todes‹. Die Ikhwan gehen davon aus, dass der Tod nur den Körper betrifft und letztlich die Geburt der Seele ist, die während des Lebens im Körper gefangen ist. Die Rolle der Vernunft für die Erkenntnisgewinnung wird hervorgehoben und insistiert, dass der Mensch zunächst sich selbst durch das Studium der Logik erkennen müsse.

Schwerpunkte der 16. Risala sind unter anderem die Beziehung der Himmelskörper zueinander, wobei davon ausgegangen wird, dass außerhalb des Kosmos weder Leere noch Fülle sein könne.

Themen der 17. Risala sind Sein und Vergehen. Die Ikhwan benennen Feuer, Luft, Wasser, und Erde als vier Urelemente, wobei das Prinzip des Feuers auf der altpersischen Kosmologie fußt, die im Feuerkult der Anhänger Zarathustras noch heute gepflegt wird. Aus den vier Elementen entstehen Pflanzen und Tiere. Sie gehen in Übergängen und Umwandlungen auch wieder in diese ein. Die Ikhwan unterscheiden die universelle Seele von der Teilseele eines Menschen ebenso wie die Gesamtvernunft von der Vernunft des Individuums.

Die 18. und 19. Risala sind der Meteorologie und Metallurgie gewidmet. Die Kombination dieser beiden Bereiche beruht wahrscheinlich darauf, dass die Ikhwan Meteorteile aus Eisen und Nickel kannten. Zudem wird die Natur und ihre physikalischen Gesetzmäßigkeiten in der Atmosphäre sowie die verschiedenen Erscheinungsformen anorganischer Stoffe thematisiert. Wir finden hier die Anfänge einer Alchemie, welche in der europäischen Neuzeit abermals aufgegriffen wird. Die Natur wird als ›Allseele‹ betrachtet, aus der Teilseelen hervorgehen. Im Rahmen ihrer Reflexion über die Entstehung des Kosmos, erwägen die Ikhwan eine Art Genesis. Die anorganische Natur sehen sie, im Sinne des Urstoffes, als das erste Stadium der göttlichen Schöpfung, die über Pflanzen, Tiere, Menschen und schließlich Engel die höchste Dimension des Himmlischen erreichen kann.

Ab der 20. bis zur 23. Risala wird die Systematik der Natur vertiefend fortgesetzt. Sie findet ihre Ausprägung in den mannigfaltigen Formen der Botanik und – auf einer höheren Stufe – in den Gattungen der Zoologie. Weiterhin wird auf die Kontinuität der Entwicklung verwiesen: Anorganische Materie wie Gestein und Sand wird als Grundlage der Pflanzenwelt angesehen, an die sich die Entwicklungsstufe des Tierreichs sowie des Menschen anschließt. Die höchste Vollkommenheit des Menschen leitet die Existenz der Engel ein. Der Mensch, als Vertreter Gottes auf Erden, besitzt die Freiheit, wohltuend wie ein Engel oder boshaft wie ein Teufel zu sein. Menschliche Erkenntnisse zur Anatomie runden das Thema ab, wobei die menschliche Seele zeitgebunden als göttliche Existenz auf Erden angesehen wird, die nach dessen Tod in die höhere Welt emporsteigt.

Die 24. Risala hat Wahrnehmung und Psyche zum Thema. Einmal geht es um das Verhältnis der menschlichen Psyche zum Somatischen, zum anderen um die Funktion der Seele als moralisches Korrektiv menschlichen Verhaltens. Weitere Themen sind Erkenntnis, Informations- und Kommunikationstheorie sowie Erörterungen zur hermeneutischen Spirale, zum Vorgang der sinnlichen Wahrnehmung, zur Vorstellungskraft und zur Abstraktion. Dabei werden, erstaunlich für jene Zeit, bereits neurophysiologische Funktionen des Gehirns erläutert. Es folgen in der 25. Risala Darlegungen zur Embryologie, die ein Zeugnis sind für die fortgeschrittenen Erkenntnisse der Ikhwan über das pränatale Leben, von der Zeugung bis zur Geburt.

In der 26. Risala offenbart sich als Sinn der Philosophie der Ikhwan eine harmoniestiftende Bewegung: Der Mensch sei die Summe alles Seienden, aber er müsse ein Leben lang das Rechte suchen und sich zu eigen machen. Auf diesem Wege erlange er mit Hilfe seines Schöpfers Unvergänglichkeit und Glückseligkeit.

Drittes Buch: Risala 27-41

Der dritte Band vertieft die Erkenntnisse zu den Themen Psychologie und Geisteswissenschaften und wendet sich der Unsterblichkeit zu.

Die 27. bis 29. Risala handelt von der Unsterblichkeit. Das menschliche Leben geht nach dem Verständnis der Ikhwan aus einer universellen Seele hervor. Sie zieht als eine Teilseele in den Körper ein und verlässt den Leib nach dem Tod. Das Wesen der Seele hat Vorrang vor dem Wesen des Leibes. Der Tod wird als Übergang, als Wiedererweckung in einen höheren Status der Engel und des Spirituellen angesehen, um dort Glückseligkeit zu finden. Das Leben wird als eine Mission aufgefasst, die das Individuum von der universellen Seele aufgetragen bekommt und an der es sich zu orientieren hat. Um Ewigkeit zu erlangen, soll der Mensch im Leben so handeln, als sei dies endlos, sich aber jederzeit auf das Jenseits vorbereiten. In der 30. Risala folgt die Betrachtung von Lust, körperlichem und psychischem Schmerz und deren Dynamik.

Mit der 31. Risala erfolgt ein thematischer Wechsel zur Betrachtung der Entstehung von Sprache und Kommunikation. Die Ikhwan konstruieren eine komplette Kultur- und Sozialisationstheorie. Sie gehen davon aus, dass der Mensch zunächst Wissen erlangt, dann die gedanklichen Bilder in Worte kleidet und diese im Verlauf der Zeit in Symbole umwandelt. Das menschliche Denken ist nach ikhwanischem Verständnis abhängig von Zeit, Raum und Gesellschaft. Hermeneutisches Verstehen wird als Grundlage menschlicher Kommunikationsformen erkannt.

In der 32. und 33. Risala werden die geistigen Prinzipien der Pythagoräer und der Ikhwan zueinander in Beziehung gesetzt. Während Pythagoras von Samos (570-510) die Dinge klar abgrenzt und die Erscheinungen der Welt voneinander separiert, sehen die Ikhwan den Geist als erstes Prinzip bzw. als Anfang an, aus dem sich alle Dinge planvoll entfalten und miteinander zusammenhängen. In der 34. Risala wird dieses Weltverständnis im Hinblick auf den Makrokosmos bestätigt. Der Ikhwan zufolge wird das Große im Kleinen im Mikrokosmos widergespiegelt. Außerdem stellen sie die These auf, dass außerhalb des Universums nichts existiere, also weder Leere noch Fülle.

In der 35. Risala beschäftigen sich die Ikhwan mit unterschiedlichen Arten der Vernunft. Sie unterscheiden zwischen sinnlicher Vernunft, die aus der Erkenntnis sensorischer Organe gewonnen wird, abstrakter Erkenntnis, die mit intellektuellen Fähigkeiten zu tun hat und durch Beweis oder Ableitung ermittelt wird und zwischen Erkenntnis, die durch Offenbarung oder Eingebung erlangt wird. Letztere besitzt, den Ikhwan zufolge, allerdings eine andere Qualität als die anderen genannten Arten der Vernunft.

Die 36. Risala behandelt die Entstehung der Welt mit all ihren Entwicklungen. Sie enthält einen Appell, alles zu tun, um deren Zerstörung zu verhindern. In der 37. Risala werden unterschiedliche Arten der Liebe betrachtet. Grundlegend ist, dass jeder Mensch über solche ursprünglichen Empfindungen verfügt. Die Liebe zu einem

Menschen wird als Spiegel der Liebe zum Göttlichen gesehen. Der Mensch, der seinen Schöpfer liebt, sehnt sich nach ihm. In dieser Liebe sehen die Ikhwan die Grundlage eines gottgewollten Pluralismus. Sie erkennen diesen Grundsatz in der Gesetzmäßigkeit der Zahlen, wobei die Eins die Einheit repräsentiert, während die weiteren Zahlen von Pluralität zeugen. Wiedererweckung und Auferstehung sind Gegenstände der 38. Risala.

Die 39. und 40. Risala handelt von der Kinetik, dem Zusammenwirken von verschiedenen Kräften sowie ihrer Ursache und Wirkung. Durch dieses Wechselverhältnis entwickelt sich eine unendliche Spirale. Bewegungen haben Ursachen und Ziele. Nach dem Verständnis der Ikhwan entsteht irdische Existenz durch die Form, die es zu dem macht, als was es auf Erden erscheint. Die Existenz der Erde wird ursächlich auf einen Schöpfergott zurückgeführt.[36]

Der dritte Band endet mit der 41. Risala, die dem Wesen von Definitionen und Zeichen gewidmet ist. Es geht um die Gattung und Art von Gegenständen und um die Unterscheidung der Dinge.

Viertes Buch: Risala 42-53

Der vierte Band ist der Theologie gewidmet, wobei das Ziel der Ikhwan darin besteht, theologische Aussagen philosophisch abzuleiten und eine ›systematische Theologie‹ weiter auszubauen, die ansatzweise von Al-Kindi und Farabi bereits konzipiert wurde. Hinzu kommt die Begründung einer existentialistischen und einer dialektischen Theologie.

Die 42. Risala enthält Allgemeines über Weltanschauung und Religion, wobei dem Glauben eine heilende Funktion bei Erkrankungen der Seele und des Geistes zugesprochen wird. Die Ausführungen reichen vom Ursprung der Religionen über dualistische Auffassungen bis zu Sünde und Lohn des Guten.

Die 43. und 44. Risala enthalten Gedanken über die praktische Anwendung theologischer Aussagen, die den Menschen zur ewigen Seligkeit führen sollen. Ein materialistisch-diesseitsbezogenes Leben wird abgelehnt. Der Mensch ist gehalten, die ewigen Wahrheiten zu respektieren, die der Seele Unsterblichkeit verleihen. In der 45. Risala werden, den aufgestellten Lebensmaximen entsprechend, Tugenden erläutert, nach denen sich die Ikhwan selbst richten sollen: Ko-

---

[36] Derlei Gedanken werden später von Martin Heidegger mit seiner Philosophie vom Sein und Seienden aufgegriffen.

operation, Anteilnahme, gegenseitige Hilfestellung, Freundschaft, Liebe, Nachsicht und Barmherzigkeit.

Um diese Lebensmaximen näher zu erläutern, werden in der 46. Risala die Eigenschaften der wahrhaft Gläubigen näher erläutert. Es wird deutlich, dass im Verständnis der Ikhwan Wissenschaft und Ethik nicht zu trennen sind. Besondere Bedeutung wird der Akzeptanz von Schicksalsschlägen und Grenzsituationen zugemessen. Das Unglück vieler Menschen wird nämlich darin gesehen, dass sie ihre Lebensrealität nicht akzeptieren wollen und sich so auf dem Weg zu einem glücklichen Leben selbst behindern. Die Ikhwan sensibilisieren dafür, dass der Mensch auf der Grundlage der Liebe sich selbst annehmen und zu sich selbst bekennen solle, um glücklich zu sein. Das daraus resultierende Selbstbekenntnis bildet die Grundlage der Glückseligkeit.

Abweichend von dem allgemeinbildenden Charakter des Gesamtwerkes ist die 47. Risala eher für einen gebildeten Personenkreis verfasst. Sie enthält Anweisungen zum Verständnis der Geheimnisse der Propheten und der prophetischen Bücher und ihrer Symbole und spricht von den Verheißungen des erwarteten Mahdis, der Gerechtigkeit und Liebe in die Welt bringen wird.[37]

Die 48. Risala thematisiert Eckpunkte einer Mission, die von bloßer Bekehrung absieht und vorbildliches Verhalten, aufrechte Brüderlichkeit, Einhaltung von Versprechen und Freundschaft praktiziert. Die 49. Risala ist der Darstellung zweier Prinzipien gewidmet, die auf Erden wirken, den guten, spirituellen Geistern und den Widersachern und Teufeln. Diese seien beide nicht materiell, sondern nur durch ihre Wirkungen in der Welt zu erkennen.

In der 50. Risala werden Pädagogen und Erzieher angesprochen und in Formen der Erziehung unterwiesen. Der Pädagoge hat seine anleitende Funktion nach bestem Wissen und Gewissen auszuüben und auf die Erziehung des Körpers wie der Seele zu achten. Während die 51. Risala die Weltordnung, mit Gott als erster Ursache, und die soziale Dynamik behandelt, deckt die 52. Risala ein großes Spektrum dessen ab, was wir heute Parapsychologie nennen. Sie beschäftigt sich mit Beschwörungen, mit der Wirkung von Flüchen, mit Astrologie, Weissagungen über künftige Kriege oder mit magischen Künsten.

---

37 Im Christentum verwendet man den biblischen Ausdruck ›Paraklet‹, der mit dem Heiligen Geist identifiziert wird. Martin Luther übersetzt dieses Wesen als ›Tröster‹.

Mit der 53. Risala finden die Ausführungen ihren Abschluss. Das Dokument ist allerdings verschollen. Lediglich in der Sekundärliteratur sind Hinweise darauf zu finden, dass diese einst das Kompendium der Ikhwan as-Safa mit Beweisen zu Richtigkeit der aufgeführten Thesen abgeschlossen hat.

Wonach streben letztlich die Ikhwan? Wollen sie nur das vorhandene Wissen bündeln oder suchen sie neue Wege, um ein universalistisches Menschenbild zu begründen? Die Wissenschaftler des geheimen Bundes bringen die Einheit des Kosmos zur Darstellung, indem sie zeigen, dass Vielfalt in der Einheit integriert ist. Darin liegt Sinn und Funktion der ikhwanischen ›inssaniyyat‹, der dialogischen Menschengemäßheit. Der Mensch trägt selbst zu seinem Unglück bei, wenn er sich aus der Einheit kosmischer Gesetzmäßigkeit herauslöst. Modern ausgedrückt könnte man sagen, die Ikhwan wenden sich gegen Schubladendenken und Maßlosigkeit.

1.7 *Ibn Miskawayh und die Interdependenz von Ethik und ewiger Vernunft*

Abu Ali Ahmad Ibn Mohammad Ibn Yaqub Ibn Miskawayh Razi (andere Schreibweisen: Miskawaih, Meskavayh, Miskawayh), genannt Ibn Miskawayh (932-1030), ist in Persien geboren. Sein Wirken fällt in die Zeit größter Prachtentfaltung der Araber in Europa, als Ab dar Rahman III. (889-961) in Cordoba ein eigenes Kalifat gründet. Diese Tat führt allerdings zu Kämpfen innerhalb der islamischen Welt, was fortan die Position der Araber auf der Iberischen Halbinsel schwächen wird.[38]

Ibn Miskawayh wirkt in der wissenschaftsfördernden Ära des Kalifats der Abbassiden. Er gehört zu den wichtigsten Philosophen des Rationalismus in der Tradition Farabis. Ibn Miskawayh ist stark beeinflusst von den Ikhwan as-Safa, den Brüdern der Lauterkeit, denen er selbst angehört hat. Ibn Miskawayh arbeitet als Beamter in Bagdad, Esfehan und Ray. Er vereinigt eine aktive politische Karriere mit philosophischen Ambitionen.

In seinen Arbeiten trennt Ibn Miskawayh Religion und Philosophie und ist bestrebt, den Islam in ein breiteres System aus gemeinsamen rationalen Praktiken aller Menschen zu verankern. Teile seiner Abhandlungen enthalten Regeln, um die Seele zur Harmonie zu bringen und letztlich zur Glückseligkeit zu führen. Ihm geht es darum, welche Dispositionen zu erwerben sind, um moralisch richtige Entscheidungen in einer organisierten und systematischen Weise zu treffen.

Ein wichtiger Punkt der Erkenntnistheorie Ibn Miskawayhs ist die Urfrage einer jeden Philosophie: die Frage nach der Entstehung der Vielfalt oder der Erschaffung des Vielen durch den Einen. Der Urgrund allen Seins könne nach Ibn Miskawayh verschiedene Mittel und Kräfte zusammenbringen, um eine Handlung zu bewirken. Der Mensch als ein Wesen, das über eine komplexe biologische Komposition von Verhaltensmöglichkeiten verfügt, könne wohlüberlegte und durchaus unterschiedliche Handlungen vollziehen.

In diesem Prozess steckt die Gretchenfrage nach der letzten Ursache bzw. der Evolution. Sie lässt sich so erklären, dass der Kosmos voll ist von Stufen und Übergängen. Ibn Miskawayh sieht in der Kombination der Substanzen die Entstehung des Mineralreiches, welches im Reich der Pflanzen seine Fortsetzung findet. Ein Übergang sei in Formen von Leben zu sehen, das sowohl pflanzliche als auch tierische Charakteristika aufweist, so z.B. in Korallen. Eine weitere, bereits tierische Stufe sieht er in kleinsten Würmern, deren Berührungssinn sich in höheren Tierarten fortentwickelt, die intelligentes Vermögen besitzen. Im Affen sei ein Übergang zwischen dem Tierreich und der Menschheit zu finden.[39]

---

[38] Über Ibn Miskawayh vgl. Arkoun, Mohammad: *L'humanisme arabe au IVe-Xe siecle: Miskawayh, philosophe et historien,* 1982.

[39] Vgl. Ibn Miskawayh, Abu Ali Ahmad ibn Mohammad: *Al-Fauz Al-Asghar* [Das kleine Glück in der Philosophie], 2010.

Nach Ibn Miskawayh ist es das Ziel aller Philosophien, Gedanken und Sachverhalte durch die Bildung von Begriffen auf den Punkt zu bringen. Philosophie in diesem Sinne heißt Denken in begrifflicher Präzision. Er untersucht Vernunft und Poesie in asiatischen Kulturräumen und führt dabei vergleichend die Heterogenität des Denkens und das Aufeinander-Angewiesensein kultureller Weisheiten vor Augen.

Zwei Schriften sind für die Begründung seiner Philosophie von Bedeutung: ›Gavidan Kherad‹, ›Ewige Vernunft‹, und ›Tahdhib al-akhlaq‹, ›Die Grundlagen der Moral‹. ›Gavidan Kherad‹ umfasst vier Kapitel, die sich der Lebensart und Weisheiten der Perser, Inder, Araber und der Römer widmen. Ibn Miskawayh weist nach, dass alle Menschen über Vernunft und Unvernunft verfügen. Nur diejenigen Menschen handelten tugendhaft, »die von ihrer Vernunft den höchsten Gebrauch machen.«[40] Vernunft wird hier als eine anthropologische Eigenschaft verstanden, die aus sich heraus die Einheit sucht.

In der Vernunft sieht Ibn Miskawayh die Chance einer ethisch-rationalen Verantwortung gegenüber Andersdenkenden, indem er hervorhebt: »Philosophen wissen, dass Gemeinsamkeiten verbinden, während Divergenzen trennen. Menschen lieben in der Regel das, was sie für richtig halten, während sie alles andere verwerfen. Hier wird der Unterschied zwischen den Einsichtvollen und Unwissenden ersichtlich.«[41] Der Philosoph bewegt sich versöhnend zwischen diesen Dimensionen. Die ›Gavidan Kherad‹ spricht nicht nur die Soziologie, sondern auch die Psychologie der menschlichen Kommunikation an. In dieser Aufgabenzuweisung kommt der gesellschaftliche Auftrag der Philosophie zum Ausdruck.

Auf seinem pluralistischen Vernunftansatz aufbauend, entwirft Ibn Miskawayh in seiner Schrift ›Tahdhib al-akhlaq‹, die erste Konzeption einer philosophischen Ethik in der islamischen Welt, die ansatzweise der ›Nikomachischen Ethik‹ des Aristoteles ähnelt, geht aber im Ergebnis einen eigenen Weg. Die ethisch-moralischen Überlegungen Miskawayhs in diesem Werk sind eine theoretische Beschreibung der Missstände seiner Zeit. Ihm geht es um eine grundlegende Verfeinerung der Sitten der Gesellschaft, in welcher er selbst lebt. Diese Basis macht die Authentizität und auch die Praxisorientiertheit seiner wegweisenden Studie aus.

---

[40] Ibn Miskawayh, Abu Ali Ahmad ibn Mohammad: *Gavidan Kherad* [Ewige Vernunft], 1976, S. 56.

[41] Ebenda, S. 133.

Ibn Miskawayh, der tief in der altpersischen und islamischen Kultur verwurzelt ist, geht von der Gleichheit aller Menschen aus und stellt fest, »dass alle Menschen gemäß ihrer natürlichen Anlagen aufeinander angewiesen sind. Sie müssen sich gegenseitig gut behandeln und einander angemessene Zuneigung entgegenbringen, weil sich Menschen nur gemeinsam vervollkommnen können.«[42] Hier unterscheidet er sich grundlegend von Aristoteles, der in Frauen und Sklaven ›Werkzeugmenschen‹ sieht. Ibn Miskawayh eröffnet die Möglichkeit einer wechselseitigen Verantwortung in der Zivilgesellschaft, aus der er eine Theorie der Toleranz, also ›modara‹ ableitet, die für ihn »versöhnlicher Umgang mit allen Menschen«[43] bedeutet. Vernunft gebietet ethische Verantwortung, aber nicht aus äußeren Zwängen, sondern aus ihrem eigenen Urbedürfnis heraus.

In dieser geistigen Einheitsvorstellung sieht Ibn Miskawayh die zivilgesellschaftliche Pflicht, das Glück und das Bedürfnis der Menschen durch wechselseitige Wertschätzung und Verantwortung aktiv zu fördern. Für ihn steht ethisch-moralisches Handeln im Zentrum, da er vom Streben aller Menschen nach Glück im umfassenden Sinne ausgeht. Jedes Ziel verbindet Menschen und sollte sie daher ermutigen, gemeinsam im Geiste der Verantwortung und ethisch-moralischen Toleranz, also ›modara‹, zu handeln.

Ausgewählte Werke:

— *Gavidan Kherad* [Ewige Vernunft].

— *Tahdhib al-akhlaq* [Die Grundlagen der Moral].

---

42 Ibn Miskawayh: *Tahdhib al akhlaq* [Die Grundlagen der Moral], 1996, S. 129.

43 Ebenda, S. 129.

1.8 Ibn Sina und der ethische Grundsatz des weisen Maßes

Abu Ali al-Husain Ibn Abdullah Ibn Sina (andere Schreibweisen: Avicenna, Ibn-Sînâ, Ebn Sina, bin Sina, Pur-e Sina), genannt Ibn Sina (980-1037), ist in Persien geboren. Seine Geburt fällt in die Herrscherzeit des römisch-deutschen König und Kaiser Otto III. (980-1002), der maßgeblich an der Christianisierung der osteuropäischen Völker beteiligt ist.[44]

---

44 Über Ibn Sina vgl. Tayefeh-Mahmoudi, Bahram: *Der persische Arzt und Philosoph Avicenna (Ibn Sina)*, 1964 und Maroth, Miklos: *Ibn Sina und die peripatetische ›Aussagenlogik‹*, 1989.

In Buchara beginnt Ibn Sina die arabische Sprache zu erlernen, und nimmt kurz danach das Studium der Theologie und der Literatur auf. In seinem 18. Lebensjahr erwirbt er als Arzt einen guten Ruf, woraufhin ihn der samanidische Sultan Nuh Ibn Mansur (930-980) in seine Dienste aufnimmt. Dort steht ihm die gesamte königliche Bibliothek zur Nutzung offen. Ibn Sina beschäftigt sich mit Physik, Mathematik, Recht, Astronomie, Logik, Musiktheorie und Alchemie, Medizin sowie Philosophie und Ethik.

Durch den guten Ruf von Nuh Ibn Mansur, der als Förderer der Wissenschaft gilt, kann Ibn Sina nach Gorgan ans Kaspische Meer reisen, wo er Vorlesungen zu Themen der Logik und Astronomie hält. Nach einer Weile gibt ihm der Sultan eine Stelle als Arzt. Später geht Ibn Sina nach Rey und gründet dort eine medizinische Praxis. Hier entstehen seine Hauptwerke, die in arabischer und persischer Sprache abgefasst sind. Seine Kommentare zu Werken des Aristoteles enthalten weiterführende Kritik an dessen Ansichten. Philosophische Lehren Ibn Sinas werden noch heute von okzidentalischen und orientalischen (islamischen) Forschern gleichermaßen beachtet und geschätzt.

Ibn Sina ist in Europa vor allem wegen seines Werkes ›Al-qanun fi at-tibb‹, des ›Canon medicinae‹, bekannt. Diese Schrift wird im 12. Jahrhundert ins Lateinische übersetzt und gilt bis ins 17. Jahrhundert als ein Standardwerk der Medizin. Nach der Entwicklung der Drucktechnik in Europa ist sein Werk, nach der Bibel, das erste weltweit verbreitete Buch.

Seine Schrift ist in fünf Bücher unterteilt. Einführend stellt Ibn Sina die Theorie der Medizin vor. Das zweite Buch enthält eine alphabetisch geordnete Auflistung von Arzneimitteln und ihrer Wirkungsweise. Im dritten Buch geht Ibn Sina systematisch auf Pathologie und Therapiemöglichkeiten ein. Im vierten Buch beschäftigt er sich mit Chirurgie und Allgemeinkrankheiten. Das fünfte und damit das letzte Buch umfasst eine Diskussion Ibn Sinas über die Herstellung von Heilmitteln. Insgesamt beschreibt er 760 Medikamente für unterschiedliche Heilungsmöglichkeiten und macht Angaben über ihre Anwendung und Wirksamkeit. Ibn Sina ist der erste Arzt, der systematische Regeln formuliert, wie neue Medikamente vor ihrer Anwendung zu prüfen sind.

Ibn Sina bevorzugt in der Medizin die Methode der Induktion. Er schließt von der Diagnose eines spezifischen Syndroms auf andere Syndrome und entwickelt ein Kategoriensystem, in dem er unterschiedliche Krankheiten als ›immer‹, ›meistens‹ oder ›manchmal‹

ansteckend oder tödlich einstuft. Er thematisiert die Infektiosität von Tuberkulose und vermutet, dass Krankheiten von Wasser und Erde übertragen werden können. Ferner ist er der Auffassung, dass Krebserkrankungen in ihren frühesten Stadien behandelt werden können, wenn das kranke Gewebe nur rechtzeitig entfernt wird. Mit großer Genauigkeit beschreibt er die Anatomie des Auges und verschiedene Augenkrankheiten.

Als ein strikter Naturwissenschaftler lehnt Ibn Sina die Astrologie ab, weil ihr Nutzen empirisch nicht nachweisbar sei. In seiner Theorie der Bewegung beschäftigt er sich mit der Kraft und der Bahnneigung von Geschossen und zeigt, dass ein Geschoss sich in einem Vakuum ewig fortbewegt. In der Optik weist er die Endlichkeit der Lichtgeschwindigkeit nach. Während er auf dem Gebiet der Medizin und der Naturwissenschaft Pionierarbeit leistet, steht sein philosophisches Werk unter dem Einfluss von Farabi und Biruni, mit dem er brieflich philosophische Fragen diskutiert.

In der Philosophie verwendet Ibn Sina das deduktive Vorgehen. Er hält diejenigen Weltanschauungen für illusionistisch, die sich auf sinnliche Wahrnehmung und Erkenntnisgewinn beschränken. Für ihn ist der Mensch ein Wesen, das logische Gesetzmäßigkeiten zu erschließen vermag. Und Logik selbst spiegelt das Antlitz der ewigen Vernunft wider. Die Metaphysik des Aristoteles wird Ibn Sina, wie er selbst erwähnt, durch die Lektüre von Farabis Werken zugänglich. Auf allen Ebenen von Ibn Sinas Schaffens kommt deutlich der Aspekt der Anthropologie Farabis zum Ausdruck. Wie dieser betrachtet Ibn Sina den Menschen als ein Wesen mit Leib und Seele. Die Seele sei unsterblich, während der Körper endlich sei. Er begründet Existenz und Beschaffenheit der Seele und zeigt ihren Weg zur vollkommenen Erkenntnis. Die Seele betrachtet er, unabhängig vom Körper, als immateriell und individuell.

Philosophie ist für Ibn Sina diejenige Denktätigkeit, die selbständig ist und die keiner anderen über ihr stehenden Wissenschaft bedarf. Er begründet Glauben und Glaubensinhalte methodisch rational und zugleich hermeneutisch. Ibn Sinas Philosophie lässt sich auffassen als eine Mischung von Vernunft und Hermeneutik. Seine Theologie wie auch seine Philosophie sind gegründet auf argumentative Beweisführung, ›Burhan‹. Die Analyse theologischer Fragen und Themenfelder durch philosophische Methodologien, ohne die Autonomie der Philosophie in die Theologie aufgehen zu lassen, zeichnet Ibn Sina als Vater der Religionsphilosophie aus.

Ibn Sina deutet Entstehung und Zusammenhalt der Vielfalt alles Seienden und entwirft eine facettenreiche Ontologie. Dabei geht es um die beschreibende Analyse von Anführung, Universalien, ›Kuliyyat‹ und Partikularien, also ›Djuziyyat‹ bzw. Einzeldinge. Hier in diesem Zusammenhang geht Ibn Sina von der Unanfänglichkeit bzw. der Ewigkeit der Materie der Welt und damit des Universums aus. Aller Entstehung der Vielfalt von Einzeldingen und ihrem Werden in der Welt, ›Al-Alam‹, geht von Kuliyyat aus. Diese Annahme Ibn Sinas trägt dazu bei, dass Ghazali später daran Anstoß nimmt und seine Kosmologie in Abrede stellt.

Die Konzeption der Ethik Ibn Sinas ist anderer Natur. Im Zentrum seiner Ethik steht der Begriff der ›Gerechtigkeit‹, verbunden mit einem universellen Menschenbild, nach dem Menschen gleich und dennoch verschieden sind. Ihre Gemeinsamkeit besteht in derselben Schöpfungswurzel, ihre Verschiedenheit liegt in ihren Kompetenzen und Qualitäten, welche sie einzigartig machen.

Im Rahmen seiner Ethik ist für Ibn Sina der Mensch das vollkommenste Lebewesen in der Natur. Er ist als einziges Wesen in der Lage, aus sich heraus Anstrengungen zu entwickeln, um sich zu vervollkommnen, weil er mit ethischen Eigenschaften ausgestattet ist, die seine praktischen Tugenden sind. Die Einzigartigkeit des Menschen gründet darauf, dass er sich selbst und sein Verhalten zum Thema seines Denkens macht und vorausschauend über sich und seine Umwelt sowie über Diesseits und Jenseits reflektiert.

Aus diesem Grund erblickt Ibn Sina im Wesen des Menschen einen freien Willen, der sich für verschiedene Haltungen entscheiden kann. Die Fähigkeit zum Willensentschluss bezeichnet Ibn Sina als unser ›innerstes Eigentum‹. Die Ursache dieser Möglichkeit beruht auf äußeren Einwirkungen.

Weil nicht viele Menschen in der Lage sind, aus sich heraus das Gute zu suchen und sich für das Gute zu entscheiden, sieht Ibn Sina in der Lehre und dem Vorbild prophetischer Persönlichkeiten eine Möglichkeit, die egoistischen Mechanismen im Menschen durch eine rechte Führung zu zügeln. Sie ermöglicht es, die Verhältnisse der Einzelnen zu ordnen, um das gemeinsame Leben und Glück im Diesseits und für das Jenseits zu fördern. Sein Leitmotiv ist das bekannte Wort: »Gott lädt jedem Menschen nur das auf, was er tragen kann.«[45]

Ibn Sina verweist darauf, dass Leitpersonen, die im Gewand eines Propheten, eines gutmütigen Gelehrten oder eines aufrichtigen Men-

---

[45] Sura 2:287.

schen auftreten können, sich von den übrigen Menschen unterscheiden. In diesem Zusammenhang spielt die Kategorie des Bösen im Denken Ibn Sinas eine bedeutende Rolle. Das Böse ist in seiner Vorstellung, von Anomalien abgesehen, kein immanenter Bestandteil der menschlichen Psyche. Sie stellt eine aus Erfahrung geborene Erkenntnis dar. Der Mensch sei böse im Bezug auf irgendetwas, das Gute existiere, trotz des Vorhandenseins des Bösen, auf ›Etwas‹. Ähnlich der Ansicht Augustinus', erweist sich das Böse als eine Privation des Guten. Das Böse ist nicht *a priori* vorhanden, es entsteht, besteht und vergeht. Mit diesem Vorverständnis weist Ibn Sina einen wie auch immer gearteten Psychologismus zurück.[46]

In Ibn Sinas politischem Denken sind auch ethische Komponenten wirksam. Die Aufgabe des Staates sieht er darin, Menschen zur Wahrhaftigkeit zu erziehen. Wer sich der Gesetzgebung widersetzt, ist mit harten Strafen zu belegen. Er hält Gleichheit und Verschiedenheit für einen gottgewollten Pluralismus. In völliger Gleichheit bzw. Gleichschaltung des Menschseins sieht Ibn Sina eine Störung. Eine rechte Staatsleitung müsse bei ihrer Gerichtsbarkeit die unterschiedlichen Konstitutionen des Menschen beachten.

Ibn Sina fordert klare Strafen und Grenzen, welche die Menschen daran hindern, willkürlich zu handeln. Für ihn sind Vergehen zu sanktionieren, welche die Ordnung des Ganzen zu stören drohen. Im Gegenzug plädiert er aber für die Verhältnismäßigkeit der Mittel, die der zu strafenden Tat und dem Verursacher angemessen sein müssen. Auch fordert er eine fortlaufende Überprüfung rechtlicher Vorschriften und deren Änderung, wenn sich die zugrundeliegenden Sitten, Gebräuche und Erfordernisse geändert haben.

Ibn Sina verlangt – und das ist die Kulmination seiner Ethik – eine Verfassung, in der sowohl allgemeine ethische Grundsätze niedergelegt werden als auch Gewohnheiten der Völker Berücksichtigung finden. In einer solchen Verfassung soll das weise Maß zur Anwendung kommen. Das soll ein harmonisches Gleichgewicht in der Gesellschaft herbeiführen und dem Menschen dazu verhelfen, einen ethischen Charakter auszubilden, in dem Weisheit, Enthaltsamkeit

---

[46] Nach Ibn Khaldun ist das Böse ganz im Sinne Ibn Sinas eine Eigenschaft, »die dem Menschen näher ist, wenn er auf der Weide seiner Gewohnheiten allein gelassen wird und die Befolgung der religiösen Gebote ihn nicht reinigt.« Ibn Khaldun: *Die Muqaddima,* 2011, S. 146.

und Mut eine verhaltensbestimmende Rolle einnehmen.[47] Die praktische Grundlage der friedlichen Koexistenz sieht Ibn Sina in einer gerechten Verwaltung der Gesellschaft.

Die Idee der Einheit und Vielfalt und ihr Wechselverhältnis bilden einen Bestandteil seiner Philosophie. Er widmet diesem Thema ein ganzes Kapitel, in welchem er sich mit dem Wechselverhältnis des Einen und des Vielen befasst. Ibn Sina bestimmt die Vielfalt durch die Einheit. Darin stimmt er mit Biruni überein. Die Einheit sei das Prinzip der Vielfalt, und aus ihr erhalte die Vielheit ihre Existenz und ihr Wesen. Demzufolge ist die Vielheit die aus Einheiten bestehende Summe. Mit diesem Selbstverständnis geht einher, dass die ›Eins‹ alle Einheiten der Vielfalt in sich trägt. Die Kategorie der Einheit bildet eine zentrale Achse der Philosophie Ibn Sinas. Er begreift die Welt als Emanation, in der das Niedere aus dem Höheren hervorgeht, wobei das Urprinzip stets eine Einheit bleibt.

Ibn Sina erklärt sich menschliche Fehlleistungen damit, dass die Einheit eine begrifflich-abstrakte Größe ist, während wir uns die Vielheit konkret vorstellen können. Dies hängt mit der Denkart des Menschen zusammen, der Gegenstände gesondert in der Mannigfaltigkeit des Haushaltes seines Seins wahrnimmt, ohne diese in erster Linie als Bestandteile einer Einheit zu begreifen. Der Kölner Dom mag dieses Verhältnis verdeutlichen. So sind seine einzelnen Steine alle gleich, jedoch in ihrer jeweils unterschiedlichen Form unverzichtbare Bestandteile des grandiosen Gesamtkonzeptes.[48]

In seiner Schrift zur Logik überwindet Ibn Sina die zweiwertige Logik des Aristoteles, die sich im ›Satz des ausgeschlossenen Dritten‹ ausdrückt. Ibn Sinas Konzept hingegen lässt sich als eine mehrwertige Logik bezeichnen, in der die Legitimation der Vielfalt ihre Kulmination erfährt. Wir sprechen zwar von der Vielfalt, sind uns aber nicht dessen bewusst, dass wir in ihr die Teile einer Einheit bilden. Ibn Sina will uns das Verhältnis zwischen Einheit und Vielheit verdeutlichen. Darin liegt die wegweisende Aktualität seiner Philoso-

---

[47] Jahrhunderte später formuliert Thomas Hobbes (1588-1679) seine Staatstheorie verblüffend ähnlich, wenn auch radikaler. Der Mensch benötige zu seiner Zügelung eine klar geregelte Staatsverfassung. Vgl. Hobbes, Thomas: *Leviathan,* 2010 und *Vom Menschen, vom Bürger,* 1959.

[48] Die Unterscheidung zwischen Existenz und Essenz bzw. Wesen und Sein wird später von Albertus Magnus (1200-1280) und Thomas von Aquin (1225-1274) aufgegriffen.

phie, die für eine Interkulturalität im 21. Jahrhundert fruchtbar gemacht werden kann.[49]

Ausgewählte Werke:

— *Miyar al-ugoul* [Das Kriterium der Vernunft].
— *Al-Ischarat wa At-Tanbihat* [Zeichen und Weisungen].

49 Vgl. Ibn Sina, Abu Ali al-Hussain ibn Abdullah: *Elahiat* [*Die Metaphysik*], 2004.

1.9 Abu Reyhan Biruni und das empirische Experiment

Abu Reyhan Muhammad Ibn Ahmad Biruni (andere Schreibweisen: Bīrūnī, Albairuni, Al-Beruni, al-Biruni, al-Bērūnī, El-Biruni), genannt Biruni (973-1048), ist in Kharazm geboren, das im Süden des Aralsees liegt. Seine Arbeitsbereiche sind Mathematik, Astrologie, Pharmakologie, Mineralogie und Geschichte, Medizin, Pharmazie sowie Philosophie. Biruni spezifiziert Gewichte und konstruiert das erste Pyknometer, um Gewicht oder Dichte von Flüssigkeiten oder festen Körpern bestimmen zu können. In seinem Todesjahr erobern die schiitischen Sulaihiden erfolgreich Saana; in Frankreich gewinnt gerade die cluniazensische Reformbewegung, welche sich gegen die Verweltlichung der Kirche richtet, großen Einfluss.[50]

Biruni gehört zu den wenigen Philosophen mit stark agnostischen Tendenzen, die für sein philosophisches System bestimmend sind. Ein experimentierfreudiger Geist bestimmt sein Menschen- und Weltbild. Er gründet eine neue Erkenntnistheorie, die sich von der herrschenden Meinung seiner Zeit deutlich abhebt. Dies zeigt sich in der harschen Kritik an Aristoteles über die Aggregatzustände der Elemente, die in einem erhaltenen Briefwechsel mit Ibn Sina deutlich wird. Biruni entdeckte, dass die Elemente ihre Form nie ablegen, sondern lediglich ihren Zustand von der festen in die flüssige bzw. gasförmige Art ändern. Er verlässt damit das aristotelisch-ptolemäische Weltbild und experimentiert in eine Richtung, die später als ›Falsifikaton‹ bekannt wird. Karl Raimund Popper (1902-1994) bezeichnet in seinem ›empirischen Falsifikationsprinzip‹ wissenschaftliche Theorien als unsichere Spekulationen. Jede wissenschaftliche Aussage muss sich demnach diesem Prinzip aussetzen. Letzten Endes geht es um das Prinzip der Widerspruchsfreiheit einer Aussage.

Biruni insistiert, dass die Natur in ihrer Gesamtheit unfehlbaren Gesetzmäßigkeiten unterliegt, auch wenn wir bestimmte Ereignisse der Natur, wie eine Sturmflut, als fehlerhaft wahrnehmen. Er sieht seine Erkenntnistheorie im schroffen Widerspruch zu derjenigen der Mutaziliten. Diesen wirft er vor, sich im Zweifel auf ihren Standpunkt zurückzuziehen. Dadurch entfernen sie sich von wissenschaftlichen Beweismethoden, wenn sie sich, ihm zufolge, in törichte Sophismen verwickeln und sich auf das bloße Bezweifeln von Aussagen und Sachverhalten beschränken. Heute weiß man, dass die Sophisten doch keine bloßen Zweifler waren, sondern dass sie die Erkenntnis aus dem Zweifel erschließen und nicht alles als gegeben hinnehmen. Sophisten waren keine bloßen Spekulanten, wie immer wieder vermutet wird, sondern sie waren auch zugleich Aufklärer.

Biruni ist in zwei Sprachkulturen zu Hause und verfasst annähernd 150 Werke in persischer und arabischer Sprache. Seine Denk- und Arbeitsweise ähnelt der Kharazmis. Stets ist er bestrebt, durch induktives Denken zu verifizieren, dass ein Ziel auf verschiedene Wege erreicht werden kann. Grundlegend für sein paradigmatisches Denken sind neben einer aufgeschlossenen Wahrnehmung der sichtbaren

---

[50] Über Biruni vgl. Haschmi, Mohammed J.: *Die Quellen des Steinbuches des Beruni,* 1935 und Wassilios Klein: *Abu Reyhan Biruni und die Religionen*, 2005.

Wirklichkeit auch die exakte Messung und Beobachtung sowie das empirische Experiment. Nach seiner Ansicht lässt sich der Kosmos naturwissenschaftlich erforschen. Dies sieht er in der menschlichen Natur begründet.

In Buchara arbeitet Biruni einige Jahre im medizinischen Bereich mit Ibn Sina zusammen und unterhält später mit ihm einen intensiven Briefwechsel über grundlegende Fragen der Naturwissenschaft.

Angeregt durch eine Mondfinsternis im Jahr 997 beschäftigt sich Biruni intensiv mit Astronomie, Chronologie und Kartografie. Biruni wendet sich verstärkt dem Studium der Astronomie zu und übersetzt viele griechische und arabische Werke ins Sanskrit, die bis in die Gegenwart hoch geschätzt werden. Er errechnet geographische Breiten seiner Aufenthaltsorte.

Wegen politischer Unruhen verlässt Biruni seine Heimatstadt Kharazm und befindet sich fast sein gesamtes weiteres Leben auf Reisen. Er reist, in der Gefolgschaft des Sultans Mamud von Ghaznawi (971-1030), immer wieder nach Indien, wohin dieser zu seinen Eroberungszügen aufbricht. Biruni nutzt die Gelegenheit, um die indische Kultur kennenzulernen, die sich von seinem eigenen Kulturverständnis grundlegend unterscheidet. Dies ist zu seiner Zeit, in der religiöse Vorurteile gegen Inder das Bild bestimmen, ungewöhnlich. Aufgrund seiner eigenen Erfahrungen erkennt er die positiven Momente von Kulturkontakten, die sich in Kreativität, Offenheit und Fortschritt niederschlagen. Dem koranischen Grundsatz folgend, man solle immer die Wahrheit schreiben, auch wenn sie einem schaden könnte, beschreibt er unverblümt und beispielhaft die Eroberungszüge des Sultans in Indien. Dadurch beweist er moralische Aufrichtigkeit in einer Zeit, in der die gebildeten Moslems auf die Inder herabsahen. Biruni, der seine Studien mit indischen Gelehrten betrieben hat, setzt dem entgegen, in jeder Gesellschaft gebe es ungebildete Schichten. Seine Erkenntnisse legt er in seinem Werk ›Kitab al-tahqiq milal hind min maqbula lil-aql wa mardhula‹, ›Über Geschichte und Weisheit Indiens‹, nieder.[51]

Die 70 Kapitel des Buches enthalten ethnographische und religiöse Daten, ferner eine Beschreibung zu indischen Wissenschaften wie Grammatik, Meteorologie, Astrologie und Astronomie, Kosmologie und Mathematik. In einem weiteren Teil setzt sich Biruni mit der

---

[51] Vgl. die Auszüge in Biruni, Abu Reyhan Muhammad Ibn Ahmad: *Kitab al-tahqiq milal hind min maqbula lil-aql wa mardhula* [Über Geschichte und Weisheit Indiens], 1975.

Philosophie und Religion der Hindus auseinander. Dieses Unternehmen umfasst auch Gottesvorstellungen, Schöpfung, rituelle Bräuche wie Bestattungsriten und Pilgertum sowie Festakte. In seinem Vorwort warnt Biruni vor einer vorschnellen Verurteilung gänzlich unterschiedlicher Praktiken und verweist darauf, dass das, was gänzlich obskur erscheint, sich als völlig schlüssig erweisen würde, wenn nur mehr Verbindungen zwischen den beiden Völkern bestünden. Auch wenn seine Kulturvergleiche noch nicht ausgereift sind, gebührt Biruni dennoch der Verdienst, einer der ersten interkulturellen Komparatisten zu sein.

Im Rahmen seiner astronomischen Forschungen ist Biruni der Auffassung, die Planetenbewegung gehorche mechanischen Gesetzen und nicht, wie vielfach vermutet, transzendenten Einflüssen. 600 Jahre vor Kopernikus und Galileo Galilei (1564–1642) geht er von einem heliozentrischen Weltbild aus, in dem die Erde um die Sonne kreist, und nimmt somit die ›Kopernikanische Wende‹ vorweg. Biruni berechnet den Radius der Erdkugel auf 6339,6 Kilometer und baut einen Erdglobus.[52] Später wird bestätigt werden, dass der Radius am Äquator der Erde 6378,1 Kilometer beträgt.

Biruni sieht die Welt als eine heterogene Einheit, spricht aber von der einheitlichen Abstammung der Menschheit.[53] Die Differenzierung der Sprachen im Weltkontext geht nach Biruni darauf zurück, dass sich die Menschen in Gruppen getrennt haben und entfernt voneinander leben. In diesem Zusammenhang entwickelt Biruni eine Theorie der Sprachentwicklung, die aus den Bedürfnissen hervorgegangen sei, bestimmte vereinbarte Zeichen für die Artikulierung von Wünschen zu verwenden.

Im Laufe der Zeit hätten sich diese Ausdrücke vermehrt und seien wiederholend von Gedächtnis zu Gedächtnis weitergegeben worden. Das Ergebnis der zusammengesetzten Ausdrücke hätte dann unterschiedliche Sprachen als kulturelle Systeme entwickelt. Trotz der unterschiedlichen Sprachen hält Biruni ein Verständnis der Völker untereinander für möglich, wenn sie sich nur mit guten Absichten

[52] Vgl. Biruni, Abu Reyhan Muhammad Ibn Ahmad: *Kitab Tahdid nihayat al-amakin li-tashih masafat al-masakin* [Über die Wissenschaft der Ausmessung und Abbildung der Erdoberfläche], 1975 S. 213 ff. Ein halbes Jahrtausend nach Biruni konstruiert Martin Behaim in Nürnberg seinen ›Erdapfel‹.

[53] Vgl. Biruni, Abu Reyhan Muhammad Ibn Ahmad: *Al-asar al-baqiya an al-qurun al-khalia* [Über die Hinterlassenschaften früherer Jahrhunderte], 1975.

begegnen. Er geht von der einheitlichen Abstammung der Menschheit aus und sieht in Physiognomie und Hautfarbe keine Indizien der radikalen Unterschiedlichkeiten der Menschen. Das Einzige, was Menschen trennt, sie aber auch wieder miteinander verbindet, ist die Sprache.

Der Mensch verlangt, nach Biruni, mit seinem ihm angeborenen Hang zum Wissen danach, das Verborgene zu erkennen und die Umstände des Lebens zu ergründen, um durch Vorsichtsmaßnahmen Unglücksfälle rechtzeitig abzuwenden. Weil Menschen als vernunftbegabte Wesen geneigt sind, mit ihren Widersachern über Diesseits und Jenseits argumentativ zu diskutieren, benötigen sie einen Maßstab, um sich angemessen zu orientieren.

Zeit seines Lebens ist Biruni bestrebt, die Weltsicht anderer Kulturen mit seinem eigenen Weltbild in Einklang zu bringen. In seinem ›Indienbuch‹ berichtet er über die Abneigung der Inder gegenüber den muslimischen Türken, da diese immer wieder in indische Gebiete eingefallen seien. Biruni vergleicht die griechische Götterwelt mit dem Hinduismus. Dabei stellt er fest, dass Hinduismus faktisch aus verschiedenen Religionen besteht, die sich teilweise überlagern und gegenseitig beeinflussen. Das Gleiche beobachtet er in der alt-griechischen Geisteswelt, in der verschiedene Götter wirksam sind. Er kommt zu dem Ergebnis, dass diese anscheinend aus verschiedenen Welten von vielen Gemeinsamkeiten geprägt sind.

Im Gegensatz zu Farabi, der bestrebt ist, die ›Wahrheit‹ durch logische Regeln zu erkennen, liegt Biruni nicht daran, Wahrheit in ein logisch geschlossenes System einzubinden. Er unterscheidet zwischen einer weltlichen und einer transzendenten Wahrheit. Im Zusammenhang mit seiner Weltschöpfungstheorie insistiert er darauf, dass der Mensch nicht imstande ist, das Datum der Weltschöpfung zu bestimmen.[54] Obwohl vernunftgeleitete Beweise und konkrete logische Schlussfolgerungen die Erkenntnis vermitteln, dass die Welt geschaffen ist, dass die Teile ihre Dauer einmal mit ihrem Beginn angefangen haben müssen, so verweist Biruni darauf, dass der Mensch deshalb nicht die Quantität dieser Teile erkennt, sodass er von daher das Datum der Weltschöpfung nicht erfahren kann.

Diese moderne Weltsicht bleibt für ihn nicht ohne Folgen. Er gilt als Ketzer, der sich anmaßt, über göttliche Dinge zu befinden. Biruni

---

[54] Vgl. Biruni, Abu Reyhan Muhammad Ibn Ahmad: *Kitab Tahdid nihayat al-amakin li-tashih masafat al-masakin* [Über die Wissenschaft der Ausmessung und Abbildung der Erdoberfläche], 1975.

ist aufgrund seines experimentierenden Geistes ein Philosoph der Tat, der den Auftrag der Wissenschaft ernst nimmt und ihn mit dem menschlichen Leben verbindet.

Ausgewählte Werke:

- *Kitab al-tahqiq milal hind min maqbula lil-aql wa mardhula* [Über Geschichte und Weisheit Indiens].
- *Kitab Tahdid nihayat al-amakin li-tashih masafat al-masakin* [Über die Wissenschaft der Ausmessung und Abbildung der Erdoberfläche].

1.10 Abu Hamid Ghazali und die Erneuerung des Denkens

Abu Hamid Mohammad ibn Mohammad Ghazali (andere Schreibweisen: Al-Ghasal, al-Gazali, al-Ġazūlī, al-Ghazālī, Algazel, Al-Ghasāli, Gazzāli, Al Ghasāli), genannt Ghazali (1058-1111), ist in Tus bei Maschad in Persien geboren. Er ist Zeitzeuge des Aufrufes Urbans des II. (1035-1099) zum Ersten Kreuzzug der Eroberung Jerusalems und Brechung der Macht des Islam.[55]

[55] Über Ghazali vgl. Mahmoud Zakzouk: *Ghazali und Descartes,* 2005 und Kock, Ilona: *Ontologische Begründung von Ethik durch Einheitserfahrung im Denken Plotins und Ghazalis,* 2011.

Ghazali führt ein ereignisreiches Leben. Nach dem Studium der Gesetzeswissenschaft, ›fiqh‹ in Tus und Gorgan geht er im Alter von 19 Jahren an die Nizamiyya-Universität in Neyschabour und studiert bei dem Philosophen Abdulmalik Dschuwaini (1028-1085), der unter dem Ehrennamen ›Imam al-Haramain‹ bekannt ist und einen rationalistischen Ansatz vertritt. Ghazali befasst sich unter anderem mit Theologie, Dialektik, Philosophie und Logik. Bereits 1091 erhält Ghazali eine Professur an der Nizamiyya-Hochschule in Bagdad. Während der vier Jahre seiner Lehrtätigkeit versammelt sich eine große Anzahl von Schülern um ihn. Seine Autobiographie ›Al-Munqidh min ad-dalal‹, ›Der Erretter aus dem Irrtum‹, die er etwa sechs Jahre vor seinem Tod verfasst hat, enthält zwar Daten zu seinem Leben, ist aber eher als eine Einführung in seine Philosophie zu verstehen.[56] Sie enthält eine intellektuelle Verteidigung seiner Beweggründe und seiner Lehre, in der auch Wandlungen seines Denkens zur Darstellung kommen.

Kurz danach zieht sich Ghazali zurück und beginnt mit intensiver Meditation. Auf Befehl des Sultans nimmt er seine Lehrtätigkeit wieder auf, kehrt jedoch nach kurzer Zeit endgültig in seine Heimatstadt zurück. Er gerät in eine spirituelle Krise, verzichtet auf einen Lehrstuhl an der renommierten Nizamiyya-Universität, und wendet sich dem Sufismus zu. Neben seinem Haus errichtet er eine Schule für Gesetzeswissenschaft und ein Kloster für Sufis, die Mystiker des Islam. Diese Zeitenwende markiert in seinem Leben den Übergang von der philosophischen Phase in eine ganz der Mystik und ihrer Bedeutung für das menschliche Leben gewidmeten Dimension.

Ghazali hinterlässt ein ganzes Kompendium von Schriften auf den Gebieten der Philosophie, Logik, Theologie, Religions- und Gesetzeswissenschaften, teils in arabischer und teils in persischer Sprache.

Um Ghazalis Bedeutung für die Geistesgeschichte und gegenwärtige Philosophie verstehen und beurteilen zu können, ist es wesentlich, sowohl den politischen als auch den religiösen Hintergrund seiner Wirkungszeit zu studieren. In dieser Zeit findet er ein islamisches Reich voller soziokultureller Umbrüche und religiöser Rivalitäten zwischen Sunniten und Schiiten vor. Zwischen den einzelnen Schulen der Mutaziliten, Hanbaliten und Aschariten herrschen Feindseligkeiten, die in großer Härte ausgetragen werden.

---

[56] Vgl. Al-Ghasāli: *Al-Munqidh min ad-dalal* [Der Erretter aus dem Irrtum], 1988.

Die Widerlegungskämpfe unter Glaubensbrüdern beunruhigen Ghazali zunehmend. Betrachten wir die heutige Zerstrittenheit zwischen den islamischen Kleingruppen, so dürfte deutlich werden, welche Beweggründe Ghazali in seiner Zeit dazu geführt haben, neue Wege zu suchen. Er reflektiert darüber, was Menschen dazu veranlasst, sich so blutig zu bekämpfen. In dem Begriff der ›Wahrheit‹ glaubt er die Lösung gefunden zu haben.

Schon in seiner Autobiographie reflektiert er über die Möglichkeit der rechten Wahrheitssuche. Da jedes Kind ganz selbstverständlich die Religion seiner Eltern annimmt und für die ›eigentliche‹ Wahrheit hält, stellt sich für ihn die Frage, wie man zwischen Wahrem und Falschem unterscheiden könne.[57] Eine Aussage relativiert sich, sobald über sie Erkenntnis gewonnen ist, und eine neue, tiefere Dimension bringe neue Fragen hervor. Das ist ein Grund, warum Ghazali sinnliche Wahrnehmungen wie auch ausschließliche Vernunfterkenntnisse bei der Wahrheitssuche in Frage stellt.

Ghazali geht es darum, nachzuweisen, dass es eine objektive Wahrheit im religiösen Leben durch eine über die Sinne gewonnene oder vernunftverwurzelte Methode nicht geben kann. Mit dieser Reflexion berührt er die Frage nach dem Wesen der Erkenntnis. Ghazali ist sich dessen bewusst, dass ein wichtiges Problem der Menschheit die Wahrheitsfrage ist, da das Wesen der Menschen mit dieser Frage steht und fällt. Aufgrund dieser Erkenntnis wird er von vielen ›als Wiederhersteller des Glaubens‹, als ›muhyi ad-din‹, bezeichnet.

Die Klärung des Vernunftbegriffes im Denken Ghazalis setzt die Kenntnis seines Welt-, Menschen-, und Schöpfungsverständnisses voraus. Hiernach ist der Mensch als ein göttliches Geschöpf wesentlich durch seine Vernunft, ›aql‹ charakterisiert. Ghazali hält es prinzipiell für möglich, »dass die Geisteswissenschaften durch die Vernunft erfasst werden.«[58]

Nicht nur empirische Fragestellungen, sondern auch Religionen stehen für ihn in einem engen Zusammenhang mit der Vernunft: »Es gibt keine Religion für den, der keine Vernunft hat.«[59] Gemäß diesem Grundsatz solle man zunächst den Verstand des Menschen kennenlernen, ehe man nach seiner Religiosität frage, weil Gott nichts »Ruhmreicheres geschaffen [hat] als die Vernunft.«[60] Wenn wir uns

57 Vgl. Al-Ghasāli: *Der Erretter aus dem Irrtum,* 1988 S. 8.
58 Al-Ghasāli: *Das Kriterium des Handelns*, 2006, S. 184.
59 Ebenda, S. 185.
60 Ebenda, S. 186.

in der Welt befänden und ihre Strukturen begreifen wollten, so müssten wir auch die Existenz eines Urhebers zwingend annehmen, wer oder was dieser auch sein mag.

Ghazali widmet dem Thema ›Denken‹, das in seinem philosophischen und mystisch-theologischen Werk eine grundlegende Rolle spielt, eine ganze Abhandlung. Er hebt hervor, dass der Koran in einer Reihe von Geboten auffordert, Vernunft und Verstand zu gebrauchen: »Diejenigen, die Gott immer in ihr Denken einschließen, werden in allen Belangen und allen Bereichen nicht aufhören zu denken, um die eigene Einsicht zu mehren.«[61]

Die Bedeutsamkeit der ›aql‹ kommt nach Ghazali daher, »dass sie der Ort ist, wo sich Wissen und Weisheit befinden, und dass sie deren Instrument ist.«[62] Er unterscheidet zwischen zwei Formen von ›aql‹: der angeborenen und der erworbenen. Die angeborene aql, »ist die grundsätzliche Fähigkeit, die geeignet ist, Wissen aufzunehmen. Sie ist schon im Kind vorhanden, ähnlich wie die Palme im Samenkern.«[63] Die erworbene und erlangte ›aql‹ ist diejenige, »die durch die Beschäftigung mit den Wissenschaften entsteht.«[64] Die Erkenntnisse der Vernunft werden hier entweder aus der Erfahrung oder aus gegebenen Vorstellungsinhalten gewonnen.

Die menschliche Vernunft kann sich selbst nicht rechtfertigen, weil sie selbst nicht argumentativ denken kann. Sie benötigt eine Erleuchtung, um zur Erkenntnis zu gelangen, die sie aus sich selbst heraus nicht zu vollziehen vermag. Hier erweist sich das Denken Ghazalis als eine korrelative Philosophie.

Um die angeborene Vernunft in ihrer höchsten Entfaltung zu erreichen, führt Ghazali elf Jahre lang an sich selbst konsequent eine Selbstreinigung, ›tazkije‹, durch. Die beiden letzten Jahre dieser Periode verbringt er als Sufi, als Mystiker. In dieser Phase besteht Ghazalis Ziel nicht darin, Philosophie zu überwinden oder gänzlich abzulehnen, sondern seine Mystik philosophisch zu begründen.

Ähnlich hat auch Wilhelm von Ockham (1285-1349) später mit seinem Ökonomieprinzip auf die Umstände der Wissenschaft des 13. Jahrhunderts reagiert. Ihm geht es darum, dogmatische Einstellun-

---

[61] Sura 3:192. Vgl auch Ghazali, Abu Hamid Mohammad: *Ihya ulum ad-din*, 1990, S. 748.

[62] Ghazali, Abu Hamid Mohammad: *Das Kriterium des Handelns,* 2006, S. 187.

[63] Ebenda, S. 189.

[64] Ebenda, S. 189.

gen, die sich verabsolutieren, zu dekonstruieren. Dieses Prinzip ist als ›Ockham'sches Rasiermesser‹ bekannt, nach dem nicht die komplizierten Denkmodelle, sondern stets einfache Denkmodelle Vorrang haben. Konkret besagt dieses Prinzip; je mehr unbewiesene Annahmen es in einer Sache gibt, umso geringer ist die Wahrscheinlichkeit, dass die Sache wahr ist.

Weil Ghazali von der tiefen und existenzbedingten Religiosität und Sinnsuche des Menschen überzeugt ist, sieht er in ihr eine Möglichkeit, aus Philosophie schließlich Weisheit werden zu lassen. Er will die Philosophie brauchbar machen. Letztlich geht es ihm um den gesellschaftlichen Auftrag der Wissenschaft. Bereits mit dem Freundschaftsbegriff in seiner Schrift ›Das Elixier der Glückseligkeit‹ demonstriert er dieses Anliegen.[65] Ghazali ist ein Philosoph der Tat, deshalb ist Theoretische Philosophie für ihn Denkakrobatik, ohne gesellschaftliche Relevanz. Diese Haltung wird bereits zu seinen Lebzeiten mehrfach missverstanden und kritisiert.

Denkwege im Werke Ghazalis

Ghazalis Denken ist in allen Phasen seines Schaffens, im Philosophischen sowie im Mystischen, von einer akkuraten Form der Wahrnehmung geprägt. Auf beiden Ebenen gehen Empathie und Sympathie Hand in Hand. Das hängt mit seiner Vorstellung einer kosmischen Einheit zusammen, die trotz der bestehenden Vielfalt existiert.

Jene Empathie und Sympathie bringt Ghazali deutlich zum Ausdruck. Er schreibt, er verlasse nie einen Batiniten ohne den Wunsch, seine Batinijja-Lehre kennen zu lernen, keinen Sahiriten, ohne den Willen, dessen Sahirijja-Lehre zu erkennen, keinen Philosophen, ohne die Absicht, die Quintessenz seiner Philosophie zu erfassen, er verlasse keinen Mutakallim, ohne sich zu bemühen, Sinn und Zweck von dessen ›Kalam‹, ›Dialektik‹, zu begreifen, keinen Mystiker, ohne das Geheimnis von dessen Mystik ergründen zu wollen, keinen Frommen, ohne in den Sinn seiner Frömmigkeit eindringen zu wollen, und keinen Ungläubigen und Freidenker, ohne die Gründe aufspüren zu wollen, die diesen zu seiner Denkart bewegen.[66] Ghazali gelingt es, kontextangemessen mystisch oder philosophisch zu verfahren, ohne in Dogmatismus zu verfallen.

Ghazali geht von der Möglichkeit einer ›doppelten Wahrheit‹, einer Vernunft- und Offenbarungswahrheit, aus. Während Vernunftwahr-

65 Vgl. Al Ghasāli: *Das Elixier der Glückseligkeit*, 1979.
66 Vgl. Al-Ghasāli: *Der Erretter aus dem Irrtum*, 1988, S. 3.

heiten, wie 2 x 2 = 4, stets mit verifizierbarer Logik zu tun haben, sind Offenbarungswahrheiten an Erfahrungswerte des Göttlichen gekoppelt. Ghazali diskutiert Glaubensinhalte durch Vernunft- und Herzenserkenntnis als zwei Erkenntniswege. Einem ausschließlich rationalen Zugang zu Glaubensinhalten und Seinsformen steht er skeptisch gegenüber, auch hält er eine rationale Metaphysik für problematisch. Philosophie und Theologie sieht er als zwei verschiedene Sphären des Denkens an, die miteinander korrelieren, ohne restlos ineinander aufzugehen. Dadurch gelingt es ihm, eine kritische Harmonie zwischen Theologie und Philosophie herbeizuführen.

Vernünftiges Denken ist für Ghazali von drei Denkarten gekennzeichnet, die er als ›Waagen‹ bezeichnet. Alle Waagen sind wiederum in größere, mittlere und kleine Waagen eingeteilt. Er spricht von verschiedenen Erscheinungsformen:

1. Die Waage des Gleichgewichts, mit der Symmetrie herbeigeführt wird. Sie versucht Ausgewogenheit auf unterschiedlichen Ebenen zu erreichen.
2. Die Waage der notwendigen Vernetzung, die Divergenzen als Ergebnis unterschiedlicher Betrachtungsformen zweier Gegenstände artikuliert. Sie sucht einheitsverleihende Merkmale und verfährt integrativ.
3. Die Waage der Opposition, die Divergenzen als Ergebnis unterschiedlicher Betrachtungsformen eines bestimmten, einzelnen Gegenstandes ansieht. Sie hat ausschließenden Charakter und verfährt nach der dualen Logik des Entweder-Oder.

Methodischer Zweifel

In Ghazalis Autobiographie ›Al-Munqid min ad-dalal‹ führt Ghazali in die Wege seiner Philosophie und Erkenntnisgewinnung ein. Im Rahmen seiner Vernunftanalyse diskutiert er die Frage, ob und inwieweit wir überhaupt zu zweifelsfreier Gewissheit gelangen können. Hierbei entwirft er ein methodisches und auf den Möglichkeiten der Erkenntnis beruhendes Konzept des Zweifels.[67]

Ghazali prüft die Qualität einzelner Erkenntnisarten. Bestimmte Denkarten hält er für völlig ungeeignet, während andere eine relative Erkenntnis vermitteln. Für ungeeignet hält er solche, die rein durch Autoritäten in Form von erworbener Vernunft vermittelt und nicht selbst gewonnen wurden. Anderen Denkarten, die durch eigene Reflexion entstehen, gesteht Ghazali eine gewisse Stichhaltigkeit zu,

67 Ebenda, S. 7-11.

aber auch diese hält er für subjektiv. Hierzu zählt er Sinneswahrnehmungen und Denknotwendigkeiten.

Der sinnlichen Erkenntnis räumt Ghazali keine Überzeugungskraft ein, weil selbst das Auge, das er für das zuverlässigste menschliche Organ hält, sich täuschen lasse. So nähmen wir z.B. Planeten nur als Punkte am Himmel wahr, obwohl mathematisch bewiesen werden könne, dass sie ein Vielfaches des Erdumfanges aufweisen.

Denknotwendigkeiten bzw. primäre Erkenntnisse, wie Zahlenverhältnisse (10 ist größer als 3) oder sich ausschließende Eigenschaften, haben für Ghazali am meisten Überzeugungskraft. Aber auch hier befürchtet er aufgrund von Täuschungen, denen sinnliche Eindrücke unterliegen, eine spätere Widerlegung gewonnener Erkenntnisse: »Was macht dich so sicher«, fragt Ghazali, »daß dein Vertrauen in die Gegebenheiten der Vernunft nicht von derselben Art und Weise ist wie das in die sinnlichen Gegebenheiten«, wobei man sich zwar zuerst vertraue, sich dann aber »durch den Richter der Vernunft zum Lügner«[68] erklären müsse. Diese rhetorische Frage erläutert beispielhaft die Relativität menschlicher Eindrücke überhaupt, welche uns bspw. im Traum eine Realität vortäuschen, die bereits beim Erwachen verschwindet. »Vielleicht versteckt sich ja hinter der Vernunfterkenntnis ein anderer Richter, welcher, sobald er in Erscheinung tritt, das Urteil der Vernunft der Lüge bezichtigt.«[69] Unter Bezugnahme auf die Erfahrungen der Sufis und die Worte des Propheten geht Ghazali so weit anzunehmen, das gesamte Leben und Denken sei ein Traum, aus dem der Mensch erst ›mit dem Tod‹ erwache.

Im Sinne Ghazalis stellt sich nun die Frage, ob Vernunft erfahrungsunabhängig, also aus sich heraus, überhaupt in der Lage sein kann, allgemeine Gesetze der Natur zu erkennen. Der Gebrauch der Vernunft ist nämlich immer kontextabhängig. Erkenntnisse entstehen durch eine Reihe von Komponenten, zu denen Hermeneutik und vergleichende Deutung der Sachverhalte gehören.

In dieser aporetischen Lage und von der faktischen Unmöglichkeit überzeugt, überhaupt Erkenntnis gewinnen zu können, erkrankt Ghazali. Während dieser Zeit wird ihm bewusst, dass die Gewissheit der Erkenntnis ›göttlichen Lichtes‹ bedarf. Die Überwindung der Verzweifelung führt zu seiner Genesung und markiert den Beginn einer neuen Ära in Ghazalis denkerischem Leben. Hierbei handelt es sich allerdings nicht um die göttliche Eingabe von Erkenntnissen,

[68] Ebenda, S. 8.
[69] Ebenda, S. 8.

sondern um die Verleihung einer menschlichen Fähigkeit, »in uns eine große Anstrengung zur Erforschung (der primären Erkenntnisse) zu bewirken, um nach dem zu streben, was (an sich) unerforschbar ist.«[70] Bei dieser Art der Erkenntnisgewinnung seien primäre Erkenntnisse bereits vorhanden. Das Augenmerk müsse aber auf das gelenkt werden, was unerforschbar sei, jedoch nicht, um dieses doch noch zu ergründen, sondern um Erkenntnisse zu erlangen über dasjenige, was unerforschbar sei und was nicht zu absoluter Gewissheit führen könne.

Ghazali begründet keinen erkenntnistheoretischen Wahrheitsbegriff. Er sieht die Erfüllung in der Sinnsuche. Der Weg soll zur Zielsuche werden und uns stets vergegenwärtigen, dass wir Suchende sind. Deshalb ist es ihm ein Anliegen, Philosophie schließlich Weisheit werden zu lassen. Weil sich der ›aql‹ keine göttlichen Wahrheiten verschließen,[71] ist nach Ghazali eine weitere Dimension der Vernunft erforderlich, nämlich das Herz, ›qalb‹, um solche Erkenntnisse zu gewinnen. Das ›qalb‹ ist der wesentliche Sitz der innersten ›aql‹ im Menschen.[72] Während im philosophischen Werk Ghazalis die Vernunfterkenntnis dominiert, ist in seinem theologischen Werk die Herzenserkenntnis richtungsweisend. Hier zeigt sich die philosophische Offenheit Ghazalis.

Wenn wir diese zwei Instanzen gegeneinander ausspielen oder aufeinander reduzieren, werden wir Ghazalis Werk und seiner Philosophie nicht gerecht. Ghazali weist ausdrücklich darauf hin, dass die ›aql‹ geschaffen ist »um für das Herz eine Fackel und Leuchte zu sein, bei deren Licht es die Gottheit schaut. [...] So ist die Vernunft die Dienerin des Herzens; und das Herz ist geschaffen zum Schauen der göttlichen Schönheit.«[73]

Ghazali verfolgt nicht das Ziel, die Logik der ›aql‹ mit der Logik des ›qalb‹ zu versöhnen, sondern gleichsam zu zeigen, dass sie sich gegenseitig ergänzen. Dies ist ein Grund, warum er das oberste Erkenntnisziel der ›aql‹ darin sieht, die göttliche Wahrheit durch die Herzenserkenntnis zu erforschen. Dabei kommt der ›aql‹ eine zweifache Funktion zu. Zum einen fungiert sie als das Instrument analy-

---

[70] Ebenda, S. 10.

[71] Vgl. Al-Ghasāli: *Die Nische der Lichter,* 1987, S. 11.

[72] Vgl. Al-Ghasāli: *Der Erretter aus dem Irrtum,* 1988, S. 55.

[73] Al-Ghasāli: *Das Elixier der Glückseligkeit*, 1979, S. 43. Die Idee der ›Raison du cœur‹ bei Blaise Pascal (1623-1662) ähnelt dem Ansatz Ghazalis.

tischen Denkens, zum anderen als ein für Offenbarung empfängliches Vermögen.

Auch in seinem Werk ›Maqasid al-falasifa‹, ›Die Ziele der Philosophen‹, bringt Ghazali seine Wertschätzung der Vernunft unmissverständlich zum Ausdruck. Dieses Werk ist ein Kompendium über Logik, Physik und Metaphysik, mit dem Ghazali in das System der Philosophie einführt, ohne kritisch Position zu beziehen. Seine Argumentationsweise ist hier ausschließlich philosophisch. In seiner Autobiographie unterstreicht er sein Interesse an der Philosophie, indem er hervorhebt, sich aus philosophischen Erwägungen heraus mit der Philosophie zu beschäftigen.[74] Es gibt keine Theorien, gegen die es keine Einwände gibt. Das betrifft alle geisteswissenschaftlichen Disziplinen, vornehmlich aber die Philosophie. Alle Argumente haben ihre Berechtigung und ihre Grenzen, weil der Mensch ein Lebewesen mit einem unergründlichen Bewusstsein ist.

Disput um Ziele von Philosophie und Theologie

Ghazali akzeptiert nur eine metaphysikfreie Philosophie, um eine klare Abgrenzung zwischen ihr und der Theologie zu beschreiben. Deshalb lobt er Mathematik und Logik, die er als Grundlagen aller Wissenschaft betrachtet. Auch die Ethik sollte ein Segment der Philosophie bleiben. Die Klassifizierung der Metaphysik lehnt Ghazali als einen Bereich der Philosophie konsequent ab. In dieser Annahme sieht er die Hauptirrtümer der Philosophen überhaupt, weil sie unsichere Prämissen und ungenügende Argumente verwenden.

Hierin unterscheidet sich Ghazali von seinen Vorgängern Farabi und Ibn Sina. Während Farabi religiöse Fragen mehr oder weniger aus der Philosophie ausklammert, behält Ibn Sina ihre Autonomie bei, ohne Theologie und ihre Themenfelder wie Metaphysik restlos aufzugeben.

Ghazalis Unbehagen ist auf die Haltung der Philosophen zurückzuführen, welche die Wahrheitsfindung als Endziel der Philosophie deklarieren. Er selbst will zeigen, dass Philosophie keine Sphäre des Innewerdens der letzten Wahrheit ist. Diese gehöre einer ganz anderen Sphäre an. Hier entzündet sich ein nachhaltiger Streit in der akademischen Welt, der bis nach Europa getragen werden wird.

Ghazalis Auseinandersetzung mit den Zielen der Philosophie nimmt ihren Anfang in seinem Werk ›Tahafut al-falasifa‹, das korrekt mit ›Das *Ungenügen* der Philosophen‹ oder auch ›Der innere Wider-

74 Vgl. Al-Ghasālī: *Der Erretter aus dem Irrtum*, 1988, S. 15.

spruch der Philosophen‹ zu übersetzen ist. Eine irreführende Übertragung des Titels ins Lateinische als ›destructio philosophorum‹, d.h. ›*Zerstörung* der Philosophen‹, hat maßgeblich dazu beigetragen, Ghazali in Europa als einen Anti-Philosophen zu stigmatisieren.

Dieses in der europäisch-westlichen Hemisphäre historisch gewachsene Vorurteil, Ghazalis Philosophie verkörpere eine Weltflucht mit einem *ausschließlich* religiös motivierten Zweifel, lässt sich keinesfalls halten.[75] Ghazali wird als vernunftabgewandt- und philosophieverneinend dargestellt. In seinem Werk führt Ghazali lediglich den Nachweis, dass Philosophen ihren Anspruch, der *letzten* Wahrheit innezuwerden, nicht einlösen können. Er setzt sich mit einer Reihe von Philosophen auseinander, die gerade diesen Anspruch erheben. Die Auseinandersetzung ist jedoch keine Zurückweisung der Philosophie als Lehrsystem. Ghazalis Verdienst besteht gerade darin, eine klare Trennung zwischen Theologie und Philosophie, Glauben und Wissen herbeigeführt zu haben.

Mit der Unterscheidung zwischen angeborener und erworbener Vernunft, benennt Ghazali zwei Vernunftformen, die in der Geschichte der Weltphilosophie wesentliche, wenn auch unterschiedliche, Rollen spielen. So spricht Kant 600 Jahre später von ›reiner Vernunft‹, was als Weiterführung von Ghazalis angeborener Vernunft betrachtet werden kann, während Max Horkheimer (1895-1973) im 20. Jahrhundert den Begriff der ›instrumentellen Vernunft‹ einführt, was an die Stelle der erworbenen Vernunft treten kann. Vernunft gilt für Horkheimer als eine geistige Macht, welche die Beziehung der Menschen zueinander regeln sollte, und nicht als das bloße Verhältnis von Mitteln und Zwecken.[76] Er verfolgt das Ziel, den Untergang einer als ›objektiv‹ verstandenen, wert- und zielsetzenden menschlichen Vernunft darzustellen.

Die klerikale Führung in Europa glaubte, in Ghazali den Apologeten gegen die Philosophie gefunden zu haben. Die Vermutung liegt nahe, dass der Übersetzungsfehler des Titels von Ghazalis Werk ›Tahafut al-falasifa‹, ›Das Ungenügen der Philosophen‹ von den lateinisch-mittelalterlichen Übersetzer in tendenziöser Absicht als ›de-

[75] Mohammed Abed Al-Jabri behauptet, in den islamischen Kulturregionen gäbe es keine originäre Philosophie. Vgl. Al-Jabri, Mohammed Abed: *Kritik der arabischen Vernunft*, 2009. Mit dieser Behaupung betreibt Al-Jabri exemplarisch internen Eurozentrismus.

[76] Vgl. Horkheimer, Max: *Zur Kritik der instrumentellen Vernunft,* 1985, S. 20 f.

structio philosophorum‹ d.h. ›Zerstörung der Philosophen‹ verfälscht wurde.

Ghazali als philosophieverneinend darzustellen, wäre genauso unangemessen, wie Kants Hauptwerk ›Kritik der reinen Vernunft‹ als ›Zerstörung der Vernunft‹ zu übersetzen und ihn zu einem Protagonisten der Anti-Philosophie zu stigmatisieren. Der ägyptische Philosoph Karam Khella hält die Übersetzung des Titels als ›Zerstörung der Zerstörung‹ für eine sinnentstellende Verdrehung. Er insistiert, dass ›tahafut‹ ›Ungenügen‹, ›innerer Widerspruch‹ bedeutet, was ein guter Übersetzer hätte beachten müssen.

Festzuhalten ist, dass die Beurteilung von Ghazalis Philosophie teils durch Nachlässigkeit, teils durch Unkenntnis verfälscht worden ist, ohne dies im Kontext seines Werkes zu belegen. Man behauptet pauschal, Ghazali leugne Vernunft und Philosophie; er habe mit seinen Schriften sogar das Ziel verfolgt, im Orient den Untergang der Philosophie und zugleich eine Wiederbelebung der Theologie voranzutreiben.

Ausgewählte Werke:

– *Mizan al-amal* [Das Kriterium des Handelns].

– *Al-Munqid min ad-dalal* [Der Erretter aus dem Irrtum].

1.11 Ibn Ruschd und die Universalität der Vernunft

Abu l-Walid Muhammad Ibn Ahmad Ibn Muhammad Ruschd (andere Schreibweisen: Ibn-Rushd, Ibn Ruschd, Ibn Rushd, bin Rusd, Averroes, Averroës), genannt Ibn Ruschd (1126-1198), ist in Cordoba geboren und spanisch-arabischer Abstammung. Er studiert Recht, Philosophie und Medizin. Zu seiner Zeit gelangt Europa zu einer hohen höfischen Kultur, die sich im Minnesang eines Walther von der Vogelweide (1170-1230) ausdrückt. Geichzeitig herrschen hegemoniale Auseinandersetzungen zwischen den Welfen und den Staufern.[77]

Ibn Ruschd gehört zu den führenden Philosophen der islamischen Welt des 12. Jahrhunderts. Er beeinflusst und prägt das christliche Mittelalter wie seine Vorgänger Farabi, Ibn Sina und Ghazali nachhaltig, wobei auch er sich *ausschließlich* dem Islam verpflichtet fühlt. Er arbeitet als Richter und für die Belange der Herrscher der almohadischen Dynastie in Marokko. Er erhält den Auftrag, sich mit aristotelischen Werken zu befassen, mit denen er sich zeit seines Lebens systematisch beschäftigen und die er ausführlich kommentieren wird. Später arbeitet Ibn Ruschd als Leibarzt des Hofes, was ihn dazu veranlasst, eine medizinische Enzyklopädie zu verfassen. Beim Sohn des Kalifen fällt er in Ungnade, woraufhin er verbannt wird. Seine Werke werden verboten und verbrannt.

Das Anliegen Ibn Ruschds ist, die islamische Philosophietradition zu fördern. Dementsprechend beginnen auch seine Schriften, wie bei seinen Vorgängern, mit einer Eulogie, d.h. mit Segenswünschen zu Ehren Allahs, wie sie sich in allen islamischen Texten finden. In seiner Doppelfunktion als Arzt und Philosoph erwirbt Ibn Ruschd Kenntnisse über die menschliche Psyche. Dies prädestiniert ihn für die Philosophie. Für ihn ist die Logik und Grammatik des Denkens und der Wahrheitsfindung unerlässlich. In der Logik als einem Gesetz des Denkens und der Wahrheit sieht Ibn Ruschd einen Weg zur Glückseligkeit.

Das Fundament der Philosophie Ibn Ruschds bildet die Vernunft in dialektischen Schritten. Für ihn ist das Sein, wie für seine Vorgänger Farabi, Ibn Sina und Ghazali, ohne Anfang und Ende. Das Universum und damit auch Materie sind ebenfalls unendlich. Eine zentrale Achse seiner Philosophie ist die Frage nach Einheit und Vielfalt. Seine Lehre der Einheit des Intellekts fußt auf der Universalität der Vernunft.

Ibn Ruschd baut die Erkenntnisse seiner Philosophie auf dem Denksystem des Aristoteles auf. Sein Bemühen geht dahin, die aristotelische Denkart für die islamische Philosophie fruchtbar zu machen.

Als ein Kommentator des Aristoteles *par excellence* verfasst Ibn Ruschd 38 Kommentare, zumeist jedoch in hebräischen und lateini-

---

77 Über Ibn Ruschd vgl. Zanner, Markus: *Konstruktionsmerkmale der Averroes-Rezeption,* 2002 und Jameleddine Ben-Abdeljelil: *Ibn Ruschds Philosophie interkulturell gelesen,* 2005.

schen Übersetzungen, die im Original nicht erhalten sind. Auf dem Wege zum reinen und wahren Aristotelismus vollziehen sich zwei Schritte im Denken Ibn Ruschds: Im ersten Schritt kommentiert er das Werk von Aristoteles, um darauf seine eigene Philosophie aufbauen zu können. Zweitens begründet er, dass Ibn Sina und Ghazali *nicht* Aristoteles gefolgt sind und damit ihre Philosophie ›falsch‹ und ein Ausdruck der ›Finsternis‹ sei.

Ibn Ruschd unterstellt, Ghazali habe in seiner Schrift ›Tahafut al-falasifa‹ 1095, ›Das Ungenügen der Philosophen‹,[78] die Grenzen zwischen Philosophie und Theologie verwässert, theologische Fragen philosophisch und philosophische Aussagen theologisch begründet. Dieser Streitfrage widmet er neben der Schrift ›Tahafut at-Tahafut‹, ›Ungenügen des Ungenügens‹[79], eine weitere Arbeit mit dem Titel ›Die entscheidende Abhandlung …‹.[80]

In der Philosophie werden Ghazali und Ibn Ruschd immer als Kontrahenten dargestellt; eine genaue Betrachtung der genannten Schriften erweist jedoch, dass die Auffassungen beider Philosophen erstaunlich nahe beieinander liegen und sich nur in Wenigem unterscheiden. Am Beispiel dreier ›Kritiken‹ Ibn Ruschds soll dies im Folgenden dargestellt werden.

Einführend diskutiert Ibn Ruschd die Frage, ob und inwieweit zu gebieten oder zu verbieten ist, Philosophie zu betreiben. Im Koran erkennt er eine eindeutige Aufforderung zum rechtgeleiteten Denken, Reden und Handeln. Dort ist für ihn festgelegt, dass das göttliche »Gesetz zur Erwägung der existierenden Dinge durch die Vernunft aufruft.«[81] Dabei beruft er sich auf einen Koranvers, der die Menschen generell zum Denken auffordert: »Denkt darüber nach, ihr, die ihr Einsicht habt.«[82]

In dieser Aufforderung sieht Ibn Ruschd die Verpflichtung zur Erkenntnissuche sowohl in der Vernunft als auch im Glauben. Das

78 Vgl. Ghazali, Abu Hamid Mohammad ibn Mohammad: *Tahafut al falasifa* [Das Ungenügen der Philosophen], 1987.

79 Diese Schrift wurde von Max Horten (1874-1945) unter dem Titel ›Die Hauptlehren des Averroes nach seiner Schrift: Die Widerlegung des Gazali‹ ins Deutsche übersetzt und erläutert. Vgl. Averroes: *Die Hauptlehren des Averroes,* 1913.

80 Averroes: *Die entscheidende Abhandlung und die Urteilsfällung über das Verhältnis von Gesetz und Philosophie,* 2009.

81 Ebenda, S. 3-5.

82 Sura 59:3 und insbesondere Sura 59:22.

kritische Nachdenken ist für ihn ein Bestandteil des Islam mit klarer Verankerung im Koran.

Hierauf baut er seine *erste* Kritik an Ghazali auf: Die Interpretation des Koran soll nicht allein Gelehrten überlassen werden, als ob diese die Schrift besser auszulegen wüssten. Diese Möglichkeit sei jedem einzuräumen, ohne dass er den Vorwurf der Gotteslästerung (Blasphemie) befürchten müsse. Ghazalis Schriften ›Ihya ulum addin‹, ›Die Wiederbelebung der Religionswissenschaften‹, und ›Mizan al-amal‹, ›Das Kriterium des Handelns‹, sowie seine Autobiographie ›Al-Munqid min ad dalal‹, ›Der Erretter aus dem Irrtum‹, zeigen jedoch, dass er nicht per Dekret eine offizielle Lesart des Koran aufoktroyieren will. Er beschreibt Möglichkeiten und Wege der Erkenntnisgewinnung in Philosophie und Theologie, welche er methodisch voneinander zu unterscheiden weiß.

Ghazali und Ibn Ruschd stimmen also in dieser Frage weitgehend überein, auch wenn sie unterschiedlich argumentieren. Beide stimmen darin überein, dass die Interpretation sowohl ein Gespür für das Religiöse als auch Intelligenz voraussetzt. Weil Menschen unterschiedlich intelligent sind, kommen sie automatisch zu unterschiedlichen Schlussfolgerungen; dies hat Ghazali deutlich vor Augen.

Die *zweite* Kritik Ibn Ruschds betrifft den Umfang des göttlichen und des menschlichen Wissens: Ghazali sei der Auffassung, dass Gott die Erkennung einzelner Dinge beherrsche, aber von einem höheren Standpunkt aus als der Mensch. Der Mensch stückle sich sein Wissen zusammen, während Gott von jeher alles wisse. Auch Philosophen seien bemüht, die Welt in Teilen zu verstehen. Ein Vergleich zwischen Ghazali und Ibn Ruschd lässt erkennen, dass er letzten Endes die gleiche Auffassung vertritt wie Ghazali. Seine Kritik an Ghazali ist insofern zu relativieren.

Die *dritte* Kritik Ibn Ruschds bezieht sich auf die Auferstehung und ihre Begründung. Ghazali weist ausdrücklich darauf hin, dass nur die Seele in den Himmel aufsteige, nicht aber der Leib, während Ibn Ruschd lediglich darauf hinweist, dass ›Philosophen nicht im Widerspruch zum Koran stehen‹. Letzten Endes bejaht auch er hier die Eschatologie Ghazalis.

Das zentrale Problem in dieser Debatte, die zu einer Verunglimpfung der Philosophie Ghazalis im Abendland geführt hat, besteht darin, dass Ibn Ruschd in allen kritischen Werken zu Ghazalis Philosophie darum bemüht ist, diese mit griechischen Philosophen, vornehmlich mit Aristoteles, zu vergleichen, zu interpretieren und zu kritisieren. Ihm entgeht, dass Ghazali eine Konzeption der Philosophie und Theologie entwirft, die dem Islam als Religion und Kultur angemessener ist und insofern platonische, neuplatonische und aristotelische Weltsichten in ein neues Licht stellt, auch wenn gewisse Überlegungen dieser Richtungen in seinem Denken wirksam bleiben. Ghazali war weder Platoniker noch Neuplatoniker, sondern Ghazali, ohne Wenn und Aber.

Vergleichen wir die Werke Ibn Ruschds und Ghazalis, so sind eine Reihe von Gemeinsamkeiten festzustellen. Das Problem besteht darin, dass Ibn Ruschd das Werk Ghazalis durch eine griechische Brille der Philosophie betrachtet. Ghazali spielt Philosophie und Religion weder gegeneinander aus noch reduziert er sie aufeinander, sondern ist bemüht, eine differierende Harmonie herbeizuführen. Seine klare Unterscheidung der Vernunft- und Glaubenswahrheiten belegt diese Tatsache. Ein Grund, warum Ghazalis Werke verfemt waren, ist seine Kritik der in seiner Zeit hoch geehrten griechischen, insbesondere aristotelischen, Philosophie, welche geradezu Heiligenstatus hatte. Das Gleiche gilt für das unbequeme Werk Sohrewardis, der ein Zeitgenosse des Ibn Ruschd ist.

Es ist naheliegend, dass Ibn Ruschd das Werk Ghazalis in seiner Gesamtheit nicht ausreichend kennt, wenn er dessen Kritik an den etablierten Philosophen seiner Zeit geradezu Häresie unterstellt. Auch hier entgeht ihm, dass die kritische Argumentationskette Ghazalis, eine philosophische Kritik der Philosophie darstellt.[83]

Ghazali und Ibn Ruschd sind zwei Philosophen, die das Gleiche auf unterschiedlichem Wege suchen. Sie werden noch heute im Orient geehrt, wie in westlichen Hemisphären Aristoteles und Platon geehrt werden. Ibn Ruschd ist trotz gewisser Unzulänglichkeiten seiner Ghazali-Kritik ein unverzichtbares Glied der islamischen Tradition, die sich für eine kulturübergreifende Verständigung einsetzt und das philosophische Erbe der Griechen nach Europa bringt. Wer diese Leistung übersieht, einseitig interpretiert oder in ein falsches Licht rückt, wird ihr nicht gerecht.

Folgen der europäischen Interpretation von Ibn Ruschd und Ghazali
Ibn Ruschd, der die Erkenntnisse seiner Philosophie auf dem Denksystem des Aristoteles aufbaut, gilt in Europa seit dem beginnenden 12. Jahrhundert als *der* ›eigentliche Kommentator‹ des Aristoteles, und wird als *der* ›eigentliche Philosoph‹ bezeichnet. Die selektive Auswahl, Übersetzung und Interpretation von Ibn Ruschds Werk in

83 Vgl. Averroes: *Die entscheidende Abhandlung und die Urteilsfällung über das Verhältnis von Gesetz und Philosophie,* 2009, S. 27 ff.

Europa führte ferner dazu, dass er als Briefträger und Epigone der Griechen gefeiert wird. Dieses Stigma leistet bis heute dem Vorurteil Vorschub, Ibn Ruschd trenne die *religiöse* Philosophie des Ostens von der *rationalen* Philosophie des Westens.

Hiermit wird er im schroffen Kontrast zu Ghazali gesehen. Freilich gibt es einen wesentlichen Unterschied zwischen beiden Philosophen, aber dieser liegt nicht, wie in den europäisch-westlichen Forschungen vermutet wird, in der ausschließlichen Betonung einer *reinen* Philosophie oder einer *reinen* Theologie. Divergenzen bestehen vielmehr darin, dass Ibn Ruschd aristotelisch argumentiert und ein Kommentator des Aristoteles bleibt, während Ghazali, welchem Anhängerschaft Platons und des Neuplatonismus unterstellt wird, beide Philosophen überwindet und seinen eigenen Ansatz formuliert.[84]

Aus diesem Grund ist Ghazalis Werk ›Tahafut al-falasifa‹ wohl falsch als ›Zerstörung der Philosophen‹ übersetzt worden. Ibn Ruschds Antwort auf Ghazalis Werk mit dem durchaus spöttisch gemeinten Titel ›Tahafut at-Tahafut‹, also ›Das Ungenügen des Ungenügens‹, wird, wie mehrfach erwähnt, ebenfalls frei übersetzt mit ›destructio destructionis‹, d.h. ›Zerstörung der Zerstörung‹. Auf diese Weise ist es den Auftraggebern der Übersetzer gelungen, eine richtungsweisende Kontroverse zu konstruieren, die im Grunde eine Scheinkontroverse ist, die dennoch bis in unsere Zeit andauert.

Der ägyptische Philosoph Karam Khella, auf den ich noch weiter unten zu sprechen komme, kritisiert auch diese Übersetzung ›Zerstörung der Zerstörung‹ als eine sinnentstellende Verdrehung. Er insistiert, dass ›tahafut‹ ›Ungenügen‹, ›innerer Widerspruch‹ bedeutet, was ein guter Übersetzer hätte beachten müssen. Demnach sollte Ibn Ruschds Werk den Titel ›Das Ungenügen des Ungenügens‹ oder ›Kritik der Kritik‹ tragen, womit Ibn Ruschd eine unzureichend begründete Behauptung Ghazalis aufzeigen wollte.[85] Dennoch ist Ibn Ruschd wie Ghazalis ein Philosoph der Tat, der seiner Zeit voraus war.

Ausgewählte Werke:

— *Scharh kitab al kias* [Erklärung der Sophistik].

— *Scharh kitab al nafs* [Über die Seele].

---

84 Vgl. hierzu die Forschungsergebnisse des Philosophen Davari Ardekani, Reza: *Ma wa tarikhe falsafeje eslami* [Wir und die Geschichte der islamischen Philosophie], 2011.

85 Vgl. Khella, Karam: *Arabische und islamische Philosophie und ihr Einfluß auf das europäische Denken,* 2006, S. 324 ff.

1.12 Schahabeddin Sohrewardi und die Idee des vollkommenen Menschen

Schahabeddin Yahya Ibn Habash Sohrewardi (andere Schreibweisen: Suhrawardi, Suhravardi, as-Suhrawardi, Al-Sohrevardi, al-suhrawardi, Sohrevardi), genannt Sohrewardi (1154-1191) oder auch ›Der Ermordete‹, ist im Norden Persiens geboren. Sohrewardi gehört zu den Systematikern des 12. Jahrhunderts. Zu seiner Zeit hält die Blüte des höfischen Rittertums in Europa an, und Chrétien de Troyes (1140-1190) verfasst seine Erzählungen um den Sagenkreis des keltischen Königs Artus.[86]

[86] Über Sohrewardi vgl. Dinani, Gholamhossein Ebrahimi: *Schoae andishe wa schohud. Falsafeje Sohrewardi* [Intuition und das Leuchten des Den-

Es ist bekannt, dass Sohrewardi in Mareqe Philosophie und Rechtswissenschaften bei Modjel-el Din Djili studiert. Kurz danach siedelt er nach Esfehan über und vertieft seine Studien bei Zehir-el-din Ghari. In dieser Zeit lebt er oft in Zurückgezogenheit und macht sich Gedanken über die Ontologie des Seins und die Rolle des Menschen im Kosmos. Viele Fakten sprechen dafür, dass er aufgrund seiner zarathustrisch orientierten Philosophie später starken Anfeindungen ausgesetzt ist und schließlich ermordet wird.

Die Frage über den Entstehungsort der Philosophie spielt im Denken Sohrewardis eine bedeutende Rolle. Er ist der Auffassung, dass mehrere Achsen auszumachen sind. Er betrachtet die griechische Philosophie, neben der später entfalteten Philosophie in der islamischen Welt, als einen Entstehungsort. Für ihn sind in der vorislamischen Zeit die Hauptrivalen der Griechen die Perser. Das Vermächtnis der tiefgreifenden philosophischen Kultur Persiens sei zum größten Teil vernichtet worden. Hierfür verantwortlich seien die persisch-griechischen Kriege mit den Eroberungszügen Alexanders (356-323) und vor allem später die Mongolen, die ebenfalls die kulturellen Erben gezielt suchen, um sie zu vernichten.

Neben den Philosophen islamischer Welt spielen für ihn drei Männer der Weisheit eine grundlegende Rolle: Sartoscht (Zarathustra), Platon und Hermes. Diese seien integrale Bestandteile der ›philosophia perennis‹, einer immerwährenden Philosophie. Er weist jede Form von essentialistischem Denken der Kulturen und Philosophien zurück, indem er von ihrer fruchtbaren Interdependenz ausgeht.[87]

Die griechische, die islamische und die altpersische Philosophie, die er genau voneinander zu trennen und dennoch zu verbinden weiß, fließen in Sohrewardis Denken mit unterschiedlichen Ausprägungen der Vernunft, Intuition und Transzendenz zusammen. Sein Ziel besteht darin, altes persisches Wissen wiederaufleben zu lassen und für die Philosophie der islamischen Welt fruchtbar zu machen. Zu seinen Hauptinteressen zählen Philosophie, Theologie und Mystik.

Sohrewardi führt in unterschiedlichen Zusammenhängen an, dass der Mensch sich seines Seins nicht ausschließlich durch Vernunft bewusst werden könne, sondern vielmehr auch durch Intuition, die innere Schau. Er gründet eine Schule der neuen Lehre, der ›Hekmat

---

kens. Philosophie des Sohrewardi], 1990 und Esfandiar Tabari: *Sohrewardi interkulturell gelesen,* 2007.

87 Vgl. Sohrewardi, Schahabeddin Yahya: *Hekmat ol Eshragh* [Philosophie der Erleuchtung], 2004.

ol Eshragh‹, der ›Weisheit der Erleuchtung‹, die letztlich auf Sartoscht zurückgeht und teilweise auf der altpersischen philosophischen Terminologie fußt. Er entwickelt eine Lichtmystik, bringt sie mit der altpersischen Kosmologie und Lichtmetaphysik in Einklang und verknüpft sie mit den koranischen Aussagen über das Licht.[88] Seine Lehre umfasst eine Kosmologie, welche die ganze Schöpfung als einen Ausfluss vom ursprünglich höchsten göttlichen Licht der Lichter betrachtet, das eine immaterielle Reinheit besitzt. Das Universum und alle Ebenen der Existenz bestehen aus unterschiedlichen Lichtern, aber auch aus Licht und Dunkelheit. So ist jeder Körper unterschiedlich fähig, Licht in sich aufzunehmen. Die Seele kann letztendlich nur Glückseligkeit erreichen, wenn sie sich von der materiellen Welt löst und in das Himmelsreich zurückgelangt.

Im Zentrum der Philosophie Sohrewardis steht somit nicht die Existenz, sondern das Licht. Er nimmt eine permanente Spannung in der Welt an, die mit dem Guten und Bösen zusammenhängt. Gemäß der altpersischen Licht- und Feuerlehre und vor allem des koranischen Lichtverständnisses geht nach Sohrewardi alles Sein aus dem Licht der Lichter, ›nur al-anwar‹, also dem Göttlichen hervor. Licht ist für Sohrewardi somit das einzige vollkommene Element, das als Inbegriff der Wahrheit bzw. als die Wahrheit an sich bezeichnet werden kann. Absolutes Licht heißt dementsprechend absolute Wahrheit, die ihren Ausdruck in Gott findet.

Sohrewardis Metapher des Lichtes, die im Kontext seiner Angelologie, also seiner Engellehre, eine grundlegende Rolle spielt, ist auch in der Lehre des Sartoscht zuhause. Das Gute und das Böse, in Form von guten und schlechten Eigenschaften, hat jeweils seine Engel, welche als Boten zwischen Gott und den Menschen fungieren. Es handelt sich hier um eine sechsgliedrige Kategorie von ›amschaspantan‹, von Engeln,[89] die den Wesen Leben verleihen, aber keine Götter sind: 1. ›bahman‹, die Weisheit des Seins und guter Gedanken; 2. ›ordibehescht‹, die Schönheit des Seins und der Wahrhaftigkeit; 3. ›schahriwar‹, das harmonische Sein und die Selbstbeherrschung; 4. ›mehr‹, Anziehungskraft und beglückende Frömmigkeit; 5. ›khordad‹, Lebensfreude, Entfaltung und Stolz; und zuletzt 6. ›amordad‹, Ewigkeit, Unendlichkeit. Die Angelologie Sohrewardis im Kontext

88 Vgl. Ebenda. Im Koran steht das Licht unter anderem für Wissen und Leben. Licht und Sein im Denken Sohrewardis sind gleichbedeutend.

89 Vgl. Gatha, 28/1.

seiner Epistemologie gibt dem Menschen Werkzeuge an die Hand, um durch Gotteserkenntnis zur Selbsterkenntnis zu gelangen.

Sohrewardi vergleicht Reinheit und Askese sowie die Vollkommenheit der menschlichen Seele mit dem Feuer, weil dieses allem Licht verleiht; wie ein Eisen, das im Feuer hell glüht. Die existentielle Hierarchie unter den Seienden hängt deshalb für Sohrewardi mit ihrer ›Leuchtkraft‹ zusammen. Je mehr Licht das Seiende verstrahle, desto vollkommener sei es. Dies gehe wiederum damit einher, wie der Mensch mit den gegensätzlichen Kräften in seiner inneren Welt fertig werde.

In einer Reihe von Schriften bringt Sohrewardi das Urbedürfnis des Menschen zum Ausdruck, das letzte Geheimnis der Schöpfung zu verstehen. Sein Gleichnis ›aql-e sorkh‹, ›Morgenröte der Vernunft‹, ist eine Meistererzählung, in der er durch eine mystisch verschlüsselte Sprache die Tiefe seiner Spiritualität offenbart.[90] Sohrewardi begegnet in diesem Gleichnis einem alten Herren, der nicht nur rote Kleidung trägt, sondern dessen Bart und Haare auch rot sind. Der alte Mann symbolisiert das erste Kind der Schöpfung, die Vernunft, die mit dem reinen Licht gleichgesetzt wird. Wird sie mit der Finsternis konfrontiert, so erscheint sie rot. So ist Vernunft nach Sohrewardi das erste Geschenk der Schöpfung, mit einem leuchtenden Wesen, das sich rot färbt, wenn es mit düsteren Gedanken konfrontiert wird.

Ziel dieser Vernunft ist ›die Quelle des Lebens‹ zu finden. Wer mutig ist und den Sinn der ›Wahrheit‹ entdeckt, betritt das Reich der Gelassenheit und des Glücks.[91]

Mit diesem mystisch anmutenden Vernunftverständnis expliziert Sohrewardi die operative Funktion der Vernunft im Leben des Menschen. Vernunft und Verstand bedeuten Licht. Dies spiegelt sich vortrefflich in Redensarten wider wie ›Das leuchtet mir ein‹ oder ›Es ist mir klar geworden‹. Sohrewardi glaubt an die Idee einer ›ewigen Vernunft‹ und stellt sich den Kosmos als auf die Vernunft gegründet vor. Der Mensch ist dementsprechend ein Abbild des Kosmos, ein Exemplar, in dem sich die erhabensten und zugleich die tiefsten Abgründe des Kosmos widerspiegeln, ein Wesen, in dem Gut und Böse dicht nebeneinander existieren. Der Mensch kann alle diese Elemente, die in ihm vereint sind, auch außerhalb seiner eigenen Welt, ge-

---

90 Vgl. Sohrewardi, Schahabeddin Yahya: *Aqle sorkh* [Morgenröte der Vernunft], 2006.

91 Vgl. ebenda, S. 3 ff., und 17.

wissermaßen mit Wiedererkennungscharakter, beobachten und entdecken.

Mit dieser Erkenntnis wird Sohrewardi zum Vorläufer *trans*personalen Bewusstseins, wobei Bewusstsein hier als ein primäres Seinsprinzip verstanden wird. Er sieht einen unmittelbaren Zusammenhang zwischen Kosmos und menschlicher Psyche. Das ist ein zureichender Grund, warum der Mensch bestrebt ist, den Kreis seiner Einheit mit dem Kosmos zu schließen. In dieser Einheit bilden Erfüllung und Glückseligkeit zwei Säulen der Vervollkommnung.

Die Idee der Wiedererkennung taucht später bei Kant als apriorisches Element unseres Denkens auf. Wenn derartige Elemente im Menschen nicht inhärent wären, so dürfte er kaum in der Lage sein, sie als solche in der Außenwelt zu erkennen. In jener Annahme liegt für Sohrewardi die Idee des vollkommenen Menschen begründet. Der Mensch müsse das Beste aus dem Bestand machen, der in seine Natur hineingelegt worden ist.

Wie auch der später wirkende Wilhelm von Ockham kritisiert Sohrewardi den in jener Zeit als unfehlbar eingeschätzten Aristoteles, der als ein Leitbild galt, welches nicht kritisiert werden durfte. Er kritisiert die zehn Kategorien von Aristoteles (Substanz, Quantität, Qualität, Relation, Ort, Zeit, Lage, Zustand, Wirken und Leiden), die er auf eine fünfgliedrige Kategorienlehre reduziert: Substanz, Qualität, Quantität, Relation und Bewegung. Für Sohrewardi ist »Aristoteles zwar ein großartiger Philosoph gewesen. Seine Verdienste dürfen jedoch nicht überbewertet werden, denn das würde die Bedeutung dessen Vorfahren herabwürdigen.«[92] Hier weist er auf Buzardjomehr, Agathodaimon, Hermes und Asklepios hin.

Sohrewardis Bestreben, seine Philosophie aus der Tradition des Sartoscht heraus zu entwickeln und diese mit islamischen Elementen in Beziehung zu setzen, zieht Missverständnisse und Anfeindungen nach sich. Seine Widersacher verbreiten das Gerücht, Sohrewardi gehöre zu den ›Schoubije‹. Es ist die Bezeichnung einer nationalen Bewegung persischer Intellektueller, welche die Unterjochung Persiens durch die Araber bekämpfen. Ihr erklärtes Ziel ist, durch die Einführung und Wiederbelebung einer rein persischen Sprache und der Philosophie Sartoschts die islamische Philosophie in Persien zurückzudrängen und eine persische philosophische Selbstständigkeit

[92] Sohrewardi, Schahabeddin Yahya: *Hekmat ol Eshragh* [Philosophie der Erleuchtung], 2004, S. 19. Vgl. auch die deutsche Übersetzung unter Al-Suhrawardi: *Philosophie der Erleuchtung* [Hikmat al-ishraq], 2011.

herbeizuführen. Der ägyptische Philosoph Muhammad Ali Abu Ru'yan kritisiert Sohrewardi und meint, er bediene sich hauptsächlich einer altpersischen Terminologie und sei daher den ›Schoubije‹ zuzurechnen.[93]

Seit Jahren wird darüber geforscht, ob diese Unterstellungen mit der Ermordung Sohrewardis zu tun haben könnten. Der iranische Gegenwartsphilosoph Gholamhossein Ebrahimi Dinani führt in einer detaillierten Studie in die Philosophie Sohrewardis ein und untersucht die Problematik der ›Schoubije‹. Er weist nach, dass Sohrewardi die altpersische Philosophie und Terminologie, wie viele andere iranische Gelehrte auch, verwendet, aber zugleich bemüht ist, die Philosophie der Erleuchtung mit dem islamischen Begriff der ›Vernunft‹ und ›Intuition‹ zu verbinden.

Sohrewardi eine Zugehörigkeit zur ›Schoubije‹ vorzuwerfen, ist historisch inadäquat.[94] Als ein Philosoph der Tat steht er jenseits aller Spekulationen und verfasst seine Abhandlungen, wie alle anderen persischen Philosophen, teils in arabisch und teils in persisch, um beiden Sprachgemeinschaften gerecht zu werden. Er ist ein Philosoph islamischer Prägung, der auf einem transpersonalen Bewusstsein die Einheit des Kosmos sucht.

Ausgewählte Werke:

– *Resaleje Oqoul* [Über die Formen der Vernunft].

– *Kitab hikmat al-ishraq* [Philosophie der Erleuchtung].

---

[93] Vgl. Abu Ru'yan, Muhammad Ali: *Tarikh al fekr al falsafi al islam* [Geschichte des philosophischen Denkens im Islam], 1980, S. 433.

[94] Über die ›Schoubije‹ vgl. Dinani, Gholamhossein Ebrahimi: *Schoae andishe wa schohud* [Intuition und das Leuchten des Denkens], 1990, S. 477 ff.

1.13 Khage Nasireddin Tousi und die optische Astronomie

Khage Nasireddin Tousi (andere Schreibweisen: At-Tusi, Tusi, Toosi, Toussi), genannt Tousi (1201-1274), ist in Persien geboren. Das 13. Jahrhundert, die Zeit seiner Geburt, gehört zu den schwierigsten Zeiten der persischen Geschichte. In dieser Zeit wird Persien von Hulagu Khan (1217-1265), dem Enkel von Dschingis Khan (1167-1227), dem Begründer der mogul-tatarischen Dynastie der Ilkhane von Persien, überfallen. Dort regiert er von 1265 bis 1349. Nicht nur Persien ist das Ziel der Invasion von Hulagu Khan, sondern auch weite Teile des gesamten islamischen Territoriums, Asiens und Osteuropas. Er verhält sich menschenverachtend gegenüber den unterworfenen Völkern. Ihm gelingt es 1256 in kürzester Zeit, Persien in Schutt und Asche zu legen.[95]

Hulagu Khan lässt alle Bibliotheken des Landes und vor allem die große Bibliothek in der ismailitischen Alamud-Festung in Brand setzen, um die Kultur Persiens zu vernichten. Eine Folge seiner Invasion ist die Flucht der Intellektuellen in die umliegenden, noch nicht von ihm eroberten Länder. Nur durch die Intervention einiger Gelehrter lässt er sich dazu bewegen, wenige wichtige Bücher zu verschonen. 1258 plündert er Bagdad, eines der wissenschaftlichen Zentren der islamischen Welt. Die Wissenschaft kommt in der Zeit in Persien und den islamischen Territorien beinahe zum Erliegen.

In dieser ereignisreichen und von Krieg geprägten Zeit wirkt Tousi. Wie durch ein Wunder erlangt jener leidenschaftliche Wissenschaftler das Ansehen von Hulagu Khan. Er erlaubt ihm, in Maraghe, in der persischen Provinz Asarbaidjan, eine Sternwarte zu errichten. Der Bau dieser Sternwarte, die noch heute zu bewundern ist, erstreckt sich über die gesamte Lebenszeit von Tousi.

Schon in jungen Jahren beginnt Tousi in der Stadt Hamedan sein Studium in islamischer Rechtswissenschaft, Logik, Philosophie und Mathematik, Astronomie sowie Medizin. Weil er früh den Vater verliert, vertieft er sich in die Studien und unternimmt weite Reisen, um renommierte Wissenschaftler zu treffen. In Monsul vertieft er sein Wissen in Mathematik und Astronomie und ist einer der Ersten, die die Trigonometrie als eigene Wissenschaft unabhängig von der Mathematik beschreiben. Durch die Zusammenarbeit mit Hulagu Khan ist er an dem Bau des Observatoriums Rasad-e Khan mitbeteiligt. Tousi nimmt an Feldzügen von Hulagu Khan teil und wird im späteren Verlauf enger Berater des Khans.

Tousi verarbeitet seine Erkenntnisse zu Planetentafeln und verfasst das Werk ›Zidsch-Ilkhani‹, ›Tafel der Ilkhane‹, ›astronomische Tabellen‹, in dem er sich der Position der Sterne und Planeten zuwendet. In diesem Buch thematisiert er, neben der Sternkunde, geschichtliche Überlegungen, Horoskopkunde und den Umlauf der Himmelskörper. Ein anderer naturwissenschaftlich relevanter Bereich im Denken Tousis ist die Geometrie. Hier siedelt er die Trigonometrie außerhalb der Mathematik als einen unabhängigen Bereich an.

---

[95] Über Tousi vgl. Braunmühl, Anton von: *Nassir Eddin Tusi und Regiomontan,* 1897 und Dinani, Gholamhossein Ebrahimi: *Khage Nasireddin Tousi. Filsofe Goftegou* [Khage Nasireddin Tousi. Philosoph des Dialogs], 2005.

Mit seinen astronomischen Berechnungen greift Tousi, wie auch sein Vorgänger Biruni, den späteren Erkenntnissen eines Nikolaus Kopernikus (1473-1543) vor, auch wenn dieser sich nicht auf beide beruft. Erstaunlicherweise stützt sich Kopernikus bei der Erarbeitung seines Modells der Planetenbewegungen aber auf die Methode der sogenannten Tousi-Paare, die eine oszillierende Linearbewegung durch die Überlagerung zweier Kreisbewegungen demonstriert. Kopernikus wendet diese Methode Tousis unter anderem für die Behandlung der Trepidation an, einer im Mittelalter irrtümlich angenommenen Oszillation der Äquinoktien.

Nach Tousis Auffassung bringt uns erlerntes Wissen Glück in der jenseitigen Welt. Er begeistert sich für die Lehren des Sufismus, stimmt allerdings nicht mit den großen Sufi-Meistern seiner Zeit überein, woraufhin er seine eigene sufische Lehre ausarbeitet.

Im Zentrum von Tousis Philosophie steht die Vernunft, welche im menschlichen Leben unterschiedlich zum Tragen kommt. Seine Überlegungen sind in seinem Werk ›Tadjrid dol arajed‹, ›Philosophische Abstraktionen‹, niedergelegt. Zu Beginn dieses Werkes hebt er hervor: »Stets war ich bemüht, dieses Buch methodisch und systematisch stringent zu konzipieren. Entfaltet habe ich hier Überlegungen, die mir mit zureichenden Gründen plausibel erscheinen.«[96]

In ›Tadjrid dol arajed‹ diskutiert Tousi die historischen und bestehenden philosophischen Reflexionen und unterzieht sie einer kritischen Revision. Darüber hinaus ist er bestrebt, eine Annäherung zwischen der peripatetischen, also der aristotelischen Schule, und der schiitischen Kalam herbeizuführen. Mit diesem Versuch bringt er den schiitischen Kalam auf die höchste Ebene der Rationalität. Hier misst Tousi der Vernunft, im Gegensatz zu Ghazali, bei der Entscheidungs- und Wahrheitsfindung eine dominierende Bedeutung bei. Dabei erweist er sich als ein Philosoph des Dialogs, weil er einen Dialog mit anderen philosophischen Lehren aus Geschichte und Gegenwart anstrebt. Er ist derjenige Philosoph, der das Verstehen-Wollen und Verstanden-Werden-Wollen des Eigenen und des Anderen zusammendenkt.

Philosophisch ist Tousi von Ibn Sina beeinflusst, ohne dessen Philosophie unkritisch zu übernehmen. Wie Ibn Sina sieht er in Gottes Existenz, die er als absolute Notwendigkeit bezeichnet, alle möglichen Seienden in ihrer Pluralität vereint. Dies hängt damit zusammen,

[96] Tousi, Khage Nasireddin: *Tadjrid dol arajed*, [Philosophische Abstraktionen], 1994, S. 5.

dass er aufgrund seiner monotheistischen Überzeugung alles in Gott integriert sieht, ohne dies im Sinne Ibn Sinas als Kausalität zu betrachten. Gott ist für Tousi der Ursprung und Schöpfer der Kausalität und damit alles Seienden. Wie das Gottesbild Tousis zeigt, wird auch in der islamischen Philosophie die Existenz eines Urhebers, eines Gottes, als erkenntnistheoretischer Rationalitätsmaßstab angenommen, um die Welt durchbuchstabieren zu können.

Auf dieser Erkenntnismethode baut Tousi seine Ethik auf, die in der islamischen Philosophie große Beachtung findet. Im Zentrum der Ethik Tousis steht der koranische Ausdruck ›Saadat‹, ›Glückseligkeit‹ bzw. ›ewige Glückseligkeit‹, und ›Edalat‹, ›Gerechtigkeit‹, wobei letztere als Vorstufe zur Liebe zu betrachten ist. Liebe bedeutet Einswerdung und der Weg zu ihr ist Gerechtigkeit, ohne Ansehen der Person.

Unter dem Eindruck der Ethiktheorien Ghazalis, Farabis, Ibn Sinas und vor allem Miskawayhs arbeitet Tousi seinen Ansatz über das Wesen der Moral in seinem Werk ›Akhlaq-e Naseri‹, der ›Naserischen Ethik‹, aus.[97] Dieses Werk ist dem Statthalter von Qahestan, Nasir al-Din Abd ar-Rahim ben Abu Mansur, gewidmet. Deshalb der Titel ›Naserische Ethik‹. Dieses Buch konzipiert Tousi als eine weiterführende Antwort auf ›Tahdhib al-akhlaq‹, also auf ›Die Grundlagen der Moral‹.

Tousis kompensatorische Theorie umfasst vier Komponenten: Gerechtigkeit, Enthaltsamkeit, Tapferkeit und Weisheit. Tousi geht es um die Bestimmung von Funktion und Rolle des Einzelnen und ihre Wechselbeziehung in Gemeinschaft und Gesellschaft. Erkenntnisleitend ist für seine Ethik der Satz: »Wenn Menschen gleich wären, so würden sie allesamt zugrunde gehen.«[98] Dies ist ein Grund, warum seine Ethik eine Ethik ohne Ansehen der Person und damit pluralistisch angelegt ist. Sie ist eine moralphilosophische Grundlegung, die wir in der aristotelischen Ethik so nicht finden, sondern erst wieder Jahrhunderte später in der Moralphilosophie eines Kant. Weil er Menschen als soziale Wesen begreift, hält er die ethische Entfaltung und Vervollkommnung allein in der Gemeinschaft und Gesellschaft, immer in Bezug auf andere Menschen, für geboten.

---

97 Vgl. Tousi, Khage Nasireddin: *Akhlaq-e Naseri* [Über das Wesen der Moral], 1996.

98 Tousi, Khage Nasireddin: *Akhlaq-e Naseri* [Über das Wesen der Moral], 1996, S. 195.

Das hängt damit zusammen, dass Tousi Wünsche und Bedürfnisse der Einzelnen stets vor Augen hat. Um in Gemeinschaft und Gesellschaft ein harmonisches Miteinander zu gewährleisten, geht er von einer dialogischen Anthropologie aus. Hier setzt er die Selbsterkenntnis für das Verstehen des Anderen voraus. Er verfolgt nicht das Ziel, eine Individualethik oder eine islamspezifische Konzeption der Ethik zu entwerfen, sondern vielmehr die Realisierung von ›Bordbari‹, also von Toleranz zwischen den Menschen.

Ausgewählte Werke:

— *Awsaf al-Ashraf* [Beschreibung der Heiligen].

— *Zidsch-Ilkhani* [Tafel der Ilkhane].

1.14 Ghotbeddin Schirazi und die Revision der ptolemäischen Planetenbewegungen

Ghotbeddin Schirazi (andere Schreibweisen: Qutb al-Din, Ghotb Al Din, Quṭb ad-Dīn, as-Sirazi), genannt Schirazi (1236-1311), gehört zu den führenden Philosophen und Naturwissenschaftlern der Zeitenwende vom 13. zum 14. Jahrhundert. Er betreibt Philosophie und Naturwissenschaften parallel und nimmt somit eine Sonderstellung in diesem epochalen Übergang ein. Dabei arbeitet er die bereits vorhandenen Erkenntnisse in sein Wissenschaftssystem ein. In dieser Hochphase der Reconquista verlieren die Araber Córdoba, und der

Stauferkaiser Friedrich II. (1194-1250) beginnt den vergeblichen Kampf gegen die lombardischen Städte.[99]

Schirazi entstammt einer Familie, aus der viele islamische Mystiker hervorgegangen sind und so zeigt auch er Interesse am Sufismus. Er studiert Astronomie, Physik, Medizin und Mathematik. Schirazi ist ein Wissenschaftler, dessen Einfluss von seinem Geburtsort Schiraz, daher sein Name, bis Anatolien und Syrien reicht. Schirazi erlangt Bekanntheit, indem er mit seinem Lehrer Tousi Kritiken zum Almagest, eine Schrift des Ptolemäus, verfasst. Almagest beruht auf dem geozentrischen Weltbild Ptolemäus' und seinen astronomischen Details.

In seiner Schrift ›Nihayat al-idrak fi dirayat al-aflak‹ (1281), ›Die Grenzen der Durchdringung des Wissens über den Himmel‹, bewertet Schirazi, wie sein Lehrer Tousi, die gleichförmigen bzw. kreisförmigen Bewegungen des ptolemäischen Modells der Planetenbewegungen als unzulänglich.[100]

Schirazis Kritik bezieht sich darauf, dass Planetenbewegungen nicht gleichförmig sind. Seine Berechnung beruht auf der Kosinus-Schwingung, mit der sich die Überlagerung zweier gegenläufiger gleichförmiger Kreisbewegungen und damit die Umlaufbahnen der Planeten exakter berechnen lassen. Mit dieser einzigartigen Entdeckung gelingt es Schirazi, eine Approximation für die Bewegung des Epizyklenzentrums für den Planeten Merkur zu berechnen.

Darüber hinaus führt Schirazi die optischen Versuche des Ibn Haisam zur Lichtbrechung und Lichtreflexion fort. Ihm gelingt es, über die bisherigen Erkenntnisse hinaus, eine Erklärung für den Aufbau des Regenbogens zu formulieren, die noch heute Gültigkeit besitzt. Neben Astronomie und Physik beschäftigt sich Schirazi auch mit der Medizin und Mathematik.

Im Zentrum des philosophischen System Schirazis steht die Vernunft. Aufgrund seiner naturwissenschaftlichen Prägung bringt er philosophische Fragestellungen methodologisch zusammen. Insofern ist seine Philosophie rationalistisch mit einem empirischen Charakter. Schirazis Philosophie ist beeinflusst von Ibn Sina, Sohrewardi und

---

99 Über Schirazi vgl. Wiedemann, Eilhard: *Zu den optischen Kenntnissen von Qutb al Din Al Schirazi,* 1911 und ders. *Über die Gestalt, Lage und Bewegung der Erde sowie philosophisch-astronomische Betrachtungen von Qutb al Din al Schirazi,* 1912.

100 Vgl. Schirazi, Ghotbeddin: *Nihayat al-idrak fi dirayat al-aflak* [Die Grenzen der Durchdringung des Wissens über den Himmel], 1980.

vor allem Molla Sadra. Selbiges gilt auch für seine Überlegungen zur Ethik. Wie die anderen Philosophen geht auch er von einer theoretischen und praktischen Philosophie aus. Während sich theoretische Philosophie mit der Frage nach dem Seienden in der kosmischen Natur beschäftigt und verschiedene Theorien im Kontext der Geschichtsschreibung miteinander in Verbindung bringt, verfolgt die praktische Philosophie das Ziel, Begründungen für unsere Handlungen zu liefern.

Beide philosophischen Bereiche haben eine anthropologische Verankerung. Insofern beschäftigen sie sich mit der Welt und ihrer Erkennbarkeit, während die praktische Art derselben die Stellung des Menschen darin untersucht.

Ausgewählte Werke:

– *Durrat al-tag li-Gurrat ad-dibag* [Perlenkrone].
– *Nihayat al-idrak fi dirayat al-aflak* [Dependenzgrenzen des Wissens über dem Himmel].

2. Mehrdimensionale Übergangsphase (14. bis 19. Jahrhundert)

Die Darstellung der Gründungs- und der ersten Blütephase macht deutlich, dass die Entwicklung der Philosophie der islamischen Welt von ihren Anfängen her darauf ausgerichtet ist, neue Wege zu suchen, um die gesellschaftlichen Verhältnisse zu bessern und einen angemessenen Platz im Weltkontext zu erringen. Es handelt sich um eine theoretische wie praktische Philosophie der Tat. Hier werden geistes- bzw. naturwissenschaftliche Dimensionen entfaltet, auf welche die späteren Generationen zurückgreifen und diese gemäß der Erfordernisse ihres Weltalters aufbauen. Dies manifestiert die multidimensionale Übergangsphase vom 14. bis zum Ende des 19. und teilweise Anfang des 20. Jahrhunderts. Jenes Zeitalter wird von Ibn Khaldun mit der Einführung des Prinzips ›Assabija‹, also ›Solidarität‹, eingeleitet.

In Europa überschlagen sich zu jener Zeitenwende am Ende des 15. Jahrhunderts die Ereignisse. Die Araber verlieren mit dem Königreich Granada ihren letzten Stützpunkt auf der Iberischen Halbinsel. Spanien steigt jetzt zur Großmacht auf. Im Auftrag Karls V. (1643-1690) wird das von Christoph Kolumbus (1451-1506) entdeckte Amerika weitgehend der spanischen Krone unterworfen. Es kommt zur Verfolgung, fast zur Ausrottung der Urbevölkerung.

Das Leben ändert sich durch eine Reihe von Entdeckungen. Johannes Gutenberg (1400-1468) erfindet den Buchdruck, Martin Luther (1483-1546) schlägt seine 95 Thesen an die Kirchentüre zu Wittenberg und wird Professor der Theologie an der dort neu gegründeten Universität. Die Spaltung der römisch-katholischen Kirche nimmt ihren Lauf. Erasmus von Rotterdam (1466-1536) verfasst sein ›Handbuch des christlichen Streiters‹. Nachdem ein Dominikaner 1486 den ›Hexenhammer‹ veröffentlicht, beginnen Hexenverfolgungen in großem Stil. Galilei erfindet die hydrostatische Waage, einen Tauchdichtemesser und erhält in Pisa den Lehrstuhl für Mathematik.

Die Zeit zwischen dem 15. und 16. Jahrhundert ist auch für Persien eine schicksalhafte Zeit. Das Land erlebt den bereits erwähnten mongolischen Einbruch, der mit dem europäischen 30-jährigen Krieg vergleichbar ist. Das Territorium ist zerrissen unter der mongolischen Fremdherrschaft, welche das Land zunächst in Schutt und Asche legen lässt. Es ist historisch dokumentiert, dass die Überfälle der Mongolen der Wissenschaft, Wirtschaft, Kultur und Kunst großen Schaden zufügen, wobei sie sich jedoch später für deren Wiederherstellung

Schule von Esfehan

einsetzen. Auch tragen interne Auseinandersetzungen innerhalb des Reiches zum allgemeinen Stillstand bei.

Diese unruhige Zeit findet erst Anfang des 16. Jahrhunderts ein Ende, als die sunnitischen Seldschuken von schiitischen Safawiden abgelöst werden. Durch die Hilfe der aus dem schiitischen Sufi-Orden der Safawiyye hervorgegangenen Qezelbash-Bewegung gelangt Schah Ismail I. (1487-1524) an die Macht und führt in seiner Regierungszeit von 1501 bis 1522 Reformen durch. Der schiitische Islam wird zur Staatsreligion in Persien, was die staatliche Einheit fördert und dem Land eine neue Identität verleiht. Die Safawiden bauen neue Ausbildungsstätten auf und fördern Philosophie, Wissenschaft und Kunst.[1]

Gegen Ende des 16. Jahrhunderts entsteht in Esfehan ein wissenschaftliches Zentrum, das im 20. Jahrhundert den Namen ›Schule von Esfehan‹ erhält, eine Bezeichnung, die auf Seyyed Hossein Nasr (*1933) zurückgeht. Später folgten weitere Schulen in Schiraz und Tehran. Das folgende Bild zeigt die Schule von Esfehan, die verschiedene philosophische Generationen vor und nach ihrer eigenen Wirkungszeit umfasst. Insofern zeichnet diese bildliche Darstellung eine philosophische Galerie islamischer Schulen nach, von den Anfängen des islamischen Denkens bis in die Gegenwart. In der Mitte stehen Mir Damad und Molla Sadra. Während Mir Damad mit seinem Zeigefinger auf die Himmelfahrt des Geistes verweist, verbindet Molla Sadra das irdische Leben mit der transzendenten Welt. Auf der Treppe vor ihnen sitzt ihr Vorgänger Sohrewardi:

Das Bild demonstriert die Schubkraft dieser generationenübergreifenden Schule, die dem Denken im Orient neue Impulse zu verleihen vermag. In der Schule von Esfehan, die von dem Philosophen Mir Damad gegründet und geleitet wird, fließen nicht nur philosophische, theologische und mystische Richtungen zusammen, sondern auch die von Widersachern der Philosophie.

Zur Mir Damads Schülerschaft gehören vor allem Molla Sadra und Faiz Kaschani (1598-1680), Bahauddin Amili (1547-1621) und Mir Abol-Qasim Findiriski, genannt Mir Findiriski (1560-1640), die zugleich Hauptfiguren seines Wirkungskreises sind.

Die philosophischen Aktivitäten der Schule von Esfehan überdauern die Zeit von ihrer Gründung bis in die 1960er Jahre. Man lehrt Philosophien von Molla Sadra, Faiz Kaschani sowie von Sabzewari.

---

[1] Nach dem Tod des Schah Ismail I. übernimmt sein Sohn Tahmaseb I. (1514-1576) die Macht.

Die letzten Leiter dieser Schule sind Molla Mohammad Kaschani (1828-1912) und Hadj Aqa Rahim Arbab (1881-1977).

Seither sind einige vergebliche Versuche zur Wiederbelebung unternommen worden. Die Aktivitäten der Schule von Esfehan wurden übernommen von den Theologen und Philosophen der Qomer Schule, die in Westasien (Nahen Osten) großes Ansehen genießt und von vielen ausländischen Studierenden besucht wird.

2.1 Ibn Khaldun und das Prinzip ›Solidarität‹

Abdul Rahman Ibn Muhammad Ibn Khaldun al-Hadrami (andere Schreibweisen: Ibn Chaldun, bin Chaldun), genannt Ibn Khaldun (1332-1406), ist in Tunis geboren. Kurz vor seiner Geburt gehen die Kreuzzüge zu Ende, die 1096 ihren Anfang nahmen und etwa 200 Jahre dauerten. Mit der Schlacht von Akkon im Jahre 1291 erfolgt die endgültige Vertreibung der Kreuzfahrer aus dem Orient.[2]

---

[2] Übr Ibn Khaldun vgl. Assaf, Emam: *Ibn-Haldun in Ägypten,* 1993 und Kemmerich, Max: *Leben und Denken des Ibn Khaldun,* 1994.

Neben diesem Erfolg droht aber, ein halbes Jahrtausend nach der Gründung Bagdads, die Blütezeit der islamischen Kultur zu Ende zu gehen. 1258 verwüsten die Mongolen auch Bagdad, zerstören das ›Haus der Weisheit‹ und die Bibliotheken. Über Jahrzehnte breitet sich Unruhe und Destabilisierung in allen islamischen Kulturräumen aus.

Diese Ereignisse prägen Ibn Khalduns Denken. Bewusst erlebt er die Zerfallserscheinungen und die innere Zerrissenheit des Staates aus Mangel an Infrastruktur und wirksamen Institutionen mit und sucht nach einem Weg, um der Gefahr des Zerfalls entgegenzuwirken. Er beteiligt sich aktiv an der Gestaltung seines Zeitalters mit dem Ziel, die individuellen Egoismen als ein Grundübel des menschlichen Miteinanders in ›Assabiyya‹, ›Gruppensolidarität‹ zu überführen, um letztlich die islamische Welt gründlich zu erneuern.

Dieses Bedürfnis bildet die Grundlage seines umfangreichen Werkes, ein geistes- und mentalitätsgeschichtlich einzigartiges Werk, das noch heute kaum an Aktualität eingebüßt hat. Seine Ansichten von gesellschaftlichen und sozialen Strukturen machen Ibn Khaldun zu einem Vordenker einer wissenschaftlichen Soziologie.

Ibn Khaldun führt das philosophisch und theologisch geprägte Werk Ghazalis auf einer soziologischen Ebene weiter. Denn beide sind Zeugen einer von Kriegen und blutigen Auseinandersetzungen unter muslimischen Glaubensbrüdern gekennzeichneten Zeit. Wollte Ghazali mit seinem Freundschaftsbegriff eine Einheit im Orient herbeiführen, so entwirft Ibn Khaldun Konzepte, um einen fortschrittlichen Orient auf der Grundlage eigener Zivilisation zu etablieren. Er erkennt, dass in Wohlstand und Solidarität der Schlüssel zu dauerhaftem Frieden liegt.

Nach seiner Ausbildung macht ein hafsidischer Sultan Ibn Khaldun zu seinem Sekretär. Nebenbei führt er das Richteramt aus, wobei er sich einen Namen macht als ein akkurat handelnder Richter, der sich stets gegen Korruption und illegale Aktivitäten im Staat einsetzt. Weil er den Herrscher und seinen Arbeitgeber kritisiert, kommt er für 22 Monate ins Gefängnis. Erst nach dem Tod des Herrschers wird er von dessen Sohn freigelassen und zum Staatssekretär ernannt. Durch erneuten Herrscherwechsel verliert er wiederum sein Amt, was ihn dazu bringt, nach Granada umzusiedeln. Er hinterlässt nur wenige Werke, die aus den Bereichen der Theologie, speziell dem Sufismus und aus dem Studium der Logik stammen.

Das zentrale Thema von Ibn Khalduns mehrbändigen und in der deutschen Übersetzung in einem Band zusammengefassten Werkes

›Muqaddima‹ ist die Darstellung und Analyse zur Natur der Kultur und ihrer Erscheinungen unter besonderer Berücksichtigung kultursoziologischer und sozialpsychologischer Dimensionen, verbunden mit einem angemessenen Lösungsvorschlag. Dieses Werk umfasst sechs Kapitel mit einer Reihe von Beispielen aus den islamischen Kulturräumen, die sein Anliegen dem Leser deutlich vor Augen führen.

In der Einleitung thematisiert Ibn Khaldun die Vorzüglichkeit der Geschichtswissenschaft, die Festlegung ihrer Methoden, Hinweise auf die Irrtümer und Fehlauffassungen, die den Geschichtsschreibern unterlaufen können und die Nennung einiger Gründe. Die Historiographie ist für ihn der wichtigste Wissenschaftszweig, weil darin unsere Kultur-, Religions- und Zivilisationsgeschichte enthalten sei. Hier stellt er fest, dass Geschichtsschreibung »eine Disziplin mit einer beträchtlichen Anzahl von Verfahrensweisen ist, von vielfältigem Nutzen und nobler Zielsetzung. Sie belehrt uns nämlich darüber, wie es sich mit den Völkern vergangener Zeiten, ihren charakteristischen Merkmalen, den Propheten und ihren Lebensläufen sowie den Herrschern, ihren Dynastien und der Staatsführung verhält.«[3]

Ein zentraler Begriff in Ibn Khalduns umfassender Geschichts- und Kulturphilosophie sowie Gesellschafts-, Kultur- und Zivilisationstheorie ist ›Assabiyya‹, ›Gemeinsinn‹, was auch mit auch ›Gruppensolidarität‹ übersetzt werden kann. Für ihn ist es als ein Philosoph der Tat gerade ›Assabiyya‹, die eine Kultur, eine Religion, eine Gemeinschaft, eine Dynastie oder einen Staat zusammenhält und die zum Erreichen gemeinsamer Ziele eine Notwendigkeit ist. Solche Gruppensolidarität ist für ihn ohne Erkenntnis ihrer Notwendigkeit kaum möglich. Dabei geht er von einem Geschichtsbegriff aus, der seiner Zeit weit vorausgeht. Deshalb stellt er in einem weiteren Schritt fest, was der eigentliche Sinn und die Funktion der Geschichte ist: »Aussagen über die menschliche Gesellschaft, welche die Kultur der gesamten Welt ausmacht, und über die Zustände, die dem Wesen dieser Kultur anhaften.« Für ihn umfasst dies »das zivilisierte Leben, die Gruppensolidaritäten, sowie Aussagen über die Art und Weise, wie die Menschen die Oberhand übereinander gewinnen, und über die Herrschaft, die Dynastien und deren Rangstufen, die daraus erwachsen, über die Beschäftigung und Bemühungen zu Erwerb und Lebens-

3 Ibn Khaldun: *Die Muqaddima*, 2011, S. 81.

unterhalt, dem sich die Menschen widmen, sowie über die Wissenschaften und Handwerke und üblichen Beschäftigungen.«[4]

Sein Bestreben ist darauf hinzuwirken, dass eine kritische Prüfung der Umstände »durch Kenntnis« der besonderen »Eigenarten der Kultur«[5] geschieht. Solches sei die beste Methode bei der Prüfung und Unterscheidung zwischen Wahrheit und Unwahrheit. Sie sei der Prüfung vorzuziehen, die mit Hilfe der Charakterkritik der Überlieferer erfolge. Auf diesen Kriterien, die für seine Untersuchungen grundlegend sind, baut er sein geschichtswissenschaftliches System auf.

Im *ersten* Kapitel führt er in die menschliche Kultur im Allgemeinen ein und stellt fest, dass der Mensch Kultur hervorbringt, von der er selbst beeinflusst wird.

Thema des *zweiten* Kapitels sind die beduinischen Völker und ihre Lebensbedingungen. Er beschreibt, dass gerade die Wüste Grundlage und Quelle von Kultur und Städten darstellt, aufgrund der Notwendigkeit, an einer Wasserquelle sesshaft zu werden. Ihm geht es um die Vorzüge einer sesshaften Lebensführung, in der er die Grundlage einer Wohlstandsgesellschaft sieht.

Thema des *dritten* Kapitels ist die analysierende Darstellung von Herrscherdynastien, Kalifat und der notwendigen Regierungshierarchie. Ibn Khaldun führt vor Augen wie diese Institutionen zusammenhängen. Hier stellt er fest, dass bei all diesen Kategorien eine Gruppensolidarität grundlegend ist: »Offensive und defensive Stärke kann es nur durch Gruppensolidarität geben, das heißt, durch gegenseitige Zuneigung und die Bereitschaft, füreinander zu kämpfen und zu sterben.« Er hebt vorausschauend hervor, dass diese Solidarität »beim Kampf um die Herrschaft eine herausragende Rolle«[6] spielt. Auch Religion könne sonst keine Wurzeln fassen. Ibn Khaldun erblickt in einer gut funktionierenden Staatsverwaltung die notwendigen und institutionalisierten Grundlagen einer Gesellschaft.

Jene Erkenntnisse bilden die Basis seiner Überlegungen zur sesshaften Kultur im *vierten* Kapitel. In einer gut funktionierenden Dynastie sieht Ibn Khaldun die optimale Form einer Herrschaft, welche auf die Niederlassung in Metropolen hinausläuft. Eine solche Institutionalisierung ist in der Tat die Bedingung für die Entfaltung der Künste und Wissenschaften.

---

[4] Ebenda, S. 98.
[5] Ebenda, S. 102.
[6] Ebenda, S. 179.

Im *fünften* Kapitel geht Ibn Khaldun systematisch mit zahlreichen Beispielen auf die Funktionen solcher Institutionen innerhalb einer sesshaften Kultur ein. Dabei preist er sowohl die Vorzüge der Landwirtschaft als auch die des Handwerkes und des Händlertums.

Um seinem kultur- und zivilisationslebensnotwendigen Ansatz einen klaren Rahmen zu verleihen, stellt er im *sechsten* und letzten Kapitel von ›Muqaddima‹ die Einteilung der Wissenschaften vor. Charakteristisch für seine gesamte Anthropologie ist die Feststellung: Der Mensch zeichnet sich gegenüber allen übrigen Wesen dadurch aus, dass er denkt und die Welt denkend wahrnimmt.

Ibn Khaldun unterteilt das Denken in drei verschiedene Arten: *Erstens* planendes und ordnendes Denken. Diese Denkform stelle dem Menschen Instrumente zur Verfügung, aus denen er bewusst seinen Nutzen ziehen kann. Er nennt es ›unterscheidender Verstand‹. *Zweitens* leitendes Denken, mit dem Meinungen und Verhaltensweisen beim Umgang mit den Mitmenschen zum Einsatz kommen. Dies nennt er ›Erfahrungsverstand‹. *Drittens* hypothetisches Denken, welches dazu beiträgt, Entscheidungen zu treffen, die bei der Berücksichtigung bestimmter Situationen zum Erfolg oder Misserfolg führen. Das bezeichnet er als ›spekulativer Verstand‹.

Als Endziel des Denkprozesses stellt sich Ibn Khaldun die Existenz vor, wie sie wirklich ist, mit verschiedenen Gattungen, Unterschieden und Ursachen. In diesem Prozess vervollkommnet sich das Denken in seiner Wirklichkeit und wird zu einem »reinen Verstand und letztlich zu einer erfassungsfähigen Seele. Dies ist der Sinn der menschlichen Wirklichkeit.«[7] Die Entwicklung und Einteilung der Wissenschaften hängt für Ibn Khaldun mit dem Komplexitätsgrad der Kultur zusammen: »Wissenschaften sind vielfältig, wo die Kultur vielfältig ist und die Sesshaftigkeit vorherrscht.«[8]

Ibn Khaldun unterscheidet zwischen den aktuellen philosophischen Wissenschaften, den überlieferten und den koranischen Wissenschaften. Erstere beschäftigen sich mit dem reinen Denken und entwickeln Methodologien, während sich die überlieferten Wissenschaften mit historischen Aussagen auseinandersetzen. Die koranischen Wissenschaften befassen sich mit der Exegese der Heiligen Schrift und den damit verbundenen Lesarten. Für ihn gibt es keine offizielle Lesart der Heiligen Schrift, sondern deren mehrere, die einen Ausdruck von Meinungspluralismus darstellen.

---

7 Ebenda, S. 403 ff.
8 Ebenda, S. 420.

Anschließend unterteilt Ibn Khaldun Wissenschaft in Theologie, Sufik, Traumdeutung, Medizin, Landwirtschaft und Alchemie. Von Bedeutung sind hier die rationalen Wissenschaften und ihre verschiedenen Arten, die er diskutiert: »Was die rationalen Wissenschaften betrifft, die dem Menschen von Natur aus zugehören, insofern er ein denkendes Wesen ist, so sind sie nicht speziell auf eine Religionsgemeinschaft beschränkt. [...] Sie sind bei der Gattung Mensch vorhanden, seit es eine Kultur in der erschaffenen Welt gibt. Sie werden die Wissenschaften der Philosophie und der Weltweisheit genannt und setzten sich aus vier Wissenschaften zusammen.«[9]

Zu diesen Wissenschaften gehören nach Ibn Khaldun Logik, Geometrie, Arithmetik und Astronomie. Bei dieser Einteilung der Wissenschaften bringt er sein pragmatisches Wissenschafts- und Philosophieverständnis zum Ausdruck. Er weist jede Auffassung von Philosophie als ›strenge Wissenschaft‹ zurück, weil sie stets an Personen gebunden sei, die in unterschiedlichen Lebenswelten involviert sind, welche nicht immer rational erfass- und begründbar sind. Die ›Muqaddima‹ ist eine Enzyklopädie der Soziologie und der Humanwissenschaften.

Diejenigen Philosophien hält Ibn Khaldun für unbrauchbar, »die glauben, dass die ganze Welt das mit den Sinnen Erfassbare und das darüber Hinausgehende, durch Spekulation und intellektuelle Argumentation begriffen werden kann.«[10]

Mit seinen Gedanken greift Ibn Khaldun Überlegungen vor, die noch heute virulent sind und mit dem Begriff ›Positivismusstreit‹ bezeichnet werden. Ihm gelingt es, den Standort der Menschen innerhalb der hervorgebrachten Kulturen und Zivilisationen neu zu definieren und der festgefahrenen Gesellschafts- und Bewusstseinsstruktur der Moslems neue Impulse zu geben.

Ausgewählte Werke:

— *Al-Muqaddima* [Die Muqaddima].

— *Kitab al-ibar wa diwan al-mubtada wa l-chabar fi ayyam al-arab wa l-adscham wa l-barbar wa man asarahum min dawi as-sultan al-akbar* [Buch der Hinweise, Aufzeichnung der Anfänge und Ereignisse aus den Tagen der Araber, Perser und Berber und denen ihrer Zeitgenossen, die große Macht besaßen].

9 Ebenda, S. 446.

10 Ebenda, S. 472.

2.2 Mir Damad und das Mensch-Kosmos-Verhältnis

Mir Mohammad Baqer Esterabadi (andere Schreibweise: Mirdamad), genannt Mir Damad (1561-1630), ist in Persien geboren. Von seinen Schülern wird er nach Aristoteles und Farabi als ›dritter Lehrer‹ angesehen. Auch hier ist zu beachten, dass es sich nicht um einen Kommentator der vorhandenen Wissensvorräte handelt. Mir Damad ist der Begründer einer neuen Schule des Denkens, die eine ganze Generation prägt.

Mir Damad beherrscht neben Logik und Weisheitslehre auch Bereiche der Gnosis und der islamischen Rechtswissenschaften. Er gilt als Gründer des größten Zusammenschlusses von Wissenschaftlern in dieser Zeit, der später als die ›Schule von Esfehan‹ in die Geschichte eingeht. Die Philosophen dieser Schule gehören unterschiedlichen philosophischen, theologischen und mystischen Richtungen an und bereichern sich mit ihren Erkenntnissen gegenseitig. Die Erkenntnisse fußen auf drei Erkenntniswegen: ›wahy‹, Offenbarung, ›aql‹, Vernunft, und ›kaschf‹, mystische Enthüllung.[11]

In Europa herrschen zu dieser Zeit erbitterte konfessionelle Auseinandersetzungen. Maria Stuart (1542-1587) kehrt nach Schottland zurück, erhebt Anspruch auf den englischen Thron und unterstützt die Gegenreformation. In Frankreich brechen die Hugenottenkriege aus. Der 30-jährige Krieg, ursprünglich aus Konfessionsstreitigkeiten entstanden, verwüstet weite Teile des Landes. Galilei wird in Italien geboren, und der englische Staatsmann und Philosoph Francis Bacon (1561-1626) begründet eine moderne Wissenschaftsmethodik. Im Orient suchen Philosophen ebenfalls nach neuen Wegen, um die Philosophie in der islamischen Welt grundlegend den Voraussetzungen einer geänderten Welt anzupassen.

Mir Damads wesentlicher Beitrag zur Philosophie ist die Formulierung von Aspekten der Zeitlichkeit bis hin zu göttlichen Wirkungsweisen. Viele seiner Abhandlungen sind in den Bereich der Theologie einzuordnen. Unter dem Pseudonym ›Ishraq‹ veröffentlicht er Gedichte über das Licht und die göttliche Schöpfung. Des Weiteren existieren Bücher mit mathematischen Themenbereichen. Molla Sadra gehört zu seinen bedeutendsten Schülern.

In seiner Akademie lehrt er Erkenntnistheorie, Naturwissenschaft und Metaphysik im Sinne seines Vorbildes Sohrewardi aus dem 12. Jahrhundert. Er greift die Vorstellung des Mikro- und Makrokosmos aus der altpersischen Kosmologie auf und macht dieses kosmische Menschenbild zur Grundlage seiner Philosophie. In die Philosophie Mir Damads fließen ›erfan‹, Weisheitslehre, und die Philosophie der Erleuchtung zusammen. Erfan bedeutet ›Erkenntnis‹, die besagt, dass die materielle Welt aus einer einzigen Quelle, nämlich der ›absoluten Existenz‹ heraus entstanden ist. In seinen meditativen Reflexionen erzählt Mir Damad, wie sich seine Seele aus dem Körper löste und wieder einkehrte.

Mir Damad beschreibt dementsprechend die Vernunft des Menschen als die Sonne, seine Seele als den Mond, und den Körper als die Erde. In dieser Metaphorik definiert er auch die Fähigkeiten und Unfähigkeiten des Menschen. Er vergleicht den Menschen: So, wie

---

[11] Über Mir Damad vgl. Dabashi, H.: *Mir Damad and Founding of School of Isfahan*, 1996.

die Erde durch eine Sonnenfinsternis verdunkelt werden kann, so wird auch der Mensch von intellektueller Finsternis betroffen sein, d.h. seine Seele (Mond) kann ein Hindernis zwischen dem Leuchten seines Intellekts (Sonne) und seiner körpergebunden Erkenntnis sein.

In der Unterscheidung einer vertikalen und horizontalen Kette der Existenz sieht er menschliche Ab- und Aufstiegschancen, die von der tiefsten bis zur höchsten Stufe der Existenz möglich sind.[12] Mir Damad reflektiert über die Entstehung der Welt, die Stellung des Menschen in ihr und die Rolle des Göttlichen. Er beantwortet die Frage, ob und inwieweit die Welt von jeher existierte oder in der Zeit entstanden sei.

Die Beantwortung dieser Frage geht im Denken Mir Damads als transzendentaler Philosoph eine Mischung von Vernunft und Spiritualität ein. Er unterteilt das Sein in vier Entwicklungsebenen: ›Sarmad‹, die immerwährende und alles umgreifende Ewigkeit, ›Dahr‹, die Zeitlosigkeit, ›Ane Sayyal‹, fließende Momente und ›Zaman‹, die Zeit.

›Zaman‹ ist bei Mir Damad das Maß der Bewegung in der quantitativen Welt, während ›Dahr‹ die zeitlose Welt der Ideen und veränderbaren Formen bedeutet. ›Sarmad‹ nennt er die Welt der göttlichen Essenz und ihre Attribute. Gott gehört der Sphäre der ›hodouse dahri‹, der zeitlosen Entstehung an, aus der die sichtbare Welt sowie der Bereich des Werdens und Vergehens hervorgegangen sind. Entstehen, Bestehen und Vergehen vollziehen sich innerhalb der ›hodouse zaman‹, der zeitlich werdenden Entstehung. Dementsprechend gehören spirituelle Dimensionen der zeitlosen Entstehung und die materiellen der zeitlichen Entstehung an. ›Ane Sayyal‹, also der fließende Moment, beschreibt die Verwirklichung der Existenz der Zeit.

Das Vernunftvermögen des Menschen fördert jedoch nach Mir Damad die Möglichkeit intuitiver Einsichten, die wiederum das diskursive Denken anregen und uns zur Herausbildung neuer Denkdimensionen verhelfen.

Mir Damads existentialistische Philosophie, in der das Wechselverhältnis zwischen Mensch und Kosmos eine erste Entfaltung erfährt, gehört in der Schule von Esfehan zu den zentralen Themen, die bis heute nicht an Aktualität eingebüßt haben.

Ausgewählte Werke:

— *Risala fi mantiq* [Über die Logik].
— *Ishraq* [Philosophie der Erleuchtung].

[12] Mir Damad: *Dschazawad* [Die Feuerflamme], 1986, S. 2 ff.

2.3 Molla Sadra und die substantielle Bewegung

Mohammad ibn Ibrahim Sadreddin Shirazi (andere Schreibweisen: Mulla Sadra, Mullā Sadrā), genannt Molla Sadra (1571-1640), ist in Persien geboren. Das Studium Molla Sadras beginnt in Esfehan bei seinem Lehrer Mir Damad, wo er sich mit Philosophie, Theologie und Hermeneutik befasst. Später siedelt er nach Qom in der persischen Provinz Ghom um, wo er sein erstes Werk fertigstellt. Der Gouverneur bittet ihn nach Schiraz zurückzukehren, wo er bis zu seinem Tod lehrt.[13]

[13] Über Molla Sadra vgl. Hamade, Trad: *Dieu, le monde et l'âme chez Molla Sadra al-Shirazi,* 1993 und Razavi Rad, Mohammad: *Molla Sadras*

Molla Sadra, eine Hauptfigur der ›Schule von Esfehan‹, gehört neben Mir Damad zu den führenden Philosophen, die in einer Zeit der rasanten Veränderungen nach neuen Wegen philosophischen Denkens suchen. Molla Sadras Anliegen ist eine grundlegende Erneuerung der Philosophie. Er beschäftigt sich unter anderem mit Sokrates, Platon, Aristoteles, Ibn Sina und Tousi. Sein Ziel ist, die Thesen verschiedener Philosophen in einer gemeinsamen Struktur zusammenzufügen. In seiner Lehre geht es um den Umgang mit der Natur der Wirklichkeit und der existentialistischen Kosmologie Gottes. Seine Lehre der Existenz findet später mit Philosophien wie Søren Aabye Kierkegaard (1813-1855) und Jean-Paul Sartre (1905-1980) als Existentialismus in die Philosophiegeschichte Eingang.

Die sadraische Denkart ist eine kombinierte Philosophie, bei der die einzelnen Bestandteile von ihrer Art und Herkunft noch erkennbar sind. Propädeutik und Erleuchtung bilden die Grundlage seiner Transzendentalphilosophie. Naturwissenschaften werden bei Molla Sadra von der Metaphysik getrennt, wobei er die Psychologie bedingt der Metaphysik zurechnet. Seine Transzendentalphilosophie umfasst vier Erkenntniswege: die Metaphysik, die Theologie, die Psychologie und die Physik. Die Frage nach dem Sein bildet den Kern seines Werkes.[14]

In der Vorrede seiner Schrift ›Al-Hekma al-Motealiya fil-asfar al-Aqlia al-Arbaa‹, ›Transzendentalphilosophie: Der vierfache Weg zur Erkenntnis‹, beschreibt Molla Sadra zunächst seinen wissenschaftlichen Werdegang. Er bemängelt, dass Philosophen es versäumt hätten, über das Sein und das Seiende nachzudenken. Viele Philosophen würden davon ausgehen, dass alle Fragen bereits beantwortet seien. Er jedoch habe seit seiner Jugend neue Wege gesucht, und um diese zu finden, habe er die islamische wie auch die griechische Philosophie und ihre Vorgänger so genau wie möglich studiert. Molla Sadra berichtet, er sei »von Menschen umgeben, denen Wissen und Verstand untergegangen ist, so daß sie das Licht der Erkenntnis nicht mehr wahrnehmen können, sondern in ihrer Blindheit verharren.«[15] Weil

---

Philosophie interkulturell gelesen, 2006 und Chamenei, Seyyid Mohammed: *Mulla Sadra,* 2011.

[14] Molla Sadra, Mohammad ibn Ibrahim Sadreddin Shirazi: *Al-Hekma al-Motealiya fil-asfar al-Aqlia al-Arbaa* [=Asfar], [Transzendentalphilosophie. Der vierfache Weg zur Erkenntnis], Band 1, 2001, S. 236.

[15] Molla Sadra, Mohammad ibn Ibrahim Sadreddin Shirazi: *Das philosophische System von Schirazi,* 1913, S. 8 f. Max Horten hat Teile des Werkes von Molla Sadra übersetzt, kommentiert und unter dem Titel ›Das philosophische System von Schirazi‹ herausgegeben.

er sich stets in einem inneren Kampf um Erkenntnis befindet, zieht er sich zurück und hört auf zu unterrichten und zu schreiben.

In 15 geistig fruchtbaren Jahren der Einsamkeit hält sich Molla Sadra in den Gebirgen um die heilige Stadt Qom, in der Nähe von Teheran auf. Er beschreibt es folgendermaßen: »Ich habe meinen Geist durch schweres Leben, Enthaltsamkeit und Askese gereinigt, und so leuchteten die göttlichen Lichter auf mich. Viele Geheimnisse dieser Welt wurden mir auf diese Weise offenbar. Es wurden mir die Rätsel offensichtlich, die ich durch rationale Argumentation kaum hätte erkennen können. Diese Geheimnisse wurden [...] mittels der ›eshraq‹, der Erleuchtung, enthüllt.«[16] Mit diesem Rückgriff auf die Lichtmetaphysik des Sartoscht gelangt er, wie auch Sohrewardi, zur Überzeugung, »dass die Wahrheit nur intuitiv durch Erleuchtung zu erkennen ist.«[17] Er betont die Einheit von Wissenschaften und Glauben. Philosophie habe eine theoretische Rolle bei der Erschließung der Welt und zugleich eine praktische Aufgabe, um die der Seele des Menschen im Alltag zu stärken.

Wie der Titel seines Werkes zeigt, spricht Molla Sadra überwiegend von ›Hikma‹ bzw. ›Hekmat‹, also von ›Weisheit‹, die reichhaltiger und zugleich strenger ist als die Philosophie. ›Hekmat‹ bedeutet für ihn »die Vollendung des menschlichen Geistes auf der Grundlage der Erkenntnis über die realen Gegebenheiten des Seienden, wie sie sind und wie sie sich in der Natur vorfinden. Ihre Aufgabe liegt folglich darin, eine vernünftige Erklärung von der Welt zu geben.«[18] Erkenntnis muss eine nachvollziehbare Grundlage haben und nicht aus Imagination oder Nachahmung gewonnen sein.

Die Geburt der Hekmat, also echter Philosophie, fängt für Molla Sadra mit der Entstehung der Menschheit an. Hekmat ist für Molla Sadra etwas tief im Menschen Gelegenes. Mit ihr entdeckt der Mensch sein Menschsein und findet zu sich. In dem Moment, in dem sich der Mensch als einen Teil der Natur oder als eine Einheit mit ihr begreift, betritt er das Reich der Hikma. Für ihn ist Philosophie keine Wissenschaft, sondern eine Instanz, die zur Hekmat führen soll und selbst immer Philosophie bleibt. Hekmat heißt Existenz, eine spezifische Art, das Sein zu begreifen und Einheit in sich zu erfahren. Hakim, also echter Philosoph ist nicht jemand, der sich mit Philosophie beschäftigt, sondern jemand, der mit der philosophischen Sinn-

16 Ebenda, S. 3 f.
17 Ebenda, S. 4 f.
18 Ebenda, S. 21 f.

haftigkeit eins geworden ist. Dies ist ein Grund, warum nach Molla Sadra alles Denken und Sein in Bewegung begriffen ist. Im Denken Molla Sadras ist der Mensch ein Wesen, das sich zwischen Himmel und Erde bewegt. Philosophie artikuliert diesen Schwebezustand und bedeutet gewissermaßen, unaufhörlich unterwegs sein.

Molla Sadra vergleicht Philosophie mit Prophetie und schlussfolgert, alles was der Philosoph wisse, wisse auch der Prophet. Was aber der Prophet wisse und tun könne, könne der Philosoph nicht, weil dies seine Kompetenzen überschreite. Er unterteilt ›Hekmat‹ in zwei Teile: ›Hekmat-e nazari-tağarrodi‹, eine theoretisch-abstrakte Philosophie, und ›Hekmat-e amali-taaqoli‹, eine intelligibel-praktische Philosophie. Während sich ›Hekmat-e nazari-tağarrodi‹ generell mit dem Sein und Seienden befasst, besitzt ›Hekmat-e amali-taaqoli‹ eine ethische Komponente und beschäftigt sich mit menschlichen Handlungen.[19] Er unterscheidet ferner methodisch zwei kontradiktorische Wege, welche die islamische Philosophie seit ihrer Entstehung begleiten: *Erstens* ›Al-ma`qul addini‹, das religiös Denkbare – es bezieht sich unmittelbar auf die Religion und das religiöse Verständnis einerseits und auf die hermeneutische Exegese religiöser Texte andererseits. *Zweitens* ›Al-ma`qul al `aqli‹, das rational Denkbare – es setzt sich vom religiös Denkbaren ab und hat mit verifizierbaren und falsifizierbaren Gegenständen zu tun. Hier gilt *ausschließlich* die rationale Beweisführung.

Molla Sadra ist bestrebt, die Erleuchtungsphilosophie des Sohrewardi mit dem analytischen Denken Ibn Sinas zu verbinden und kritisch zu einer neuen Philosophie weiterzuentwickeln. Auf der Basis der letzten Kategorie Sohrewardis, der Bewegung, formuliert Molla Sadra eine eigenständige, gesellschaftlich und interkulturell relevante Philosophie. Für ihn findet Bewegung auch in der Substanz selbst statt. Getragen wird diese Entwicklung durch die Bewegung, deren Maß die Zeit, also ›Waqt‹ ist. Ziel von Bewegung und Zeit ist, die allmähliche Entwicklung des Seins zu fördern. Die Seele wächst mit dem Erkennen und gewinnt durch dasselbe an Seinsinhalt. Intensitätsveränderungen sind Verschiedenheiten der Daseinsformen.

Molla Sadra weist die bekannte These vom ›unbewegten Beweger‹ zurück und nimmt an, dass Materie aus sich heraus aktiv ist: »Gott ist nicht der Beweger des Körpers, sondern dessen Erzeuger und Schöpfer. Der Körper und die Bewegung wurden gleichzeitig

[19] Ebenda, S. 22.

erschaffen.«[20] Das bedeutet, dass der Mensch sich aus eigenen Kräften heraus bewegt, weil diese Komponenten in ihn hineingelegt worden sind. Mit Bewegung meint Molla Sadra den beständigen Wechsel, die Eigendynamik alles Seienden. Die Welt und damit alles was ist, unterliegt einem Prozess des Entstehens, Bestehens und Vergehens.

Metaphorisch lässt sich diese Bewegung, dieses Im-Fluss-sein, beschreiben als ein Meer mit verschiedenen Tiefen, in dem Ebbe und Flut größere und kleinere Wogen produzieren. Im Meer ist nichts beständig, alles ist in Bewegung und von Ungewissheit geprägt. Der ›Hakim‹[21] bzw. ›Philosoph‹ orientiert sich in diesem stürmischen Meer des Lebens mit dem Kompass der philosophischen Vernunft. Er ist stets bestrebt, in die Tiefe hineinzutauchen, um die Geheimnisse des Lebens bzw. die Metaphysik des Lebens zu ergründen. Nichtphilosophen hingegen verweilen am Strand dieses Lebens und orientieren sich mit einer bloßen Daseinsvernunft.

Für Molla Sadra ist die Philosophie die »Vervollkommnung der menschlichen Seele durch die demonstrativ erwiesene Erkenntnis der eigentlichen Wesenheit der Dinge und so, wie sie in Wirklichkeit sind, nach Maßgabe der menschlichen Erkenntniskraft, oder: die logisch-verstandesmäßige Ordnung des Weltganzen, soweit diese dem Menschen erreichbar ist, um sich Gott zu verähnlichen (durch Tugend, Askese und Wissen). Durch das Erkennen werde die Seele ein Spiegelbild der Welt.«[22]

Ein zentrales Element des philosophischen Systems Molla Sadras ist das Verhältnis von ›djohar‹, Essenz und ›vodjud‹, Existenz, wobei letztere bei ihm die Grundlage bildet. In der Existenz entsteht Bewegung, die immer einen Auslöser hat, ein Subjekt, das ein Objekt nach bestimmten Gesetzmäßigkeiten in Bewegung bringt. Die Seinsebenen des Psychischen, Physischen und sogar des Imaginären befinden sich in stetiger Bewegung. Nach der Logik dieses Bewegungsbegriffs durchdringt das Ur-Sein den Kosmos.

Molla Sadra geht von einer ›Haraka Djohariyya‹, einer substantiellen Bewegung aus. Dies bedeutet, dass alle Lebewesen eine unvoll-

---

20 Molla Sadra, Mohammad ibn Ibrahim Sadreddin Shirazi: *Al-Hekma al-Motealiya fil-asfar al-Aqlia al-Arbaa* [=Asfar], [Transzendentalphilosophie. Der vierfache Weg zur Erkenntnis], Band 1, 2001, S. 236.

21 Der Ausdruck ›Hakim‹ ist ein Gottes Attribut und bedeutet Weisheitslehrer bzw. Philosoph. Vgl. Sure 49:9.

22 Molla Sadra, Mohammad ibn Ibrahim Sadreddin Shirazi: *Das philosophische System von Schirazi,* 1913, S. 2.

kommene Seinsstufe besitzen und spiralförmig danach streben, eine immer höhere Stufe zu erreichen. An dieser Nahtstelle verbindet er ›mabda‹, den Ursprung, mit ›maad‹, dem Ort der Rückkehr. Hier wird Anfang und Ende des Seienden in der unendlichen Natur ersichtlich. Je mehr sich der Mensch der Vervollkommnung seiner Seele annimmt, desto intensiver wird die substantielle Bewegung sein. Mit seiner Auffassung steht Molla Sadra als ein Philosoph der Tat für den Übergang vom bloßen Fatalismus, also der schicksalhaften Vorbestimmung, zur Selbstbestimmung des Menschen in Richtung Vollkommenheit. Dies ist die Kulmination der Transzendenz der sadraischen Philosophie, die sie einzigartig macht. Damit steht er im Gegensatz zu Aristoteles, der Substanzen als unverrückbare Bausteine des Seins betrachtet.

Molla Sadra argumentiert in vielerlei Hinsicht ähnlich wie Ghazali, verteidigt die Vernunft auf seine Weise und bringt für seine Theorie andere Begründungen. Er geht zwar von einem ausdifferenzierten Vernunftbegriff aus, will aber die Komplementarität intuitiven und rationalen Denkens nicht aufgeben. Sadra betrachtet menschliche Handlungen immer als eine Mischung von Rationalität und Irrationalität. Damit argumentiert er anders als Ghazali, der in seiner mystischen Phase von einer reinen Vernunft ausgeht.

Ähnliche inhaltliche Differenzierungen sind in Europa zu finden, wenn man die Kontroverse über den Vernunftbegriff zwischen Rechts- und Links-Hegelianern in der Hegelforschung zum Vergleich heranzieht. Erstere gehen von einem spekulativen Geist aus, der im Vorfeld für absolut gehalten wird. Letztere sehen hingegen das Ziel der Vernunft darin, sie in gesellschaftliche Verhältnisse einzuführen und mithin eine materialistische Position auszubauen.

Molla Sadras Werk ›Transzendentalphilosophie‹ lässt sich in seinem Aufbau und seinem Anspruch mit den ›drei Kritiken‹ Kants vergleichen. Im späten 18. Jahrhundert, als Kants ›Kritik der reinen Vernunft‹ in Europa als eine Revolution der ›Denkart‹ des Menschen gefeiert wird, konzentrieren sich viele persische Philosophen auf Molla Sadras Hauptwerk. Er vertritt hierin die Ansicht, dass der Islam sich methodisch mindestens auf drei verschiedenen Wegen betrachten lasse: *Erstens* rein rational bis philosophisch, *zweitens* mystisch und ethisch und *drittens* religiös nach der Tradition und den Prinzipien der islamischen Rechtsprechung, der Scharia. Diese umfasst alle Gebote sowie Rechte und Pflichten Allahs, die sich auf das menschliche Leben beziehen.

Molla Sadras methodische Ansichten von der Natur der Realität bringen neue philosophische Erkenntnisse und bewirken dadurch einen Übergang vom Essentialismus zum Existentialismus. Dieser hält einige Jahrhunderte später auch in der europäisch-westlichen Philosophie Einzug. Die Philosophie und Ontologie Molla Sadras hat nicht allein die islamische Philosophie der Gegenwart beeinflusst. Im Iran wird er für genauso wichtig erachtet, wie wir in Deutschland Immanuel Kant schätzen.

Ausgewählte Werke:

- *Al-Hekma al-Motealiya fil-asfar al-Aqlia al-Arbaa* [Transzendentalphilosophie. Der vierfache Weg zur Erkenntnis]
- *Risala fi itihad al-aqel wa maqoul* [Einheit von Vernunft und Vernünftigem].

2.4 *Faiz Kaschani*
und die Prinzipien der Erkenntnistheorie

Mohammad Molla Mohsen Faiz Kaschani (andere Schreibweise: Fayz Kashani), genannt Faiz Kaschani (1598-1680), ist in Persien geboren. Zu jener Zeit ist die beherrschende Kraft im Orient das Osmanische Reich, allerdings wird die zweite türkische Belagerung von Wien von europäischen Truppen abgewendet. Jene Episode führt zu Kulturkontakten zwischen Europa und der Türkei. Die Aufnahme islamischer Kultur nach Europa gewinnt an Bedeutung und führt nicht zuletzt zu großen Erfindungen und Entdeckungen durch Galilei,

Isaac Newton (1643-1727), René Descartes und Gottfried Wilhelm Leibniz (1646-1716).[23]

Faiz Kaschani gehört zu den führenden Philosophen des 17. Jahrhunderts, der die Philosophie Molla Sadras auf eine spezifische Weise aufgreift und fortführt. Von seinen Eltern erhält Faiz Kaschani den Namen Mohammad, doch sie rufen ihn Mohsen, während sein Lehrer Molla Sadra ihn Faiz nennt, was so viel wie Wohltätiger bedeutet. Er studiert anfangs bei seinem Vater, da dieser eine umfangreiche Bibliothek besitzt, doch im Alter von 20 Jahren wechselt Faiz Kaschani nach Esfehan, um dort sein Studium fortzusetzen.

Nach einem Jahr geht Faiz Kaschani nach Schiraz, um hier Rechtswissenschaften und Theologie zu studieren, doch sein dortiger Lehrer stirbt wenige Monate später. Daraufhin begibt er sich zurück nach Esfehan und studiert bei Mir Damad Philosophie. Nach diesen Lehrjahren reist er zu Gelehrten nach Mekka, um seine Erkenntnisse zu vertiefen. Kurze Zeit später kehrt er nach Persien zurück und studiert in Qom bei Molla Sadra die Grundzüge der Mystik.

Faiz Kaschanis Werke umfassen Bereiche von Theologie, Erfan und Philosophie. Sein Interesse gilt der Lehre der Erleuchtung. So schreibt er Erläuterungen und Auslegungen zum Koran, zum islamischen Recht und zum Sufismus, die auch neuplatonische Züge aufweisen.

In seiner Schrift ›Minhadjel Nidjat‹, ›Pfad der Erlösung‹, führt Faiz Kaschani in die Welt der geistigen bzw. spirituellen Lebensführung ein. Tief verwurzelt in einer koranischen Mystik beschreibt er die Prinzipien der glückseligen Lebensführung, Prophetie sowie Sinn und Funktion von Gebet und Fasten für das Leben.[24] Besonders bedeutsam ist seine Erörterung über Elternliebe, das Lehrer-Schüler-Verhältnis und den Umgang mit Unwissenden im Kreise von Familie und Bekannten. In diesem Werk entfernt er sich von der Philosophie und wendet sich der Mystik der Ethik zu, um dem Menschen Wege zu einem geistigen Leben, Wege zur Erlösung, aufzuzeigen.

Die Philosophie von Faiz Kaschani ist ein ›harmonisches System‹ mit drei Komponenten: Mystik, Offenbarung und Rationalismus mit einem transzendentalen Charakter. Für ihn stellt Gott den realen

---

23 Über Kaschani vgl. Ansari Moghadam, Ali: *Zendeginameh Molla Mohsen Faiz Kaschani* [Leben und Werk von Molla Mohsen Faiz Kaschani], 2012.

24 Vgl. Faiz Kaschani, Molla Mohsen: *Minhadjel Nidjat* [Pfad der Erlösung], 1981.

Seinsgrund aller Dinge dar. Beide Komponenten sind für das Werk Kaschanis charakteristisch, wobei Momente der Rationalität in beiden auf unterschiedliche Art wirksam sind.

Wie Ghazali ist auch Faiz Kaschani bemüht, eine Annäherung zwischen den zwei Hauptkonfessionen des Islam, der Sunniten und Schiiten, herbeizuführen. Als Ausdruck dieses Versöhnungsversuches redigiert und veröffentlicht er das Hauptwerk des sunnitischen Philosophen Ghazali, den er sehr schätzt.[25]

Im Geiste von Ghazalis philosophisch-mystischer Weltsicht hebt er in seinem Werk ›Verborgene Wörter‹ hervor, dass es gewisse Dimensionen in der kosmischen Natur und im menschlichen Leben gibt, die nicht von jedem gesehen und verstanden werden können.

In einem weiteren Werk ›Usulol Ma'aref‹, Prinzipien der Erkenntnis, strebt er an, auch eine Harmonisierung zwischen den griechischen und islamischen Philosophien herzustellen. Das Ergebnis ist ein methodologischer Existentialismus, in dem er die wahre Existenz als Sein Gottes definiert und an die pantheistische Lehre der Sufis, also der Mystiker, allen voran Muhiyeddin Muhammad Ibn Arabi (1165-1240), anschließt. Für Faiz Kaschani sind alle Weltsphären und menschlichen Geister aus der göttlichen Quelle hervorgegangen. Insofern geht das Niedere stets aus dem Höheren hervor.

Das Prinzip des Seins offenbart eine große Fülle, in der Ursprünglichkeit, Realität und Wirkungssein enthalten sind. Alle drei Komponenten zeichnen die Besonderheit der Existenz aus. Gott als das Prinzip des Seins ist Existenz und damit nicht wesenhaft, während der Mensch wesenhaft ist: »Weil es viele Welten gibt und die Existenz mehrere Entwicklungsstufen besitzt und durchläuft, nimmt diejenige Stufe mehr Anteil an Vollkommenheit, die weniger Abstand zur Urexistenz bewahrt.«[26]

Mit dieser Annahme stellt Faiz Kaschani eine frühe Evolutionstheorie auf, welche er theologisch begründet. Das Endziel der Schöpfung Gottes sieht er in einer fortlaufenden Vervollkommnung, die mit der Materie ihren Anfang nimmt und sich über die pflanzliche, tierische und schließlich die menschliche Entwicklungsstufe der Vernunft mit Gott verbindet.

---

25 Vgl. Faiz Kaschani, Molla Mohsen: *Al-Mahjol-Beyza fi Tahzibol-Ehya* [Wiederbelebung der Wiederbelebung], 1991.

26 Vgl. Faiz Kaschani, Molla Mohsen: *Usulol Ma'aref* [Prinzipien der Erkenntnistheorie], 1992, S. 127 f.

In der philosophischen Ethik Faiz Kaschanis sind Gut und Böse zwei auf eine bestimmte Weise unterschiedliche Kategorien. Existenz als solche sei das Gute, da darin das Prinzip des Göttlichen immanent sei. Dagegen sieht er das Böse als eine nicht unmittelbar existierende Kategorie. Es besäße keine Realität in einer konkreten Form; es bedeute Nichtsein. Das Böse existiere nur in der materiellen Welt, nicht in der spirituellen. Hier unterscheidet Faiz Kaschani zwischen einer höheren und niederen Welt. Das Böse ordnet er der niederen, materiellen Welt und damit einer niederen Entwicklungsstufe zu. Es ist nichts Passives, sondern ein aktiver Vorgang, der Bewegung in die Welt hineinbringt. Das Gute hingegen bleibt für ihn stets in der höheren Welt beheimatet. Bei der Bestimmung der Kategorie des Guten und des Bösen zeigen Faiz Kaschanis Ideen starke Beeinflussung durch Naraghis Ethik.

Ein weiteres Werk von Faiz Kaschani ist die ›Ethik der Prophetie und Imamat‹[27] bzw. des Imamtums. Prophetie bedeutet hier nicht nur die Verkündigung einer göttlichen Botschaft, sondern die Lebensführung des Propheten als einem Menschen mit allen Eigenschaften der Vollkommenheit. Der Prophet ist aufgrund seiner Weisheit, Größe und Selbstlosigkeit sowie seiner aufrichtigen Zuwendung zum Göttlichen dazu imstande, Vorbild zu sein und die Menschheit zu führen. Der echte Prophet zeichnet sich als Inbegriff der Ethik aus.

Die Idee des Imamat baut auf diesen postulierten Eigenschaften des Propheten auf, animiert die Menschen für das Wahre und Schöne im Göttlichen und begleitet sie auf diesem Wege. Insofern sind Imam und Prophet zwar nicht miteinander zu verwechseln, sind aber im Grunde gleich, da der Imam stets bestrebt ist, der Lebensführung des Propheten nachzueifern.

Der Islam fußt auf drei Prinzipien: dem ›Towhid‹, Monotheismus, also dem Glauben an einen einzigen Gott, der ›Nabowwat‹, Prophetie, also der Vermittlung zwischen dem Göttlichen und den Menschen, und schließlich der ›Ma'ad‹, der Eschatologie, dem Jüngsten Gericht. Der schiitische Islam fügt noch zwei weitere Prinzipien hinzu: die ›Adl‹, die Gerechtigkeit, und die ›Emmamat‹ bzw. Imamat. Gerechtigkeit bedeutet, die Menschen im Zuge der göttlichen Vorsehung so zu behandeln, wie sie sich selbst, dem Leben und den Menschen gegenüber verhalten. Emmamat hingegen besagt, dass nach

[27] Vgl. Faiz Kaschani, Molla Mohsen: *Akhlaqe nabowat wa Emamat* [Ethik der Prophetie und Imamat], 2012.

den Propheten die zwölf Imame als Kalifen die Lebensweise des Propheten fortsetzen.

Faiz Kaschani greift die zuletzt genannten Prinzipien auf und beschreibt ihre Philosophie und Ästhetik. Ganz im Sinne der echten Prophetie geht es ihm darum, die Gesinnung und das Verantwortungsbewusstsein des Menschen durch Einfachheit im Leben, Bestimmtheit im Glauben und Gerechtigkeit im Handeln zu veredeln. Es handelt sich um die Verfeinerung der Sittlichkeit und die Anleitung zu einer wahrhaftigen Lebensführung.

Ausgewählte Werke:

– *Al haqaia fi asrar adine* [Fakten zu den Geheimnissen der Religion].
– *Al-kalimat al-maknona* [Verborgenes Wort].

2.5 *Molla Ahmad Naraghi und die Grundlagen der rationalen Ethik*

Molla Ahmad Naraghi (andere Schreibweise: Naraqi), gennant Naraghi (1764-1824), erblickt in Persien das Licht der Welt. In Frankreich kündigen sich große Umwälzungen an, und in seiner Jugend ist die Französische Revolution voll im Gange. Auch Naraghi wird zum frühen Verfechter aufklärerischer Ideen. Sein Tod ist zeitgleich mit dem Wiener Kongress, als dessen Folge in Deutschland eine restriktiv-biedermeierliche Stimmung einzieht.

Seine Kindheit verbringt Naraghi bei seinem Vater in Kaschan, bei dem er später in Nadschaf Theologie studiert. Er lernt Hebräisch und Latein, um die philosophischen Gedanken in dieser Sprache nachvollziehen zu können. Der begabte Student schließt sein Studium in Rechtswissenschaften in kürzester Zeit ab und gilt im Alter von 20 Jahren als Rechtsgelehrter. Zu seinen Arbeitsbereichen gehören neben Mathematik und Astronomie auch Literatur und Ethik.

Naraghi gehört zu den Moraltheoretikern in der islamischen Philosophie des 18. und beginnenden 19. Jahrhunderts und steht philosophisch in der Tradition Ibn Sinas, Ghazalis und Molla Sadras. Nach dem Ende seines Studiums übernimmt Naraghi das Lehramt seines Vaters.

Naraghis Menschenbild ist universalistisch angelegt. Er geht davon aus, dass der Mensch über Wille und Freiheit verfügt. Im Menschen sieht er eine Reihe von ethischen, aber auch von destruktiven Merkmalen: »Wisse, dass diese Eigenschaften, die in dich hineingepflanzt worden sind, teils großartig und engelhaft und teils raubtierartig sind.«[28]

In seinem Werk ›Meradjul-Sa'ada‹ 1798, ›Die Himmelfahrt der Glückseligkeit‹, entwickelt Naraghi eine systematische Ethikkonzeption.[29] Die Seele als ›padeschah‹, ›Königin‹, steht an erster Stelle, die ›aql‹, Vernunft, steht als Ministerin der Königin an zweiter unverrückbarer Position. Sie beurteilt die Dinge, bildet Erkenntnisse und bestimmt die Grenzen der Möglichkeiten.[30] Eine Wissenschaft ohne eine gereinigte Seele ist für Naraghi ethisch nicht vertretbar. Dies ist für ihn ein Grund die Ethik über allen übrigen Wissenschaften anzusiedeln.

Naraghi untersucht die Aneignung guter Gedanken und Handlungen, die Konstitution des Zweifels und ihre Begründung sowie ethische Komponenten der Wissenschaft mit ihren Hierarchien der Gewissheit. In einem weiteren Schritt analysiert er die Notwendigkeit ethischen Handelns, das Göttliche in der menschlichen Natur sowie tierische Instinkte im Menschen. Ergänzende Komponenten der Selbsterkenntnis sind die Frage nach der Tugend des Verzeihens, Gründe für das Gebieten oder Verbieten von Handlungen, die Problematik der Lüge sowie die Tugend der Reue und ihre Arten. Von Bedeutung sind auch die Tugend der Dankbarkeit, verborgene Weisheiten im Menschen, Vernunft und ihre Arten sowie die Ontologie der Liebe, die Tugend des Gebets, der Geduld und der Toleranz.

---

28 Ebenda, S. 1.

29 Vgl. Naraghi, Molla Ahmad: *Meradjul-Sa'ada* [Die Himmelfahrt der Glückseligkeit], 2006.

30 Ebenda, S. 34.

Dieses Werk umfasst drei methodische Dimensionen, die miteinander in Bezug stehen: rationalistische, hermeneutische und psychologische. Naraghi sieht die Aufgabe des Menschen darin, reflektiv-meditativ in sich zu gehen und über die Polarität seiner Eigenschaften nachzudenken. Er ist der Ansicht, dass der Mensch aufgrund seines freien Willens aus sich heraus in der Lage ist, sich für das eine oder das andere zu entscheiden. Sein Werk ist ein Plädoyer für eine breit gefächerte Aufklärung im menschlichen Denken, Reden und Handeln, ohne spirituelle Dimensionen zu vernachlässigen.

Naraghi trennt religiöse und säkulare Aufklärung nicht, sondern betreibt diese gleichzeitig. Er räumt dem Menschen die Möglichkeit ein, ›religiöse Aufklärung‹ gepaart mit philosophischen Dimensionen zu verbinden. Grundlage dieses Ansatzes ist die Selbsterkenntnis: »Bedenke, dass du dir am nahesten stehst, bedenke, dass der Schlüssel deiner Glückseligkeit in beiden Welten die Selbsterkenntnis ist. Es ist ersichtlich, dass du ohne diese zu keinen weiteren Erkenntnissen gelangen kannst.«[31]

Der Knotenpunkt der Selbsterkenntnis liegt für Naraghi in ›Leib‹, ›badan‹, und ›Seele‹, ›nafs‹. Während der Leib der Welt der Körperlichkeit angehöre, stamme die Seele aus der Welt der Transzendenz. Sie könne nur durch das Auge der inneren Schau gesehen und erkannt werden. In der Überwindung der Körperlichkeiten und der Entdeckung der Erhabenheit der Seele durch einen Selbsterkenntnisprozess findet der Mensch zu sich selbst: »Gelingt es dem Menschen, durch die Zügelung seiner Körperlichkeiten seine Seele zu veredeln, so wird das Tor zur Selbsterkenntnis geöffnet.«[32]

In seinen Überlegungen zeigt sich Naraghis radikale Zurückweisung einer einseitigen Vernunft, welche ausschließlich die materiellen Dimensionen des Lebens vor Augen hat. Diese unterscheidet Menschen von triebhaft gesteuerten Tieren. Nach Naraghi ist das Erreichen der Sphären des Erhabenen und Vollkommenen nur durch diese Selbsterkenntnis möglich: »Suche und ergründe dich selbst!, wer du bist, woher du kommst, wohin du gehen wirst, was ist der Grund der existenziellen Abhängigkeit deines Hierseins, warum du über Wille und Freiheit verfügst und wovon deine Glückseligkeit abhängt und warum? Ergründe letztlich, warum du sterben wirst.«[33]

---

31 Ebenda, S. 3.
32 Ebenda, S. 7.
33 Ebenda, S. 4 f.

Vier Fähigkeiten bilden die Grundlage von Naraghis ethischen Konzeption, die in der Natur des Menschen vorhanden und für die Begründung ethischen Verhaltens grundlegend sind. Es handelt sich um: *Erstens* ›qowaje aqlije‹, das Vermögen der Vernunft, situationsadäquat zu argumentieren. *Zweitens* ›qowaje ameleh‹, das Vermögen der Umsicht, um das eigene Verhalten dem jeweiligen Kontext anzupassen. *Drittens* ›qowaje qazabije‹, das Vermögen des Eigenschutzes, um Schaden von sich abzuwenden. *Viertens* ›qowaje schahwije‹, das Vermögen, die Bedürfnisse des Körpers zu befriedigen und seine Eigeninteressen zu sichern.

Weil die Zusammensetzung dieser Komponenten das menschliche Leben und Verhalten bestimmen, besteht die eigentliche Pflicht des Menschen für Naraghi darin, sich in allen Belangen des Lebens, ob religiös oder kulturell, zwischen Übertreibung, ›efrat‹ und Untertreibung, ›tafrit‹ für das weise Maß, also für das ›etedal‹ zu entscheiden.

Ist das weise Maß erreicht, so wandelt sich *erstens* das Vernunftvermögen zur ›hekmat‹, zur reinen Weisheit, *zweitens* das Geschicklichkeitsvermögen zu ›salabat‹, zur Standhaftigkeit, *drittens* das Umsichtsvermögen zur ›schodja'at‹, zur Tapferkeit und *viertens* das Selbsterhaltungsvermögen zur ›effat‹, zur sittlichen Veredlung der Seele. Dieser immerwährende Prozess bildet die Grundlage und Richtschnur für die Glückseligkeit, ›sa'adat‹, des Menschen. Die Ausgangsposition der Ethik Naraghis ist das Erwachen eines Gerechtigkeitssinnes, ›edalat‹, in der menschlichen Seele durch ihre Veredelung, welche mit der Kunst des weisen Maßes steht und fällt.

Das ikhwanisch-anthropologische Vorverständnis der Menschengemäßheit und Liebe spiegelt sich in Naraghis Werk und bildet einen integralen Bestandteil künftiger Anthropologien, die nach Veredelung der menschlichen Seele suchen. Diese monumentale Theorie der Ethik Naraghis gehört zweifelsohne zu den umfassenden Ethikkonzeptionen unserer Gegenwart.

Ausgewählte Werke:

– *Muschkelat-al Uloum* [Probleme der Wissenschaften].
– *Meradjul-Sa'ada* [Die Himmelfahrt der Glückseligkeit].

2.6 Hadi Sabzewari und der rationalistische Existentialismus

Hadi Sabzewari (andere Schreibweise: Sabzavari), genannt Sabzewari (1798-1878), ist in Persien geboren. Er studiert Rechtswissenschaften, Logik und Grundsätze der Religion. Sabzewari ist nach Molla Sadra eine zentrale Figur der Schule von Esfehan. Seine Philosophie lässt sich als eine Art rationalistischer Existenzialismus bezeichnen.

Zur Zeit Sabzewaris ereignen sich in islamischen Gebieten folgenreiche politische Wendungen. In Europa sind die Verhältnisse nicht anders. Napoleon Bonaparte (1769-1821) setzt mit seiner Flotte nach Ägypten über und bricht damit in islamische Gebiete ein. Auf dem

Gebiet der Wissenschaften in Europa markiert das Werk des französischen Soziologen Auguste Comte (1798-1857) eine Wende.

Im Alter von 20 Jahren geht Sabzewari zur Schule von Esfehan, wo er seine Studien betreibt und ein frommes Leben führt. Etwa zehn Jahre führt er diese Schule und verleiht ihr eine neue Prägung. Später wechselt er nach Kerman und beschäftigt sich eingehend mit der Mystik. Sabzewaris Schriften reichen von Philosophie über Theologie bis hin zur Poesie. Seine Werke sind sowohl in Arabisch als auch Persisch verfasst.[34]

Sabzewari hat eine konkrete Erkenntnistheorie sowie eine Philosophie der Sprache und Logik ausgearbeitet, ohne diese explizit zu benennen. Philosophie ist für ihn denkende Beschäftigung mit der Sprache, weil sie mit Inhalt und Bedeutung der Aussagen zu tun hat, welche die Tätigkeiten der Philosophie berühren. Das Gleiche gilt auch für die Logik als die Grammatik des Denkens. Sprache befähigt uns dazu, uns über abstraktere Dinge auszutauschen; sie eröffnet uns philosophische Dimensionen, um die Innen- und Außenwelt miteinander zu verbinden. Insofern besitzt die Sprache nach Sabzewari einen starken hermeneutischen Charakter.

In Anlehnung an diese Überlegungen stellt Sabzewari seine Philosophie in zwei Studien vor. Seine Schrift ›Scharhe Manzoume‹, ›Das System des Universums‹, stützt sich auf das Hauptwerk ›Asfar‹ von Molla Sadra und die Illuminationslehre des Sohrewardi. Das zweiteilige Werk umfasst philosophische Dimensionen und eine Beschäftigung mit Fragen der Logik. Stilistisch gestaltet Sabzewari sein Werk aus einer Mischung von 1.100 aphorismenhaften Doppelversen und Prosa.[35] Wie der griechische Philosoph Parmenides (520-460) verfasst auch er seine Philosophie in Versen.

Philosophie ist für Sabzewari eine strenge Reflexion über Entstehen, Bestehen und Vergehen der Dinge und das Gesetz der Gotteserkenntnis. Um die Zusammensetzung der Sachverhalte zu verstehen, müssten wir die Vielfältigkeit der Welt analysieren. Dies sei ohne Logik nicht möglich. Unter Logik versteht Sabzewari ein Messinstrument, das nach bestimmten vernunftgeleiteten Gesetzen arbeitet und für die rechte Denkleitung bestimmend ist.

---

[34] Über Sabzewari vgl. Johardelvari, Abdolamir: *Iranische Philosophie von Zarathustra bis Sabzewari,* 1994.

[35] Vgl. Sabzewari, Molla Hadi: *Scharhe Manzoume* [Das System des Universums], 1995.

Sabzewaris Philosophie ist in seinem Existenzbegriff begründet. Er unterteilt den Begriff der ›Existenz‹ in verschiedene Seinsstufen, die entweder miteinander zusammenhängen oder sich voneinander absetzen. Die erste Seinsstufe ist für Sabzewari das Licht, welches zugleich das absolute Sein verkörpert. Es ermöglicht die Erkenntnis der Dinge.[36] In seinem Werk ›Asrarol Hekma‹, ›Geheimnisse der Philosophie‹, hebt er hervor, dass das Möglich-Seiende aus zwei Aspekten bestehe, nämlich Sein und Nichtsein bzw. Licht und Finsternis. Hier bezeichnet er das Sein als das Ursprüngliche und die Wesenheit als das Vergängliche.[37]

Im Kontext des rationalistischen Existentialismus des Sabzewari besteht jedes Ding aus zwei Seiten, einer hellen und einer dunklen. Während die helle Seite das Gute hervorbringt, stammt das Böse aus der dunklen Seite. Nach diesem dualistischen Prinzip, das stark in der altpersischen Kosmologie verankert ist, sieht er die Willensfreiheit des Menschen und zugleich die Determination dieser Freiheit. Demnach ist der Mensch zwar frei, um sich für das Eine, das Andere oder eine Mischung von beidem zu entscheiden. Die Entscheidung selbst hingegen unterliege wiederum der Determination. Insofern sei der Mensch in seiner Freiheit dazu verdammt, Entscheidungen treffen zu müssen. Die Seinhaftigkeit des Seienden ist absolut, wohingegen die Wesenheit der Erscheinungen relativ ist. Im Prinzip des absoluten Seins und der Erscheinung vom Wesenhaft-Vergänglichen sieht Sabzewari die Einheit des Menschlichen.[38]

In seinem Werk ›Scharhe Manzoume‹, ›Das System des Universums‹, unterscheidet Sabzewari zwischen zwei Vernunftformen: theoretische und praktische Vernunft. Theoretische Vernunft unterteilt er in potentielle, habituelle, aktuelle und universelle Art. Die praktische Vernunft teilt er auf in äußere und innere Reinigung sowie Aneignung guter Motive und Selbstüberwindung bis hin zur Gottesverbundenheit.[39]

In dieser Unterteilung der praktischen Vernunft zeigt sich eine starke Mystik der Letztbegründung im Denken Sabzewaris. Diese

---

36 Vgl. Sabzewari, Molla Hadi: *Scharhe Manzoume* [Das System des Universums], 1995, S. 35 f.

37 Vgl. Sabzewari, Molla Hadi: *Asrarol Hekma* [Rätsel der Philosophie], 1982, S. 37 f.

38 Vgl. Ebenda, S. 6 ff.

39 Vgl. Sabzewari, Molla Hadi: *Scharhe Manzoume* [Das System des Universums], 1995.

aufeinanderfolgenden Stufen der Vernunft bilden die Grundlage seiner rationalistischen Ethik.

Sabzewaris Philosophie ist praktisch die Weiterführung der sadraischen Philosophie mit neuen Akzenten wie der Philosophie der Sprache. Sein Denksystem ist eine Mischung von Erfan, also Weisheitslehre, religiösen Quellen und Vernunfterkenntnissen. Dieser Zusammenschluss dreier Modelle birgt die Gefahr, dass man für die Verteidigung religiöser Diskursfelder Anleihen bei der Philosophie macht, wie dies bei Hegel der Fall ist, und sie damit instrumentalisiert.

Ausgewählte Werke:

– *Asrar al-hikmah* [Geheimnisse der Philosophie].
– *Sharh-i manzumah* [Das System des Universums].

3. Kritische Gegenwartsphase (19. bis 21. Jahrhundert)

Wie im letzten Abschnitt dieses Werkes aufgezeigt worden ist, gingen die Philosophen der mehrdimensionalen Übergangsphase unterschiedliche Wege zwischen Philosophie und Glauben sowie zwischen Islam und zarathustrischer Kosmologie der Erleuchtung, um Erkenntnisse zu gewinnen.

Die Philosophen der kritischen Gegenwartsphase wurden in die historischen Ereignisse eines Niederganges der großen islamischen Reiche hineingeboren. In dieser Zeit sind Kolonialismus und Expansionismus der europäisch-westlichen Großmächte in vollem Gange. Das Markenzeichen jener Zeit ist nicht Frieden und Harmonie, sondern vorwiegend die Anwendung von organisierter und struktureller Gewalt. Ziel aller Kolonialherren ist, wenn auch in unterschiedlichem Maße, den besiegten Völkern den jeweils eigenen Stempel aufzudrücken und nicht zuzulassen, dass sie Eigenständigkeit und Selbstbewusstsein entwickeln.

Die Fragestellungen der Philosophen dieser Zeit richten sich deshalb, neben traditionellen Themen von Philosophie, Glauben und Ethik, vor allem auf die Suche nach den Gründen für Fremdherrschaft und Rückständigkeit islamischer Kulturräume. Weil die Thematisierung aller bedeutenden Philosophen des Orients den Rahmen dieses Bandes sprengen würde, musste eine bisweilen schmerzhafte Auswahl getroffen werden. Um die wichtigsten Traditionslinien islamischer Philosophie nachzuzeichnen, werde ich im Folgenden einige tragende Figuren kritisch würdigen.

Bevor die einzelnen Philosophen dieser Periode zur Darstellung kommen, möchte ich darauf hinweisen, dass nicht alle diese Zeitgenossen, wie Akhondzade, Kermani, Talbof Tabrizi oder Arkoun, Philosophen im klassischen Sinne sind, sondern eher Literaten, Sozialkritiker oder Islamwissenschaftler, die sich mit philosophisch relevanten Themenbereichen beschäftigen. Sie vertreten, wie noch zu zeigen sein wird, mehr oder minder *euroverliebte* Positionen, die weder in ihren Ländern zur Besserung der Verhältnisse noch zu einem echten Austausch zwischen Orient und Okzident beizutragen vermochten. Die ersten drei sind vorwiegend nationalistisch orientiert; eine Ideologie, die in der Regel mehr Schaden hervorbringt als Frieden und Fortschritt. Die euroverliebte Dimension ihres Denkens zeigt sich daran, dass sie, obschon keine Europäer, wie Kant zu ihrem Volk sprechen und eine solche Kantsche Aufklärung anstreben.

3.1 Mirza Fathali Akhondzade und die Dimensionen der Sozialkritik

Mirza Fathali Akhondzade (andere Schreibweisen: Akhund'zadah, Mirza Fatali Axundov), genannt Akhondzade (1812-1878), wird in Persien geboren. Zu jener Zeit ist Napoleons Russland-Feldzug am Scheitern und im russischen Kaiserreich vollziehen sich revolutionäre Unruhen. Sie werden durch den Petersburger Blutsonntag abgelöst und münden schließlich in die Revolution von 1918.[1]

---

1 Über Akhondzade vgl. Adamijjat, Fereydun: *Andishehaje Mirza Fathali Akhondzade* [Die Philosophie des Mirza Fathali Akhondzade] 1979.

Beeindruckt von den gesellschaftlichen Folgen der Französischen Revolution ist Akhondzade bestrebt, grundlegende Veränderungen in der Gesellschaft herbeizuführen. Er sieht in Voltaire (1694-1778) ein Vorbild, da dieser sich für die Vernunft einsetzt und institutionalisierte Formen von Glauben öffentlich ablehnt.[2]

Mit 22 Jahren geht Akhondzade an die Nersysyan-Schule nach Tiflis, das seinerzeit zu Persien gehört, um sich mit dem Studium der Literaturgeschichte zu befassen. Dort arbeitet er einige Jahre später als Lehrer und widmet sich der Literaturkritik. Er ist der Begründer des literarischen Kritizismus des Iran. Akhondzade, der mit der russischen und der westeuropäischen Philosophie vertraut ist, entwickelt ein lateinisches Alphabet der Turksprachen, welches aber derzeit im Osmanischen Reich keine Anerkennung findet.

Akhondzades wichtigste Schriften bestehen aus sechs Satiren, welche die islamische Welt, einen Glauben ohne Vernunft und insbesondere das Arabertum, das er nicht schätzt, einer kritischen Diagnose unterziehen. Er hält es für eine »Pflicht, dass jedes Volk Fortschritte erzielt und sein Recht erlangt.«[3] In seiner Philosophie betrachtet er die Vernunft als Grundlage der Reflexion, welche die Gesetzmäßigkeit der Natur durch erfahrbare Erkenntnis und nicht durch Offenbarung erforscht: »Wenn wir auf Theokraten hören wollen«, schreibt er, »so müssen wir auf das Licht der Vernunft und Wissenschaft verzichten.«[4] Eine solche kritische Philosophie ist seine Vision, die er als »Leuchttürme der Vernunft«, also ›roshansaraje kherad‹, bezeichnet. Diese Vision soll »die Sonne der Bildung im Orient zum Leuchten bringen.«[5]

Akhondzade ist kein Philosoph im klassischen Sinne, sondern ein Sozialkritiker seiner Zeit. In politischer Hinsicht gilt er als ein Vordenker der persischen Verfassungsrevolution, die von 1905 bis 1911 stattfindet. Jenes Ereignis erreicht einen ersten Höhepunkt im August 1906, als Mozaffareddin Schah (1853-1907) die erste Verfassung Persiens unterzeichnet und erstmals ein Parlament eingerichtet wird. Dabei kommen verschiedene Gruppen der Gesellschaft zusammen.

---

2 Voltaire geht Akhondzade aber nicht weit genug, da dieser sich nicht der Regierung widersetzt habe. Ebenda, S. 279.

3 Adamijjat, Fereydun: *Ideologije nehsate mashruteje Iran* [Philosophie der Verfassungsbewegung im Iran], 1975, S. 426.

4 Ebenda, S. 285 und 446.

5 Adamijjat, Fereydun: *Andishehaje Mirza Fathali Akhondzade* [Die Philosophie des Mirza Fathali Akhondzade] 1979, S. 24.

Fehlende Eigenständigkeit und Selbstbewusstsein in Persien sind Gründe, warum Akhondzade nach einem Weg sucht, um sein Land zu modernisieren. Die Alphabetisierung des persischen Volkes ist für Akhondzade grundlegend wichtig, um Neuerungen für alle Menschen verstehbar zu machen und sie auch über elitäre Schichten hinaus weiterzutragen. Nur so könne Persien ein fortschrittliches Land werden und sich in der Welt behaupten. Ohne eine solche grundlegende Umwälzung sieht Akhondzade keine Möglichkeit, das Volk auf die Anforderungen eines wissenschaftlichen Zeitalters vorzubereiten. Die Intellektualisierung des Volkes setze eine humanistisch-freiheitliche Kooperation zwischen der Regierung und dem Volk voraus.[6]

Akhondzade beschreibt, wie die Würde des Menschen in seinem Land zum Spielball der russischen und britischen Mächte sowie politischer Strömungen in Persien geworden ist. Er ist bestrebt, dem Aberglauben, blinden Gehorsam und der Bevormundung sowie dem religiösen Fanatismus ein Ende zu bereiten, um die Denkart des unterdrückten Volkes den Kriterien der Vernunft zugänglich zu machen. Er verlangt in unterschiedlichen Zusammenhängen, Menschen grundsätzlich gleich zu behandeln, weil sie von Natur aus gleich sind und über Vernunft und unveräußerliche Rechte verfügen.

In seinem bekannten Werk ›Se maktub‹, ›Drei Traktate‹, hebt Akhondzade hervor, dass der Mensch frei geboren sei und niemandes Willen zu gehorchen habe. Seiner Würde gemäß müsse der Mensch ein selbstbestimmtes Leben führen dürfen.[7] In Anlehnung an die Lehre von Sartoscht setzt sich Akhondzade nicht nur für das Gleichheitsprinzip von Mann und Frau ein, sondern auch und vor allem für die Rechte der Frauen, die in dieser Zeit keine Rechte haben. Er vergleicht eine Gesellschaft, in der Frauen nicht gleichberechtigt sind, mit einem Menschen, der mit nur einem Bein normal gehen will: »Frauen müssen sich der Bevormundung widersetzen, sich entwickeln und in allen staatlichen Institutionen Verantwortung übernehmen.«[8]

1880 richtet Akhondzade an das persische Kultusministerium ein Schreiben mit der Aufforderung, die persische Sprache, und damit die eigene Denkart, gründlich zu modernisieren. Er wendet sich ge-

---

6 Vgl. Akhondzade, Mirza Fathali: *Se maktub* [Drei Traktate], 2006, S. 325.

7 Vgl. Ebenda.

8 Adamijjat, Fereydun: *Ideologije nehsate mashruteje Iran* [Philosophie der Verfassungsbewegung im Iran], 1975, S. 426.

gen Theokratie als Staatsform und beabsichtigt eine radikale Trennung von Staat und Religion zu vollziehen.

Akhondzade lehnt einen Anschluss an das ›Arabertum‹ ab. Der Islam und alle anderen abrahamischen Religionen symbolisieren für ihn Rückständigkeit und Stagnation. Er ist stets bemüht, die persische Sprache von arabischen Lehnwörtern zu befreien, da Sprache seiner Ansicht nach das Denken beeinflusse und das Arabische mit der persischen Tradition und Denkart wenig zu tun habe. Hier erwähnt Akhondzade den Dichter-Philosophen Abolqasem Ferdosi (941-1020), der die persische Sprache weitgehend modernisiert und der altpersischen Tradition zu einer Wiedergeburt verholfen hat. Er vergleicht Ferdosi mit Homer, dessen Werk eine Grundlage der europäischen Zivilisation darstellt.[9]

Akhondzade hält Ferdosi für einen Anhänger des Sartoscht. Daher hält er eine Rückbesinnung des persischen Volkes auf Sartoschts (Zarathustras) von Vernunft und Freiheit getragene Lehre für grundlegend. Für Sartoscht ist eine wahrhaftige Lebensführung nur dann möglich, wenn die Motive des Denkens, Redens und Handelns gut sind. Akhondzade gehört zweifelsohne zu den bekannten Sozialkritikern des zeitgenössischen Iran. Er verfehlt seine Ziele, weil er durch eine radikale Entarabisierung der Sprache und Kultur Persiens das Land teilweise seiner kulturellen Grundlagen beraubt hätte. Ihm entgeht, dass die arabische Sprache und zum Teil auch die Kultur ein allgemeines Gut des persischen Lebens geworden ist, das nicht leicht zu eliminieren ist. Gerade die Mischung bildet die Grundlage der persischen kulturellen Identität.

Ausgewählte Werke:

— *Se maktub* [Drei Traktate].

— *Usule negaresh* [Morphologie des Schreibens].

[9] Vgl. Ebenda, S. 294 und 304.

3.2 Mirza Aghakhan Kermani und die Rückbesinnung auf eigene Traditionen

Mirza Aghakhan Kermani (1850-1896) ist in Persien geboren. Er übernimmt die politische Gesinnung seines Zeitgenossen Akhondzade wie auch dessen Gründung auf Sartoschts Lehre. Auch er ist ein Sozialkritiker, der sich mit philophisch relevanten Fragen beschäftigt. 1886 geht Kermani nach Istanbul, wo er mit der europäischen Philosophie in Kontakt kommt und diese ansatzweise in seine Werke integriert.[10]

---

[10] Über Kermani vgl. Adamijjat, Fereydun: *Andishehaje Mirza Aghakhan Kermani* [Die Philosophie des Mirza Aghakhan Kermani], 1978.

Die Geburt dieses Sozialkritikers fällt zeitlich zusammen mit dem Ringen Preußens und Österreichs um die Macht im Frankfurter Parlament. Kurz danach wird Bismarck (1815-1898) preußischer Gesandter beim damaligen Deutschen Bundestag.

Den Zustand des Iran seinerzeit vergleicht Kermani mit einer kleinen Kerze, die im Gegensatz zur Sonne des europäischen Geistes stehe. Er stellt bekümmert fest: »Persien! Wo bist du geblieben, du hast eine ganz andere Stellung zur Zeit des Königs Goschtassb (in der Zeit des Sartoscht) gehabt, was ist davon übrig geblieben außer Verachtung?«[11] Kermani erwägt eine gewisse Europäisierung Persiens und bezieht sich auf die Philosophen Charles Louis de Montesquieu (1689-1755) und John Locke (1632-1704). Dabei geht es nicht darum, durch eine radikale ›Verwestlichung‹ einen internen Eurozentrismus herbeizuführen. Er betrachtet die europäischen Vorstellungen von Demokratie als nur eingeschränkt geeignet für die persische Gesellschaft und hält soziale Umwälzungen nur dann für möglich und sinnvoll, wenn sie den gewachsenen Traditionen des eigenen Landes entsprechen. Unter Tradition versteht er, wie Akhondzade, allerdings nur die Wiedereinführung der Lehre des Sartoscht, weil er in dessen Tradition einen vernunftverwurzelten Weg sieht, um die Notwendigkeit der Vernunft aus der persischen Philosophie heraus zu entwickeln.

Kermani beabsichtigt, alle institutionellen Ebenen der Gesellschaft grundlegend zu reformieren, um verlorengegangene Werte wiederzugewinnen und Fortschritte zu erzielen. Auf diesem Wege hält er es genau wie Akhondzade für angebracht, sich vom Islam abzuwenden.

Die Gleichheit aller Bürger hält Kermani für eine unverzichtbare Basis des staatlichen Lebens. Er entwickelt eine naturphilosophische Theorie, um diese Stagnation zu beheben. Dieses Ziel lasse sich nach ihm nur durch die Herbeiführung einer Zivilgesellschaft realisieren. Kermani verweist auf den neugierig-suchenden Geist des Menschen, der verstehen und verstanden werden will. Er insistiert in unterschiedlichen Zusammenhängen, dass gerade dieser operative Geist des Menschen ihn im Prozess seines Lebens stets zum erwähnten ›Leuchtturm der Vernunft‹ führt.

Mit der Gründung der Zeitschrift ›Qhanun‹, ›Gesetz‹, schafft Kermani ein Forum, um Fehler der Politiker sowie weitere politische und soziale Missstände diskutieren zu können. Seiner Auffassung nach sind die Machthabenden seiner Epoche selbst für die Rückständigkeit

---

11 Akhondzade, Mirza Fathali: *Se maktub* [Drei Traktate], 2006, S. 119.

und Unwissenheit des Volkes verantwortlich. Diese bezeichnet er als ›nationale Räuber‹ und Marionetten der fremden Mächte. Sie hätten kein Interesse an der Aufklärung des Volkes und am Fortschritt des Landes. Wegen dieser Auffassung ist Kermani Verfolgungen ausgesetzt und muss in das Osmanische Reich auswandern, wobei er auch dort Opfer massiver Intrigen wird.

Das Gesetz der harmonischen und zugleich kritischen Vernunft trägt nach Kermani dazu bei, dass Menschen aus unterschiedlichen Gesellschaften und historischen Hintergründen miteinander auskommen und sich ihrer eigenen Weise nach entwickeln. In seinem Werk ›Sad Khatabe‹, ›Hundert Reden‹, verweist er auf die Tatsache, dass sowohl Religion als auch die Formen des Regierens lediglich Produkte des Menschen sind, die aber einen erheblichen schicksalhaften Einfluss auf das Leben in der Gesellschaft haben. Hier »hat die Vernunft die Aufgabe abzuwägen, wie man solche Herausforderungen bewältigen kann. Alles, was dem Menschen Gutes bringt, ist gerecht, alles was ihm schadet, ist abzulehnen.«[12] Während Religionen ohne Gott nicht auskämen, wolle Sartoscht laut Kermani zeigen, dass die Vernunft zu regieren hat: »Religion und Vernunft vertragen sich nicht. [...] Es ist unwichtig, wann und wo Sartoscht gelebt hat. Wichtig ist, dass er Vor- und Nachteile der Vernunft für das menschliche Leben gezeigt hat.«[13] Dieser Feststellung zufolge sieht Kermani die Mission Sartoschts darin, die Menschheit auf eine neue Stufe des Bewusstseins zu heben.

Das Aufklärungsprogramm Kermanis scheitert, wie das seines Vorgängers Akhondzade, weil auch er durch die Pflege von Nationalismen in der Vergangenheit schwelgt. Auch ihm entgeht, dass jede Veränderung innerhalb einer Gesellschaft eine gewisse kulturelle Kompatibilität voraussetzt.

Ausgewählte Werke:

– *Sad khatabae* [Hundert Vorlesungen].
– *Takwin wa tashri* [Schöpfung und Gesetzgebung].

---

12 Adamijjat, Fereydun: *Andishehaje Mirza Fathali Akhondzade* [Die Philosophie des Mirza Fathali Akhondzade], 1979, S. 113.

13 Ebenda, S. 136 und 138 f.

3.3 *Talbof Tabrizi und Aufklärung durch Bildung*

Mirza Abd al-Rahim Talbof Tabrizi (andere Schreibweise: Talbof, Talibov), genannt Talbof Tabrizi (1830-1909), wird in Persien geboren. Er ist neben Akhondzade und Kermani ein weiterer Sozialkritiker des Persiens im 19. und im beginnenden 20. Jahrhundert. Die Unterwerfung Algeriens unter französische Herrschaft fällt mit seinem Geburtsjahr zusammen. In Deutschland entfaltet Karl Marx seine bahnbrechende Philosophie des Sozialismus.[14]

[14] Über Tabrizi vgl. Adamijjat, Fereydun: *Andishehaje Talbof Tabrizi [*Die Philosophie des Talbof Tabrizi], 1981.

Tabrizi hält sich wie seine Vorgänger in Tiflis auf und kommt dort in erste Kontakte mit der westlichen Literatur. Er beschließt, europäische Literatur, Philosophie und moderne Wissenschaften zu studieren. Erst nach seinem 50. Lebensjahr übersetzt er russische Texte ins Persische und beginnt eigene Ideen schriftlich niederzulegen. Seine Zielrichtung sind pädagogische, wissenschaftliche und philosophische Fragen. In diesen Werken fließen traditionelle und moderne Strömungen zusammen.

Wie Akhondzade und Kermani steht Tabrizi dem Islam ablehnend gegenüber und unterstellt, diese Religion hätte sich ausschließlich durch die Anwendung von Gewalt verbereitet, was allerdings historisch betrachtet nicht den Tatsachen entspricht. Es ist gut dokumentiert, dass die Annahme des Islam in Persien bereits zu Lebzeiten des Propheten Mohammad und vor den Eroberungszügen erfolgte.

Tabrizi geht grundsätzlich von der Vernunft als Grundlage seiner Gesellschafts- und Aufklärungstheorie aus. Besonders bewandert ist er auf dem Gebiet der russischen Philosophie, insbesondere der Staatstheorie. Er ist bestrebt, eine Demokratie zu realisieren, die der persischen Gesellschaft angemessen ist.

Die persische Gesellschaft benötigt nach Tabrizi ein geistiges Erwachen, weil es seit Jahrhunderten von den russischen, britischen und den eigenen Despoten im Land durch strukturelle Gewalt einfältig gehalten wird. Wie seine Vorgänger will er eine grundsätzliche Trennung zwischen Politik und Religion herbeiführen. In der Privatisierung des Glaubens erblickt er einen wesentlichen Schritt, der zur Intellektualisierung des Volkes und zur Modernisierung der Gesellschaft führen kann. Er hält Individualität für die Grundlage einer jeden Demokratie und sieht in der Religion und einer klerikalen Regierung ein theoretisches und praktisches Hindernis.

Ein Volk, das nicht ein Minimum an Bildung und Wohlstand hat und über kein Geschichtsbewusstsein verfügt, könne Tabrizi zufolge Aufklärung und Modernisierung weder verstehen noch umsetzen. Seine politische Philosophie verfolgt die Errichtung einer Staatsform, in welcher Bildung und Gerechtigkeit zum Imperativ werden. Andernfalls würde das Land immer wieder in die Unmündigkeit zurückfallen, weil das Volk den Herausforderungen nicht gewachsen sei.[15]

Eine radikale Abkehr von blinder Nachahmung, die Menschen irreleitet, ist für Tabrizi von großer Bedeutung: »Ich wundere mich nicht so sehr, dass die katholischen Päpste sich als Stellvertreter

---

[15] Adamijjat, Fereydun: *Andishehaje Mirza Fathali Akhondzade* [Die Philosophie des Mirza Fathali Akhondzade], 1979, S. 4.

Gottes auf Erden betrachten, vielmehr wundere ich mich, dass sich die irren Anhänger dieser Kirche überhaupt korrumpieren lassen und nicht mal in der Lage sind, ihren eigenen Verstand zu benutzen, um zu unterscheiden, was Gut und Böse ist.«[16] Mit dieser Überlegung spricht er eine zentrale Forderung der Aufklärung in religiösen Angelegenheiten in Europa aus.

Im Hinblick auf die Religion geht er, im Gegensatz zu seinen Vorgängern Akhondzade und Kermani, einen moderaten und sozial gangbaren Weg, indem er religiöse Volksfrömmigkeit nicht vehement zurückweist, aber zugleich an die Vernunft der Individuen appelliert, an welcher stets alles zu messen sei. Abkehr von Vernunft hieße dementsprechend Verfall in die Unmündigkeit.

Ein wichtiges politisches Werk Tabrizis ist ›Masalekolmohsenin‹, ›Doktrin der Wohltäter‹, in dem der Verfasser einen Arzt und einen Architekten miteinander ins Gespräch kommen lässt. In diesem Dialog zeigt Tabrizi exemplarisch, dass die Stagnation in der persischen Gesellschaft nicht nur politischer oder sozialer Natur ist, sondern auch ökonomischen Charakter hat.[17] Seine politische Philosophie fasst er in seinem Buch ›Masaleholhajat‹, ›Über das politische Leben‹, zusammen.[18] Dabei thematisiert er die Natur- und Menschenrechte und vor allem die Entwicklung der Zivilgesellschaft und die Probleme, die damit zusammenhängen.

Tabrizi vertritt einen empiristischen Ansatz und weist jede Form von Intuition zurück: »Wissen wir, wer und was wir sind, woher wir kommen und wohin wir gehen?« Seine Antwort darauf ist, »dass der Mensch ein Gefangener seiner Gedankenkonstrukte und seiner Vorlieben ist.«[19] Deshalb sind die menschliche Wahrnehmung der Welt und ihre Charakterisierung Ergebnisse seiner Sehenslogik. Tabrizi ist der Auffassung, dass der Mensch sich vom Tier dadurch unterscheidet, dass er stets die Frage nach dem ›Wie und Warum‹ stellt.

Der Mensch verfügt über Vernunft und Verstand. Daher ist er, jenseits aller Determinanten der Macht, selbst verantwortlich dafür, inwieweit er sich selbst bestimmt und ob er andere Menschen über sich verfügen lässt. »Blinder Gehorsam«, schreibt Tabrizi, »führt zur

---

16 Ebenda, S. 18.

17 Vgl. Talbof Tabrizi, Mirza Abdolrahim: *Masalekolmohsenin* [Doktrin der Wohltäter], 1944.

18 Vgl. Ebenda.

19 Ebenda, S. 101.

Düsternis, die blanken Fanatismus zur Folge hat.«[20] Dies entspricht einem der zentralen Grundsätze der persischen Verfassungsrevolution von 1905, mit der er sich identifiziert.

Für Tabrizi ist der Mensch aufgrund seiner Freiheit dazu bestimmt, sich selbst zu bestimmen und für sein Glück und Unglück selbst die Verantwortung zu tragen. Freiheit ist für ihn ein der Vernunft angemessenes und unveräußerliches Naturrecht. Der Mensch kann seine Vernunft für die Beruhigung »der Flamme seiner Eroberungsgier einsetzen und eine expansive Kolonialisierung der Welt anstreben, er kann aber auch seine Vernunft für die Befreiung von Fremdbestimmung einsetzen und Humanismus, Demokratie und Menschenrechte hervorbringen.«[21]

Ausgewählte Werke:
— *Ketab-e Ahmad* [Das Buch von Ahmad].
— *Masalek'ol-Moh'senin* [Die Wege der Gemeinnützigen].

[20] Ebenda, S. 10.
[21] Ebenda, S. 10.

3.4 Mohammad Ali Foroughi und Selbstkritik als Motor des Fortschritts

Mohammad Ali Foroughi (1877-1942) ist ein Gründer des modernen Pragmatismus im zeitgenössischen Iran. Er interessiert sich neben Philosophie für Grundfragen der politischen Wissenschaften, Geschichtswissenschaften, Volkswirtschaftslehre sowie Rechtswissenschaften.

Foroughi steht unter dem Einfluss seines Vaters Mohammad Hossein Khan Foroughi, der am Hof von Mosafareddin Schah als Übersetzer tätig ist. Der Vater bringt die Zeitschrift ›Erziehung‹ heraus, welche sich mit Ansätzen modernen Denkens beschäftigt. Der Sohn geht dem Vater bei der Anfertigung der Beiträge zur Hand; dadurch wird sein Interesse für die rationalistischen Strömungen der europäischen Philosophie geweckt. Foroughi sucht stets das Neue und ist bemüht, im Persischen äquivalente Begriffe für philosophische, politische, wirtschaftliche sowie juristische Begriffe aus Europa zu finden.

Foroughi pflegt im Philosophischen wie im Politischen eine liberale Haltung, wobei letztere konservative Züge aufweist. Auch er zeigt sich, wie seine Vorgänger Akhondzade, Kermani und Tabrizi, begeistert über die europäische Aufklärung.

Im Alter von 22 Jahren erhält Foroughi die Gelegenheit, seine innovativen Gedanken zu verbreiten. Er nimmt eine Lehrtätigkeit an der Teheraner Universität für Geisteswissenschaften auf. Die umfassende Bildung des Volkes betrachtet er als seine Pflicht. In einer Korrelation des politischen und kulturellen Diskurses sieht er die Möglichkeit eine Zivilgesellschaft praktisch umzusetzen. 1907, nach dem Tod seines Vaters, übernimmt Foroughi dessen Amt als Leiter der Hochschule. Ab 1911 wird er Finanzminister, später Justizminister. Er setzt sich gezielt dafür ein, den Iran zu einer demokratischen Republik zu entwickeln, und wird 1925 zum Premierminister ernannt.

Foroughi ist im gleichen Jahr wie Hermann Hesse (1877-1962) geboren. Während sich der eine im neu gegründeten Deutschen Reich der literarischen Welt zuwendet, sucht der andere neue Wege für die Ausgestaltung des iranischen Hochschulsystems und die Erneuerung der Philosophie in seinem Land.

In der Schulung des Geistes sieht Foroughi eine Möglichkeit, sich diesem Ziel zu nähern. Er übersetzt mehrere philosophische Werke, die im Iran eine ganze Generation prägen. 1941 wird er während der britisch-sowjetischen Invasion im Iran erneut Premierminister.[22] Sehr früh weist Foroughi darauf hin, dass wir in einer immer kleiner werdenden Welt leben, in der alle aufeinander angewiesen sind. Keine Nation könne alleine für sich existieren: »Soviel ist zu wissen, dass sich heute das menschliche Leben internationalisiert hat. Kein Volk kann ohne andere Völker existieren. Auch die inneren Angelegenheiten bleiben für andere Länder nicht ohne Konsequenzen, gegenwärtig noch mehr als in der Vergangenheit […]. Wenn ein Volk sein Land

[22] Über Foroughi vgl. Haghdar, Ali Asghar: *Mohammad Ali Foroughi wa sakhtarhaje novin* [Mohammad Ali Foroughi und neue Strukturen], 1990 und Varedi, Ahmad: *Muhammad Ali Furughi, Zuka al-Mulk (1877-1942)*, 1992.

nicht aus eigenen Kräften modernisiert bzw. reformiert, um mit anderen mitzuhalten, wird es zwangsläufig von anderen beherrscht.«[23]

Diese Weltbetrachtung, in der das Eigene und das Andere zusammengedacht werden, ist eine dialogische und zugleich globale Einstellung, die uns heute helfen könnte, die bestehende merkantile Globalisierung in die richtigen Bahnen zu lenken.

Foroughis Verantwortungsbewusstsein, verbunden mit der Hoffnung einen fortschrittlichen Iran zu entwickeln, ist stark von der persischen Verfassungsrevolution von 1905 und ihrem Ziel geprägt, alle Kräfte des Landes in einer praktischen Volkssouveränität zu konzentrieren. Das spätere Scheitern dieses Projektes ist eine Niederlage des persischen Volkes. Ein Grund liegt in der permanenten Einmischung der Briten und Russen in die Innen- und Außenpolitik des Landes. Der zweite Grund, von dem sich das Volk nicht freisprechen konnte, ist ein Mangel an Selbstbewusstsein.

In seiner Schrift ›Iran dar 1919‹, ›Iran im Jahre 1919‹, beschreibt Foroughi auch die kultursoziologische Problematik dieser Ereignisse und deren Folgen für die Zukunft Persiens. Als Justizminister kennt er das Elend des Volkes. Er beklagt zeit seines Lebens, dass es in Persien nicht so etwas wie eine »öffentliche Meinung« gäbe, die Grundvoraussetzung einer »würdigen Zukunft« sei.[24] Ohne eine demokratische Erziehung des Volkes sei es nicht möglich, Fortschritte zu erzielen. Nach diesem Konzept kommt der Regierung des Landes die grundlegende Verantwortung zu, »die Gerechtigkeit zu hüten. Gerechtes Regieren ist nur durch die Einführung von Gesetzen möglich. Hierbei ist zweierlei zu beachten: Gesetze zu verabschieden und sich danach zu richten. [...] Wenn nur eine einzige Person über alles entscheiden sollte, so endet alles in Despotismus. Aus diesem Grunde ist die Gewaltenteilung unverzichtbar, damit Entscheidungen kontrolliert werden können.«[25]

Gerechtigkeit ist für Foroughi eine Notwendigkeit, die dazu beiträgt, dass Menschen gleich behandelt werden. Insofern habe die Regierung die Bürger zu begleiten und ihnen Freiheiten zu gewähren,

---

[23] Foroughi, Mohammad Ali: *Name ye xosusi be Mahmoud Vesal* [Privatbrief an Mahmoud Vesal], 1976, S. 71.

[24] Foroughi, Mohammad Ali: *Iran dar 1919* [Iran im Jahr 1919], 1974, S. 76.

[25] Foroughi, Mohammad Ali: *Hoqouqe asasije mashroutijjate melal* [Das Grundrecht der Völker], 1941, S. 2 ff.

damit sie sich angemessen entfalten und sich für die Belange der Gesellschaft einbringen können.

In seinem Werk ›Farhangestan chist?‹, ›Was heißt Kultur?‹, stellt Foroughi fest: »Kulturbildung ist die unverzichtbare Grundlage der Zivilgesellschaft. Wenn ein Volk nicht nach diesem Ziel strebt, wird es sich nicht angemessen entwickeln können. Die Würde einer Nation steht und fällt mit Bildung und Erziehung.«[26]

Auf diesem Wege verfolgt er andere Ziele als seine Vorgänger Akhondzade, Kermani und Tabrizi. Während diese durch Nationalismus und eine teilweise eurozentrische Orientierung eine zivilgesellschaftliche Ordnung herbeiführen wollen, setzt Foroughi auf Bildung der Menschen in Anlehnung an die eigene Tradition. Er sieht zwischen Tradition und Moderne keine Konkurrenz, sondern macht eine Interdependenz zwischen beiden aus.

Im Bestreben der Herrschenden, das eigene Volk nur recht kräftig irrezuführen,[27] um sich ungestört bereichern zu können, sieht er den eigentlichen Grund, dass in Persien keine echte Volkssouveränität zum Tragen kommt. Durch die Schaffung eines Mittelstandes erhofft sich Foroughi die Möglichkeit einer Herbeiführung der ersehnten Volkssouveränität, die Nachhaltigkeit und Wohlstand im Orient mit sich bringen soll.

Die Orientalen haben sich nach Foroughi einer neuen Selbsterkenntnis im Sinne einer Selbstkritik zu unterziehen, um sich gemäß ihrer Potentiale entwickeln zu können. Wenn die Völker im Orient ihre Ressourcen nicht aufgrund eigener Technologie verwalten können, so werden sich andere Mächte einmischen und sie bevormunden.

Neben diesen soziokulturell grundlegenden Gedanken ist ein zentrales Arbeitsgebiet Foroughis die Philosophie und deren Geschichte. Besonders hervorzuheben ist seine mehrbändige Einführung in die ›Sejre Hekmat dar Oroupa‹, ›Geschichte der europäischen Philosophie‹.[28] Zu dieser Einführung kommt er über einen Umweg: Zunächst übersetzt er den ›Discours de la méthode‹ von Descartes,[29] in dessen Philosophie er die Vorzüge einer vernünftigen Lebensfüh-

---

26 Foroughi, Mohammad *Ali: Farhangestan chist?* [Was heißt Kultur?], 1972, S. 172.

27 Vgl. Foroughi, Mohammad Ali: *Iran dar 1919* [Iran im Jahre 1919], 1974, S. 74.

28 Vgl. Foroughi, Mohammad Ali: *Sejre Hekmat dar Oroupa* [Geschichte der europäischen Philosophie] (in drei Bänden), 1938, 1939, 1941.

29 Vgl. Descartes, René: *Abhandlung über die Methode des richtigen Vernunftgebrauchs,* Stuttgart 1995.

rung erblickt. Bald fällt ihm auf, dass das Verständnis dieser Abhandlung ohne Kenntnisse der abendländischen Philosophie schwerlich möglich ist. Das bestärkt Foroughi in seinem inneren Motiv, die gesamte europäische Philosophiegeschichte in verständlicher Form zur Darstellung zu bringen. Seine Studie stößt im Land auf große Anerkennung und bildet die Grundlage systematischer Forschungen über die europäische Philosophie. Seinem Kompendium stellt er den übersetzten ›Discours de la méthode‹ voran.

In diesem vierbändigen Werk behandelt Foroughi die Entstehungs- und Entwicklungsgeschichte des griechischen Denkens, gefolgt von einer Untersuchung aller Epochen der europäischen Philosophie bis in die Gegenwart hinein. Zu Beginn des ersten Bandes hebt er hervor, dass es zu den Rätseln der Denkgeschichte gehört, wo die ›hekmat‹, ›Philosophie‹, ihren Ursprung habe. Zugleich stellt Foroughi fest, dass Philosophie und Philosophieren ein menschliches Phänomen darstellt, an dessen Entwicklung alle Nationen der Welt beteiligt sind.

Dem griechischen Geist als einem unverrückbaren Bestandteil des Orients schreibt Foroughi die Genialität zu, großartige Systeme entwickelt zu haben, aus der auch die iranische Kultur Erkenntnisse schöpfen könne, nicht nur die heutige europäisch-westliche Hemisphäre. Die Verdienste der Philosophen der islamischen Welt, sieht er auch darin, dass sie dieses Denken durch ihre Übersetzungen aus dem Griechischen, verbunden mit eigenem Philosophieren, weiten Teilen der Welt zugänglich gemacht haben.

Foroughi ist bestrebt, europäisches und orientalisches Denken miteinander zu verbinden, um ein harmonisches Ganzes daraus hervorgehen zu lassen. Er sucht weder einen Eurozentrismus noch einen Rückzug in separierende Traditionen, sondern eine kulturübergreifende Völkerverständigung.

Ausgewählte Werke:

– *Aflaton wa hekmate Soghrat* [Philosophie des Sokrates und Platon].
– *Sejre Hekmat dar Oroupa* [Geschichte der europäischen Philosophie].

3.5 Allameh Tabatabai und die hermeneutische Erneuerung des Geistes

Allameh Seyyed Mohammad Hossein Tabatabai (andere Schreibweisen: Tabataba'i, Tabatabayi), genannt Allameh Tabatabai (1903-1981), ist in Persien geboren. Das Wirken Allameh Tabatabais ist der Beginn einer grundlegenden Erneuerung in den soziokulturellen Aktivitäten der islamischen Philosophie. Im Alter von 20 Jahren begibt sich Allameh Tabatabai zum Studium in den Irak. Er beschäftigt sich mit traditionellen Wissenschaften, theologischer Überlieferung und rationalen Fragestellungen sowie mit Rechtswissenschaften und Gesetzgebung. 1945 nimmt er in Qom eine Lehrtätigkeit auf den Gebieten der Theologie, Philosophie und Weisheitslehre auf. Letztere ist eine Mischung aus Theologie, Philosophie und Sufismus, genannt ›erfan‹, also Weisheitslehre.[30]

Zwei Grundpfeiler bilden die Basis der Philosophie von Allameh Tabatabai: das ›methodische Denken‹ und die ›Freiheit im Denken‹. Mit ihnen wird eine Selbsterkenntnis des Menschen möglich gemacht. Im Vergleich zu vielen seiner Vorgänger und Nachfolger sucht Allameh Tabatabai das Neue nicht irgendwo anders, sondern er kreiert es selbst und lebt nach seiner Maxime. Seine Wirkungszeit liegt kurz nach dem Tod Friedrich Nietzsches, mit dem in Europa ebenfalls eine neue Philosophie entsteht.

Die Philosophie Allameh Tabatabais basiert auf einem hermeneutischen Grundverständnis und ist rationalistisch-analytisch. Er betrachtet die Philosophie der islamischen Welt als rationalistisch und stellt sie dem sophistischen Denken gegenüber. Die Sophisten leugnen bekanntlich jede Realität außerhalb des eigenen Denkens. Für Allameh Tabatabai ist Realismus nicht mit Materialismus identisch, weil weite Teile der realen Welt spirituell und nichtmateriell sind. Sogar die Wahrnehmung betrachtet er als einen spirituellen Akt. Auf der Grundlage dieser Erkenntnis befasst sich Allameh Tabatabai systematisch mit der philosophischen Basis des im Iran aufkommenden Kommunismus. Im Vergleich zu den Sozialkritikern Akhondzade, Kermani und Tabrizi sucht er eine verstehende Begegnung mit europäisch-westlichen Philosophien.

Zwei Traditionslinien hält Allameh Tabatabai für stagnierend und unfruchtbar: Die eine sucht die radikale Hingabe und ist bestrebt, *ausschließlich* die europäisch-westliche Philosophie zu verstehen, um dadurch indirekt auch zu sich zu finden. Die andere schottet sich ab und bekämpft jegliche Berührung mit dem Westen. Diese beiden extremen Linien tragen weder zur Besserung der *internen* noch der *externen* Verhältnisse bei. Eine Folge dieser Position ist ein selbstverschuldeter Regressionseffekt. Vorausschauend versteht Allameh Tabatabai, dieser tödlichen Logik des Entweder-Oder entgegenzuwirken. Er bringt das Verstehen-wollen und das Verstanden-werden-Wollen des Eigenen und des Anderen zusammen, um eine dialogische und zugleich kritische Verständigung zur Kultur werden zu lassen. Diese Haltung zieht sich wie ein roter Faden durch sein Werk, von den religionsphilosophischen Schriften bis zu philosophiegeschichtlichen Reflexionen.

---

30 Über Allameh Tabatabai vgl. Algar, Hamid: *Allama Sayyid Muhammad Husayn Tabatabai – Philosopher, Exegete and Gnostic*, 2006.

Nach der Islamischen Revolution von 1979 kommt es durch Allameh Tabatabai zu einer Wiedergeburt der Philosophie Molla Sadras. Er erarbeitet ein einheitliches Bild der Philosophie Molla Sadras, diskutiert dessen grundlegenden Prinzipien und stellt die wichtigsten Fragen der Philosophie der islamischen Welt erneut zur Diskussion. Zu dieser neosadraischen Philosophie gehört in erster Linie die Frage Molla Sadras nach dem Dasein und seinen Modalitäten.

Diese Erneuerung der sadraischen Philosophie führt Allameh Tabatabai in seinen Lehrwerken ›Bedajatol Hikma‹,[31] ›Anfang der Weisheit‹, und ›Nahajatol Hikma‹,[32] ›Ziel der Weisheit‹, aus. Sein Werk lässt sich unter sechs Aspekten betrachten. Neben der hermeneutischen und erfanischen (Weisheitslehre) gehören auch hadisische (Überlieferung) und wissenschaftsrechtliche (fiqh) sowie ethische und philosophische Aspekte dazu.

Die Gesamtschau seiner Philosophie formuliert er in seinem Kompendium ›Usule Falsafe wa Raweshe Realism‹, ›Prinzipien der Philosophie und Methoden des Realismus‹,[33] die als kritisch-dialogische Rationalität bezeichnet werden kann. Morteza Mortahari (1920-1979), einer seiner profiliertesten Schüler, führt nach dem Tod von Allameh Tabatabai seine Lehren weiter und verbreitet sie an Universitäten und wissenschaftlichen Institutionen.

Allameh Tabatabai kann von seiner Bedeutung und geistigen Tragweite her als ›der Molla Sadra des zeitgenössischen Iran‹ angesehen werden. Er zieht eine Grenze zwischen theoretischer und praktischer Philosophie und trennt die unbezweifelbaren Wahrheiten über die Struktur des Kosmos und die Welt der Sachverhalte von weltanschaulichen Betrachtungsweisen. Wenn z.B. ausgesagt wird, 2 x 2 sei 4, so ist die Zahl 4 ein Faktum, während literarische und wissenschaftsrechtliche Fragen wegen ihrer Subjektivität viele Lesarten zulassen.

Die wichtigsten Grundlagen von Allameh Tabatabais Philosophie und sein philosophiegeschichtliches Verständnis finden sich hauptsächlich in seiner erwähnten Schrift ›Usule Falsafe wa Raweshe Re-

---

[31] Vgl. Tabatabai, Allameh Seyyed Mohammad Hossein: *Bedajatol Hikma* [Anfang der Weisheit], 2000.

[32] Vgl. Tabatabai, Allameh Seyyed Mohammad Hossein: *Nahajatol Hikma* [Ziel der Weisheit], 1993.

[33] Vgl. Tabatabai, Allameh Seyyed Mohammad Hossein: *Usule Falsafe wa Raweshe Realism* [Prinzipien der Philosophie und Methoden des Realismus], 1984.

alism‹, die aus seinen Vorlesungen besteht. Ein Grund, warum er diese Vorlesungsreihen zu halten begann, ist die weitverbreitete Idee des Marxismus im Iran der 1940er Jahre. Mit diesen Vorlesungen entstand allmählich eine philosophische Tradition, die es noch heute im Iran gibt. Morteza Mortahari sammelt diese Vorlesungen und gibt sie, mit Marginalien versehen, unter dem Titel ›Usule Falsafe wa Raweshe Realism‹ in fünf Bänden heraus.

Mit der Frage: ›Was bedeutet Philosophie?‹ setzt Allameh Tabatabai die ›Falsafeye Qadim‹, die traditionelle Philosophie, mit der ›Falsafeye Djadid‹, der neuen Philosophie, in Beziehung. Dabei geht er von einem dynamischen Philosophiebegriff aus, der sich notwendigerweise aus sich heraus erneuere. Philosophie ist nach Tabatabai »eine denkerische und vernunftgeleitete Tätigkeit, die sich mit der Frage nach dem/den Seienden und den Funktionsweisen der Welt befasst. Sie unterwirft sich keinem bestimmten methodischen Diktat.«[34]

Allameh Tabatabai versteht Philosophie somit als eine Tätigkeit des Geistes, die zwar keine Wissenschaft wie die der Mathematik darstellt, sich aber wissenschaftlicher Methoden bedient, die selbst Ergebnisse dieses Unternehmens sind.[35] Jede Wissenschaft beginnt demzufolge mit der Philosophie. Das Verhältnis zwischen Philosophie und Wissenschaft betrachtet er als dialogisch.

Auf der Grundlage dieses Vorverständnisses führt Allameh Tabatabai im ersten Band in die philosophische Terminologie ein. Seine applizierte Orientierungsmethode ist eine Mischung von historischer, systematischer und vergleichender Philosophie, mit der er die griechischen und islamischen Philosophien seit ihren Anfängen bis in die Gegenwart hinein zum Gegenstand seiner Untersuchung erhebt. Bei der Klärung seines Philosophie- und Wissenschaftsbegriffs setzt sich Allameh Tabatabai mit dem anthropozentrischen ›Homo-mensura-Satz‹ des Protagoras und dem skeptisch-nihilistischen Ansatz des Gorgias von Leontinoi (480-380 v.u.Z.) auseinander. Protagoras sieht im Menschen das Maß aller Dinge und den Mittelpunkt des Kosmos. Gorgias vertritt eine nihilistische Weltanschauung und behauptet, es gäbe im Grunde nichts, denn wenn es etwas gäbe, könnte es doch nicht erkannt werden, und wenn es erkannt werden könnte, könnte es

34 Vgl. ebenda, S. 44.
35 Vgl. ebenda, S. 45.

doch nicht mitgeteilt werden.[36] Beide Weltanschauungen weist Allameh Tabatabai zurück.

Die Aussage des Gorgias besagt, dass es weder Wirklichkeit noch Wahrheit im Sinne der Erkenntnis einer Wirklichkeit gibt. Hier stellt sich die Frage nach einer möglichen Relevanz des metaphysischen Nihilismus eines Gorgias in Hinblick auf quantenphysikalische Oszillationen eines Nullpunktfeldes, was als erkenntnistheoretischer Nihilismus bezeichnet werden könnte. Die Folge einer solchen Weltanschauung ist radikaler Relativismus, der dazu verleitet, den Menschen zum Maß aller Dinge und vor allem zum Maßstab seiner Selbst werden zu lassen.

Diese weite Spanne der Weltanschauung prägt noch heute vielerorts unser Denken, unser Verhalten und damit unsere gesamte Gegenwartskultur in einer schmerzhaften Diskrepanz. Die Aufgabe des Menschen bleibt die Suche nach seiner Stellung zwischen der prinzipiellen Nichtergründbarkeit der materillen Sphäre und der Transzendenz, denn dieses Polaritätsverhältnis bestimmt existentiell das menschliche Sein. Nach Allameh Tabatabai entfaltet sich der Mensch innerhalb dieser Polarität und stellt die Sinnfrage jenseits von Anthropozentrik und Nihilismus, wobei letztlich als im Bereich des Unergründbaren bleibt.

Allameh Tabatabai unterscheidet weiter zwischen Idealismus und Realismus. Während der Realismus auf Vernunfterkenntnisse gründet, wie dies Aristoteles, Ibn Sina, Ibn Ruschd und Molla Sadra lehren, sieht Tabatabai im Idealismus eine Haltung, Realitäten außerhalb eigener Vorstellungskraft abzulehnen. Er nimmt Pluralismus ernst und räumt jedem Philosophen das Recht ein, »seine eigene Philosophie und sein eigenes Begriffsverständnis zu entwickeln.«[37] Auf der Grundlage dieser Systematik baut Allameh Tabatabai die Prinzipien seiner Philosophie und die Methode des Realismus auf. Hier behandelt er die Frage nach der Entstehung der Vielfalt sowie axiomatischer Logik in der menschlichen Wahrnehmung. Zur Darstellung kommen weitere Bereiche von Wirkung und Ursache sowie die dynamische Dialektik der Natur, die sich als Emergenz, also die spontane Herausbildung von neuen Eigenschaften oder Strukturen äußert.

---

36 Vgl. Gorgias von Leontinoi: *Reden, Fragmente und Testimonien*, 1989.

37 Tabatabai, Allameh Seyyed Mohammad Hossein: *Usule Falsafe wa Raweshe Realism* [Prinzipien der Philosophie und Methoden des Realismus], 1984, S. 60.

Im letzten Band wendet sich Allameh Tabatabai der Religionsphilosophie zu und diskutiert, nach dem Vorbild von Ibn Sina, Möglichkeiten, Bedingungen und Grenzen der Vernunft. Dabei stellt er fest, dass die Beschäftigung mit der Schöpfungsgeschichte sowie Sein und Nichtsein Gottes verschiedene Erkenntniswege darstellen und unterschiedlichen Voraussetzungen unterliegen.

Allameh Tabatabai ist Gründer einer praktischen ›Erfan‹, also Weisheitslehre. Man könnte sie als eine Mystik bezeichnen, die nicht nur eine transzendente, sondern auch eine immanente Dimension hat. Ziel der Erfan ist nicht eine bloße Jenseitsvertröstung. Es geht vielmehr um die Frage nach der ›Wahrheitserkenntnis‹ durch reine Liebe zum Sein, die nicht ausschließlich durch Vernunftleitung und methodisches Denken beantwortet werden kann. Während die transzendente Dimension der ›Erfan‹ die Frage nach der Einswerdung von Leib und Seele sowie Kosmos beinhaltet, spricht die praktische ›Erfan‹ die menschliche Psyche an.

Allameh Tabatabai geht von einem gottverantwortlichen Menschenbild aus, welches die Grundlage seiner Sozialtheorie bildet. Er betrachtet Menschen als gesellschaftliche Wesen, die in erheblichem Maße aufeinander angewiesen sind. Dabei kritisiert er das universalisierende Menschenbild der Moderne im Westen, nach welchem Menschen als Individuen betrachtet werden, die voneinander abgekoppelt sind bzw. solches anstreben.

In so einem Menschenbild sieht Allameh Tabatabai ein rein säkulares Weltbild mit anmaßendem Charakter. Es wäre vermessen, dem Menschen eine quasi göttliche Stellung zuzuschreiben und ihn über Recht und Unrecht entscheiden zu lassen. Der Mensch solle, jenseits aller Anthropozentrik, seine Grenzen erkennen und seine ihm anvertraute Macht würdig verwalten. Dies ist ein Grund, warum Allameh Tabatabai in der Philosophie der Moderne keinen Modus spiritueller Glückseligkeit erblickt. Er moniert, dass einige Philosophen der islamischen Welt die Moderne als ihren Maßstab übernommen und verinnerlicht und sich dadurch von ihrer eigenen Tradition und Identität entfremdet hätten. Die negative Folge einer solchen Selbstentfremdung sei, zwischen zwei Wertesystemen zu schwanken, ohne sich letztlich in einer dieser Gesellschaften völlig heimisch fühlen zu können.

Die eigentlich relevante Beobachtung Allameh Tabatabais ist, dass Gesellschaften wie die iranische im Grunde überhaupt keine Moderne erlebt haben, um nun über die Postmoderne reflektieren zu müssen. Dies hängt damit zusammen, dass eine Gesellschaft wie die iranische eine andere Geschichte durchlaufen hat und einer anderen Tradition unterliegt.[38] Es ist in der Tat berechtigt zu fragen, ob und inwieweit es möglich ist, die Software der Moderne auf die Hardware einer Gesellschaft wie der iranischen zu installieren, ohne weite Teile dieser Gesellschaft zu leugnen oder gar zu zerstören.

Eine weitere herausragende Studie von Allameh Tabatabai ist ›Tafsir al-Mizan‹, ›Das Kriterium der Interpretation‹. In diesem 20-bändigen Werk entwickelt er eine systematische Methodologie der Hermeneutik zur Kommentierung des Korans. Dieses Kompendium umfasst Überlieferungen sowie neben koranischen und erfanischen auch philosophische, ethisch-moralische, historische, literarische und soziale Dimensionen. Allameh Tabatabai thematisiert gleichermaßen Tiefendimensionen koranischer Verse wie auch Theorien, die eine Verankerung in der Religionsgeschichte der islamischen Welt haben. Sein Ziel ist, die Heilige Schrift aus sich heraus zu erklären. Weil der Prophet Mohammad sein Leben aus dem Geiste des Korans heraus gestaltet hat, setzt Allameh Tabatabai die Interpretation der Lebensführung des Propheten mit derjenigen des Korans gleich.

Allameh Tabatabai verweist ausdrücklich darauf, dass auch im Koran die Vernunft ein unverzichtbares Mittel des Erkenntnisgewinns ist. Ein Schlüssel zu seiner Koranexegese ist die Gottesfurcht. Denkendes Wahrnehmen und Entscheiden sind für ihn unverzichtbar wichtig für ein würdiges Leben.[39] Je reiner und folgerichtiger das Denken sei, umso fruchtbarer und solider gestalte sich das Leben. Auch Glück und Unglück im Leben hingen mit dem menschengemäßen Denken zusammen.

Die Interpretation des Korans folgt nach Allameh Tabatabai zwei Regeln. ›Tafsir‹, also Interpretation und ›Tawil‹, die Hermeneutik stehen in einem Wirkungszusammenhang. ›Tafsir‹ klärt den vorliegenden Befund. Es geht um die Frage nach dem Gehalt der Aussagen im Koran und danach, was sich über kulturhistorische und -räumliche Kontexte sowie den situativen Offenbarungsanlass in Erfahrung bringen lässt. Das heißt, es geht um die Analyse der Frage, wann, wie, wo und warum Suren offenbart worden sind. Dieser Befund wird durch ›Tawil‹ dem denkenden Verstehen unterzogen. ›Tawil‹ fragt danach, inwiefern sich die Deutung der Welt mit dem eigenen Men-

---

[38] Vgl. Tabatabai, Allameh Seyyed Mohammad Hossein: *Tafsir al-Mizan* [Das Kriterium der Interpretation], Bd. 4, 1980, S. 166 ff.

[39] Vgl. Tabatabai, Allameh Seyyed Mohammad Hossein: *Tafsir al-Mizan* [Das Kriterium der Interpretation], 1980.

schenbild deckt und wie der Mensch im Kontext seines Lebens mit der Deutung des Korans umgeht. In diesem Moment beginnt ›Yaghelun‹, jenes Denken, das im Koran immer wieder gefordert wird.[40]

Mit der methodischen Handreichung von ›Tafsir‹ und ›Tawil‹ gibt uns Allameh Tabatabai ein sinnvolles Werkzeug an die Hand, um mit koranischen Inhalten das eigene Leben zu gestalten. Die Forderung, den Koran mittels kritisch-historischer Methoden zu lesen, hält er für irrelevant, weil eine solche Vorgehensweise schon in der islamischen Geistesgeschichte eine Tradition ist. Es ist umso unverständlicher, warum, im Westen immer wieder gefordert wird, der Islam oder der Koran müsse kritisch-historischen Methoden unterzogen werden. Diese irreführende Forderung bezeichnet Allameh Tabatabai als einen ›Orientalismus‹ der Moderne.

Mit seiner Methode baut Allameh Tabatabai auf frühere Versuche systematischer Art auf, die Heilige Schrift des Islam angemessen auszulegen. Zu diesen anerkannten Exegeten der islamischen Religionsgeschichte gehört Abu Djschafar Mohammad Ibn Djscharir Tabari (839-923). Er legt bereits im 9. Jahrhundert eine frühe ›Tafsir-Tawil-Methode‹ philologisch, geschichts- und kulturwissenschaftlich zugrunde. Bestrebungen im zeitgenössischen Iran sind mit den Namen Ayatollah Hassan Hassanzade Amoli (*1928)[41] und Ayatollah Javadi Amoli (*1933)[42] verbunden, zwei schiitischen Philosophen und Theologen, die in dieser Exegese-Tradition von Allameh Tabatabai stehen.

Allameh Tabatabai legt mit seiner neosadraischen Philosophie, welche für die Gesamtschau seiner Philosophie kennzeichnend ist, die Grundlagen einer neuen Schule des kritischen Denkens, um einen offenen Dialog mit westlichen Denkrichtungen zu ermöglichen. In einer Mittelposition zwischen den Extremen einer überzogenen Europhobie und einer naiven Europhilie gelingt es ihm somit, eine dialogische Brücke zwischen Tradition und Moderne zu schlagen. Sein Werk ist ein Verweis darauf, dass Transzendenzverlust stets mit Identitätsverlust einhergeht. In der Transzendenzbekämpfung dürfte seit der europäischen Aufklärung das Problem der Moderne liegen.

---

40 Vgl. vor allem die Suren 2:171, 3:66, 4:83, 6:51, 8:23, 14:26 oder 30:22, in denen der Mensch ausdrücklich aufgefordert wird aktiv zu denken.

41 Vgl. Amoli, Ayatollah Hassan Hassanzade: *Hezaro jek kaleme* [Eintausend und ein Wort), 2009.

42 Vgl. Amoli, Ayatollah Javadi: *Mareffatschenasi dar Qoran* [Erkenntnistheorie im Koran: Koranexegese], 2000.

Ausgewählte Werke:

- *Tafsir al-Mizan* [Das Kriterium der Interpretation].
- *Usule Falsafe wa Raweshe Realism* [Prinzipien der Philosophie und Methoden des Realismus].

3.6 Mehdi Haeri Yazdi und die universalistische Pyramide des Seins

Mehdi Haeri Yazdi (1923-1999) ist in Persien geboren. Sein Vater ist der Gründer der islamischen Schule von Qom. Im Geburtsjahr Yazdis wird Kemal Pascha Atatürk (1881-1938) erster Präsident der Türkischen Republik. Beide verfolgen auf jeweils eigene Weise das Ziel der Modernisierung. Atatürk will diese durch Verwestlichung erreichen, während Yazdi bestrebt ist, im Sinne seines Lehrers Allameh Tabatabai das eigene geistige Erbe zu erneuern, indem er sich Erkenntnisse der europäisch-westlichen Philosophie zunutze macht, ohne Eigenes preisgeben zu müssen. Dies macht ihn zu einem dialogischen Wanderer zwischen Orient und Okzident.[43]

Haeri Yazdi gehört zu den Philosophen des 20. Jahrhunderts, die neue Wege für die islamische Philosophie suchen. Er studiert bis 1979 in den USA sowie Kanada und wird Mitglied im Ethikrat des Kennedy Institute of Bioethics an der Universität von Georgetown, an welcher er seine eigene Philosophie entfaltet, die er später im Iran vervollständigt. Haeri Yazdi rezipiert die Arbeiten von Sohrewardi und Molla Sadra, denen er zeit seines Lebens verbunden bleibt.

In seiner Schrift ›Kawoschha-ye aql-e Nazari‹, ›Erforschungen der theoretischen Vernunft‹ (1968), stellt Haeri Yazdi sein philosophisches System vor und diskutiert Gründe, warum die Philosophie im Orient neue Wege gehen müsse.[44] Er sieht seine Aufgabe und damit auch die aller Philosophen der islamischen Welt darin, in erster Linie die eigene Philosophie und das eigene kulturelle Vermächtnis zu studieren und dadurch zu verinnerlichen. In einer derart fundierten Selbsterkenntnis erblickt er die Möglichkeit, den anderen Nationen die islamische Philosophie schmackhaft zu machen: »Wir müssen Selbsterkenntnis betreiben, um zu uns zu finden, und nicht, um uns zu verherrlichen.«[45]

Haeri Yazdi entwickelt eine Lesart des methodischen Denkens, die eine bedingungslose Selbstkritik der eigenkulturellen Geschichte und Gegenwart in sich trägt. Dabei hält er ein europaverliebtes wie auch orientverliebtes Philosophieren für defizitär, wenn nicht gar destruktiv. Ihm zufolge haben die Philosophen in der islamischen Welt der Gegenwart ihre Philosophie und ihre Geschichte den anderen nicht ernsthaft zugänglich gemacht.

In der pluralistischen Offenheit der islamischen Philosophie sieht er ein großes Potential, um einen Beitrag zur Völkerverständigung zu leisten. Haeri Yazdi hält jegliche Parteinahme des Eigenen oder des Anderen in der Philosophie für nicht der Sache würdig. Er schlägt daher einen dritten Weg ein, um zwischen diesen Positionen zu vermitteln, und vertritt eine Weltphilosophie, an der alle Philosophien mit ihren unterschiedlichen Stärken zusammenfinden. Er bevorzugt

---

43 Über Yazdi vgl. Vahdat, Farzin: *Mehdi Haeri Yazdi and the Discourse of Modernity,* 2004 und Reza Hajatpour: *Mehdi Hairi Yazdi interkulturell gelesen,* 2005.

44 Vgl. Haeri Yazdi, Mehdi: *Kawoschha-ye aql-e Nazari* [Erforschungen der theoretischen Vernunft], 1968.

45 Ebenda, S. G (jim).

prinzipielle Offenheit anderen Philosophien gegenüber, insbesondere der europäisch-westlichen, ohne eigene philosophische Traditionen zu leugnen, herabzusetzen oder preiszugeben. In einer recht verstandenen kulturellen Bodenhaftung sieht er die Möglichkeit, das Andere in seinem besonderem Bezugsystem verstehen zu lernen.

Haeri Yazdi geht von einer universalistischen Menschenwürde aus. Er sieht die Individuen als unzertrennliche Teile eines Ganzen und betrachtet Philosophie als eine dezidiert anthropologische Angelegenheit: »Philosophie liegt im Wesen des Menschen.«[46] Weil sich der Mensch seiner Rationalität und Erkenntnissuche nicht entziehen kann, betrachtet er die Philosophie als einen Bestandteil des menschlichen Wesens. Sie ist für ihn geradezu eine Form freien Denkens schlechthin.[47] Haeri Yazdi sieht die Metaphysik im Sinne der sadraischen Philosophie grundsätzlich als eine[48] ›elme madar‹, Mutter der Wissenschaft, also eine Basiswissenschaft. Der Gegenstand dieser Wissenschaft ist die ›Pyramide der Welt‹, d.h. die Hierarchie des Existierenden. Metaphysik ist diejenige Wissenschaft, die sich deshalb auch mit dem Menschen zu befassen hat. Insofern hat jede Form von Anthropologie eine metaphysische Dimension.

Im Zentrum der Philosophie Haeri Yazdis steht die Vernunft. Die Aufgabe der Philosophie ist das denkende Erfassen des Seins, also der Existenz in ihrer Gesamtheit. Seine philosophische Ausrichtung ist existentialistisch. In diesem System fließen Willensfreiheit, Gerechtigkeit, Verantwortung und damit alle ethischen Fragen der menschlichen Selbstbestimmung zusammen.

Haeri Yazdi spricht von dem ›Djadid‹, dem ›Neuen‹, das man nur unzureichend als ›Modern‹ oder ›Moderne‹ übersetzen kann. Damit meint er vielmehr innovative Reflexivität und Eigendynamik der Kultur und Tradition, die miteinander in ein Wechselverhältnis zu bringen sind. Ein solches Verständnis des Neuen bedeutet eine Erneuerung der Denksysteme und Mentalitäten sowie die kritische Hinterfragung traditioneller Methodologien. Auf diese Art und Weise ist er bestrebt, das islamische Vermächtnis aus sich heraus grundlegend zu erneuern.

---

[46] Ebenda, S. 4.

[47] Haeri Yazdi, Mehdi: *Philosophie-Suche nach der Wahrheit und dem Sein,* 2002, S. 33.

[48] Vgl. Haeri Yazdi, Mehdi: *Philosophie-Suche nach der Wahrheit und dem Sein,* 2002, S. Ya.

Wegweisend analysiert Haeri Yazdi die kulturelle Bodenhaftung der Traditionen und stellt fest, dass sich auch die europäische Moderne nicht einer solchen Grundverfasstheit entziehen könne. Er schlussfolgert, dass die Vorstellung des Neuen, je nach Tradition, unterschiedlich sei, weil kulturelle Kontexte verschieden seien.

Haeri Yazdi bevorzugt eine vernunftverwurzelte Ethik, die das gesamte Leben des Menschen umfasst. Er unterscheidet zwischen religiöser Frömmigkeit und rationaler Denkart. Religiöse ›Wahrheiten‹ können zwar rational analysiert werden, sind aber nicht im Sinne der wissenschaftlichen ›Wahrheit‹ beweisbar, da jeder Mensch sie anders erfährt oder erfahren kann. Betrachten wir die Historizität der europäisch-westlichen, orientalischen oder asiatischen Traditionen, so ist diese Verschiedenheit offensichtlich ein Ausdruck der Kulturpluralität.

Haeri Yazdis Werk ist die vehemente Ablehnung eines Fundamentalismus der Moderne mit ihrem Allgemeinverbindlichkeitsanspruch. Genauso steht er als ein Philosoph der Tat dem Fundamentalismus der eigenen Tradition ablehnend gegenüber. Das ›Djadid‹ bzw. das Neue liegt für ihn in der Frucht einer dialogischen Interaktion nicht nur innerhalb der eigenen Tradition, sondern auch zwischen Orient und Okzident. Dazu bedarf es eines Paradigmenwechsels im Sinne einer kritisch-erneuernden Lektüre der jeweils eigenen und anderen Geistesgeschichte. In einer solchen spiegelbildlichen Betrachtung liegt die Charakteristik des Denkens Haeri Yazdis.

Ausgewählte Werke:

— *Kawoschha-je aqle ammali* [Erforschung der praktischen Vernunft].
— *Heram-e hasti. Tahlili az mabi-ye hasti-shenasi-ye tatbiqi* [Pyramide des Seins. Analyse der Grundlagen vergleichender Ontologie].

3.7 *Abdoldjavad Falaturi und dialogische Verständigung zwischen Orient und Okzident*

Abdoldjavad Falaturi (1926-1996) ist in Persien geboren. Mit 14 Jahren erlernt er die arabische Sprache und beginnt, sich mit islamischen Wissenschaften zu befassen. Sein Studium in Esfehan, Teheran und Maschad umfasst neben der arabischen Literatur und Geschichte die islamischen Rechtswissenschaften, islamische Theologie und Koranwissenschaften, Logik, Philosophie sowie Mystik. Falaturi schließt sein Studium mit dem wissenschaftlichen Titel des ›Idjtihad‹, des Rechtsgelehrten, ab. Mit diesem akademischen Grad ist er befugt, sich eigenständig über Rechtsfragen und Fragen der Lebensführung zu äußern. Dies schließt auch Themenbereiche ein, die nicht im Koran und im Hadith, den Überlieferungen, geklärt sind.[49]

Seine wissenschaftlichen Studien setzt Falaturi 1955 in Deutschland fort. Ein Grund, warum Falaturi nach Deutschland kommt, ist sein Ziel, durch die Aneignung europäischer Philosophie eine Annäherung zwischen Orient und Okzident in dialogischer Verständigung in Gang zu bringen. Er beschäftigt sich mit europäischer Philosophie, Psychologie und vor allem mit vergleichender Religionswissenschaft. Auf dem Gebiet der Philosophie gilt sein Interesse insbesondere Kants Moralphilosophie. 1962 promoviert er über Kant mit dem Titel ›Zur Interpretation der kantischen Ethik im Lichte der Achtung‹.[50]

Durch seine Kenntnis zweier philosophischer Kulturen und seine verbindende Denkart macht sich Falaturi zu einem Vermittler zwischen den Welten. Sein wissenschaftliches Bestreben ist darauf ausgerichtet, eine Einheit innerhalb des Islam und eine dialogische Verständigung zwischen Orient und Okzident herbeizuführen. Falaturi nimmt Menschen als menschliche Wesen mit gleichen anthropologischen Konstanten wahr und nicht ausschließlich als Vertreter einer bestimmten Kultur oder Religionsgemeinschaft.

Falaturi trifft eine deutliche Unterscheidung zwischen Religion und Kultur. Unter Religion versteht er diejenige Lehre, die für sich beansprucht, von einer höheren, die menschlichen Fähigkeiten übersteigenden Entscheidungskraft herzurühren, während Kultur alle sonstigen Strömungen des Geistes umfasst, die das Leben des Menschen in seinen vielfältigen Aspekten und Ausformungen mitprägt. Trotz dieser Abgrenzung, die für sein Denken charakteristisch ist, betrachtet er Religion und Kultur als eng miteinander verbunden und sich gegenseitig tragend.

Die Basis seiner Argumentation ist stets der Koran, verbunden mit einer vernunftverwurzelten Interpretation, in der er die Intuition nicht vernachlässigt. Seine Philosophie fußt auf vier Komponenten: Rationalität, Kritik und Gerechtigkeit sowie Liebe im Sinne der ›Erfan‹, der Weisheitslehre. In der Verbindung von Rationalität und Gerechtigkeit entsteht ein Ort der Verständigung, der es ermöglicht, einen offenen Dialog mit der eigenen Geschichte und dem Gesprächspartner zu führen. In allen Momenten des Dialogs ist das begründende

---

49 Vgl. Tworuschka, Udo: *Abdoldjavad Falaturi – ein Wanderer zwischen den Kulturen*, 2012.

50 Vgl. Falaturi, Abdoldjavad: *Zur Interpretation der kantischen Ethik im Lichte der Achtung*, 1965.

Verstehen tragend. Die Einzelkompositionen in Falaturis Denkart haben eine stark hermeneutische Ausrichtung.

In Falaturis Dissertationsschrift ›Zur Interpretation der kantischen Ethik im Lichte der Achtung‹ betrachtet er die kantische Ethik von ihrem »höchsten Punkt«[51] aus, nämlich dem Kategorischen Imperativ. Er zeigt Tiefe und Breite dieser Maxime und ihre Verwandtschaft mit dem mystischen Verständnis der ›Erfan‹, der Liebe. Diese Frage beleuchtet er nach ihrem Grund und Wesen sowie ihrer Wirkung und Differenzialität. Für ihn sind vor allem praktische Vernunft bzw. gesetzgebender Wille und die menschliche Natur als einem sinnlichen Wesen Kampfplätze, auf denen entschieden wird, ob und inwieweit Handlungen moralischen Wert haben.

In den 1960er Jahren vollzieht sich im Denken Falaturis eine Wende. Ihm wird die Frage nach Divergenzen und Konvergenzen islamischer und griechischer Philosophie grundlegend und er beschließt, die Wege des Denkens von der Antike bis zur Gegenwart nachzuvollziehen.

Um die Leistungen der Philosophen der islamischen Welt zu würdigen, verlässt er die gängigen mittelalterlichen Betrachtungen islamischer Philosophie durch die europäisch-westliche Brille. Er vergleicht die zugänglichen islamischen philosophischen Werke mit den noch vorhandenen arabischen Übersetzungen der griechischen Texte, und diese wiederum mit dem griechischen Original. Die daraus gewonnenen Erkenntnisse fließen im Frühjahr 1973 in Falaturis Habilitationsschrift mit dem Thema ›Umgestaltung der griechischen Philosophie durch die islamische Denkweise‹ ein.[52]

Falaturi widerlegt in dieser Schrift die in europäisch-westlichen Hemisphären weit verbreitete Vermutung, die islamische Philosophie sei eine bloße Nachahmung griechischen Denkens. Er stellt fest, »dass Sokrates, Platon, Aristoteles und andere griechische Philosophen, die er durch sein Studium der islamischen Philosophie zu kennen geglaubt hatte, ihm in der Gestalt, wie der abendländische Geist sie darstellt, weitgehend fremd erschienen.«[53] Hierbei handele es sich nicht um einzelne Probleme oder Sätze als vielmehr um das Gesamtbild der griechischen Philosophie, um Geist und Sinn des Philosophierens

---

[51] Ebenda, S. 10.

[52] Vgl. Falaturi, Abdoldjavad: *Umgestaltung der griechischen Philosophie durch die islamische Denkweise* (Unveröffentlichte Habilitationsschrift), 1973.

[53] Ebenda, S. 34 f.

überhaupt. Es handelt sich um zwei verschiedene Denk- und Wissenschaftskulturen, die mit Wort-Begriffen andere Inhalte verbinden.

Falaturi beginnt mit den Vorsokratikern und setzt seine Forschungen mit Platon, Plotin (205-270) und Aristoteles fort. Neben den Philosophen des Mittelalters beschäftigt er sich mit Kant, Hegel, Nietzsche und Martin Heidegger (1889-1976). Von seinen breitgefächerten Kenntnissen her kristallisieren sich für ihn einige philosophische Begriffe heraus, die sich als seine Forschungsgrundlage erweisen, ohne dass er einer bestimmten philosophischen Lehre anhängt oder von diesem oder jenem Philosophen ausgeht.

Sein Augenmerk konzentriert sich besonders auf die Auffälligkeit bei gleichen Begriffsbestimmungen in beiden Sprachen, wie ›Zeit‹, ›Prozessualität‹ und ›Sein‹. Im griechischen Urtext sind diese in andere Kontexte eingebettet als in der arabischen Übersetzung, und sie bilden aufgrund dessen eine völlig andere Denkstruktur. Mit solchen Philosophie- und Denkphänomenen verfährt man in der islamischen philosophischen Tradition anders, als man es in der griechischen bzw. der abendländischen Philosophie gewohnt ist. Falaturi fällt weiterhin beim Vergleich der arabischen Quellen mit den lateinischen bzw. den neusprachlichen Übersetzungen auf, dass gerade jene abweichenden Begriffe von der Forschung zur islamischen Philosophie umgangen worden sind.[54]

Von Bedeutung ist, dass Falaturi diese Schriften in ihrer Gesamtheit betrachtet, d.h. »von ihren Motiven an bis zu ihren Konsequenzen und nicht, wie es oft geschieht, auf einzelne Sätze und Ansichten eingeschränkt.«[55] Er führt vor Augen, »dass oftmals dort, wo man eine Übereinstimmung der islamischen Philosophie mit der griechischen angenommen hatte, eine Abweichung vorliegt: vieles von dem, was bei den Griechen im Vordergrund stand, tritt hier zurück, wird entweder als nebensächlich behandelt oder völlig ignoriert. Das Warum eines Problems und die entsprechende Argumentation ändern sich. […] Alles in allem gibt dies dem Beobachter das Gefühl, dass hier eine umwälzende Modifikation vorliegt.«[56]

In einer Reihe weiterer vergleichender Studien über Ibn Sina und Ghazali, Ibn Ruschd und andere Philosophen der Übergangs- und Gegenwartsphase einerseits und die genannten griechischen Philosophen andererseits weist Falaturi nach, dass sich die islamische Denk-

54 Ebenda, S. 36.
55 Ebenda, S. 32.
56 Ebenda, S. 33.

weise in grundlegenden Annahmen von der griechischen abhebt. Immer wieder stellt es sich für ihn so dar, dass dieses Missverständnis auf willkürliche Übersetzung arabischer und griechischer Werke ins Lateinische zurückzuführen ist.

In einer groß angelegten Studie untersucht Falaturi deutsche Lehrwerke für den Religionsunterricht im Hinblick auf die Darstellung des Islam und leitet dadurch eine Renaissance des Dialogs ein.[57] Seine vergleichenden Studien machen deutlich, dass hier etwas Grundlegendes vorliegt, etwas, was überall mitgewirkt hat, aber nie als solches aufgefallen ist. Die Modifikationen der islamischen Übersetzer weisen in eine bestimmte Richtung und führen zu einer Reihe von prinzipiellen Veränderungen der griechischen Philosophie, »die weder platonisch noch aristotelisch, noch neuplatonisch oder überhaupt griechisch noch indisch oder iranisch, noch durch eine Versöhnungstendenz mit dem Offenbarungsinhalt des Islam oder des Christentums zu erklären und auch nicht auf die Mangelhaftigkeit der arabischen Übersetzungen der griechischen Texte zurückzuführen sind.«[58] Für Falaturi sind es diese Abweichungen, die »eine gewisse Selbständigkeit der islamischen Philosophie und ihre Einheit garantieren, die aber auch mit der Erklärung: ›sie ginge auf die Autoritäten der islamischen Philosophie zurück‹ nicht abzutun sind.«[59]

Falaturi stellt in Bezug auf die europäisch-westlichen Forschungen fest: »So bewundernswert, lehrreich und wegweisend diese Forschungen – gerade für die Muslime – sind, so geben sie insgesamt ein anderes Bild vom Islam und den islamischen Wissenschaften, als es die Träger dieser Wissenschaften selbst vom Islam und den islamischen Wissenschaften besitzen, bzw. bei seiner wissenschaftlichen Reflexion hätten erhalten können.«[60] Dies bedeutet keineswegs – durchaus in der Intention Falaturis –, dass ein abweichendes Bild gänzlich falsch oder verfälscht sein soll. Vielmehr präsentiere es ein Bild, das ein anderer, nicht islamisch denkender Geist mit anderen wissenschaftlichen Voraussetzungen und Mitteln herausgearbeitet hat. Durch Unterbewertung, bisweilen auch Überbewertung von Fakten, Tatbeständen und Gedanken sei ein völlig anderes Bild entstan-

---

57 Vgl. Falaturi, Abdoldjavad u.a.: *Der Islam in den Schulbüchern der Bundesrepublik Deutschland*, 1990, ders.: *Der Islam im Unterricht*, 1996 und ders.: *Der Islam im Dialog*, [5]1996.

58 Ebenda, S. 33.

59 Ebenda, S. 33.

60 Ebenda, S. 34.

den, welches in der Gegenwart als ›das Bild‹ der islamischen Philosophie schlechthin gelte.

Falaturi weist weiterhin nach, dass den Philosophien der islamischen Welt nicht immer der religiöse Gehalt des Koran im Mittelpunkt des Interesses stehe, sondern vielmehr die Art und Weise seiner Auslegung der gegebenen Welt, wobei der Koran kein philosophisches Werk sei und auch keinen solchen Anspruch erhebe. Durch solcherlei Einschätzung sei ein philosophischer Dominanzanspruch der westlichen Welt entstanden, in dessen Zuge die Geschichte umgeschrieben und Begriffsapparate umgedeutet wurden. Dadurch habe sich der christlich-islamische Dialog zu einem Monolog gewandelt. Europa redet, so gesehen, über sich selbst und führt den Weltdiskurs unter Bezugnahme auf sein eigenes Welt- und Menschenbild.

Falaturis Anliegen besteht darin, durch eine grundlegende Modifikation des Islambildes im christlichen Abendland eine neue Ontologie der christlich-islamischen Begegnung einzuleiten. Die Grundlage hierfür sieht er in der Richtigstellung der historisch gewachsenen Missverständnisse in Philosophie und Geschichte. Falaturis Ansatz verschafft ihm als ein Philosoph der Tat allgemeine Anerkennung, die zur Folge hat, dass seine Diskussionsbeiträge und Schriften von Anhängern aller islamischen Schulen innerhalb und außerhalb der islamischen Territorien akzeptiert werden.

Falaturis Ansatz ist in seiner Art vergleichbar mit dem von Haeri Yazdi. Beide distanzieren sich sowohl von europhobischen als auch von euroverliebten Einstellungen und bevorzugen eine Mittelposition, um zwei Ziele zugleich zu erreichen: eine kritische Verständigung mit dem europäisch-westlichen Abendland und eine Verbesserung der Verhältnisse innerhalb der islamischen Territorien. In einem entscheidenden Punkt geht Falaturi aber weiter. Er zeigt die Geistesverwandtschaft wie auch die ausdrückliche Differenz zwischen griechischer und islamischer Philosophie auf. Im islamischen Denken sieht er theoretische wie praktische Tiefe, um sich aus eigener Initiative heraus zu dynamisieren. Insofern lässt sich Falaturi als der Ibn Khaldun der islamischen Welt des 20. Jahrhunderts betrachten.

Ausgewählte Werke:

— Umgestaltung der griechischen Philosophie durch die islamische Denkweise [Unveröffentlichte Habilitationsschrift].
— Der Islam in den Schulbüchern der Bundesrepublik Deutschland: Nachträge 1986-1988 zur Analyse der Schulbücher.

3.8 Mohammed Arkoun und die Unmoral verschlafener Vernunft

Mohammed Arkoun (andere Schreibweise: Arkun), genannt Arkoun, ist in Algerien geboren (1928-2010). Zur Zeit seiner Geburt erschöpft die Weimarer Republik ihre Kräfte in Straßenkämpfen und ebnet damit den Weg zur Machtergreifung von Adolf Hitler (1889-1945).[61]

Arkoun steht in der Tradition von Philosophen der Gründungs- und ersten Blütephase islamischer Philosophie, allen voran Ibn Sina, Ibn

[61] Über Arkoun vgl. Günther, Ursula: *Ein moderner Kritiker der islamischen Vernunft,* 2004 und Esmail, Aziz, Abdou Filali-Ansary: *The Construction of Belief,* 2013.

Miskawayh und Ibn Ruschd. Er gehört – neben Mohammed Abed Al-Jabri (1935-2010) und Bassam Tibi (*1944) – zu den Grenzgängern des modernen arabisch-islamischen Geisteslebens, die eine Brücke zwischen Orient und Okzident schlagen und neue Wege aufspüren wollen.

Arkoun studiert an der Universität in Algier und an der Sorbonne in Paris. Seine Schwerpunkte sind Arabisch sowie Literatur- und Islamwissenschaften. 1956 wird er Doktor der Philosophie. Er ist bestrebt, das Denken der westlichen gegenüber der islamischen Welt zu verändern und so eine Zusammenführung der islamischen und der okzidentalischen Philosophie herbeizuführen. Arkoun lehrt an der Universität in Lyon, später erhält er einen Ruf an die Sorbonne.

Bereits 1969, zu Beginn seiner wissenschaftlichen Laufbahn in Frankreich, übersetzt Arkoun die ›Tahdhib al-akhlaq‹, ›Die Grundlagen der Moral‹, ein Werk Ibn Miskawayhs.[62] Dieses Werk bleibt für ihn wegweisend. Es handelt sich um die erste systematische Konzeption der Ethik, die Ibn Miskawayh im 10. Jahrhundert auf der Grundlage der soziokulturellen Umstände seiner Zeit entwickelt.

Arkoun zeigt auf, dass Ibn Miskawayhs Theorie der Ethik eine Kombination der sartoschtischen (zarathustrischen), der islamischen und der griechischen Reflexionen darstellt.[63] In diesem Werk entdeckt Arkoun, dass feine Bildung, ›adab‹, für die Entwicklung einer dialogischen Vernunft und Verfeinerung der Sitten grundlegend ist. In Anlehnung an diese Übersetzungsarbeit gelingt es Arkoun in seiner Dissertationsschrift von 1970 über Miskawayh, die Existenz eines islamischen Humanismus nachzuweisen.[64]

Die systematische Beschäftigung mit diesem Philosophen öffnet Arkoun neue Horizonte. Er stellt Parallelen zu heutigen Gesellschaften der islamischen Welt fest und will jene Völker aus ihrem Jahrtausendschlaf und der Hypnose durch westliche Konsumverlockungen erwecken. Auf diesem Wege unterzieht er die Vernunft einer umfassenden Kritik. Dabei greift er die gängige Unterscheidung zwischen der ›westlichen‹ und der ›islamischen‹ Vernunft auf und hält solche Differenzmodelle für problematisch. Vernunft manifestiert sich für Arkoun »in ihrer analytischen Kraft, ihrem reflexiven Denkvermögen, in ihrer Bereitschaft zur kritischen Wahrnehmung. […] Demgemäß gibt es eine islamische Vernunft ebenso wie Vernunftformen, die

62 Vgl. Ibn Miskawayh: *Traité d'Éthique,* 1969.
63 Ebenda, S. XIII.
64 Vgl. Arkoun, Mohammed: *L'humanisme arabe au IVe/Xe siècle,* 1970.

sich innerhalb eines islamischen Kontextes manifestieren. Wohlgemerkt, es handelt sich dabei nicht um Kategorien der Vernunft, die per se spezifisch islamisch sind, sondern um solche, die sich im kulturellen und gesellschaftlichen Umfeld des Islam artikulieren.«[65]

Miskawayh vermeidet in diesem Werk jede Form von Provinzialismus und arbeitet universalistisch. Seine Schrift erfasst die Psychologie und Kultursoziologie seiner Zeit. In einer Epoche sozialer Umbrüche und einer Gesellschaft ohne geordnete Strukturen, lebte Miskawayh unter Menschen, die nicht gewillt sind an ihrem Zeitalter gestalterisch mitzuwirken und den Missständen ein Ende zu bereiten, sondern sich ausschließlich für ein ausschweifendes Leben interessieren. Solche Umstände sind zentrale Beweggründe für Miskawayh ein ethisches Werk zu verfassen, um sein Volk aus dem ›kulturellen Tiefschlaf‹ wachzurütteln.

Arkoun sieht in der Moral der verschlafenen Vernunft vieler Moslems einen Grund für die teilweise selbstverschuldeten Rückständigkeit. Andere Vernunftformen, vornehmlich die europäisch-westliche, bezeichnet er hingegen als eine »hegemoniale Vernunft«:[66] »Der Raum und die Zeit, innerhalb derer sich die kollektiven Wahrnehmungen ausgebildet haben, das eigene Selbstverständnis formuliert wurde, prägende Weltbilder entstanden, sie sind ganz wesentlich von der westlichen Vernunft geprägt und monopolisiert worden, festgeschrieben in einem wissenschaftlichen Diskurs, den der Westen seit dem 18. Jahrhundert geführt, gestaltet und nach außen abgegrenzt hat. Nehmen Sie doch nur ein beiliegendes Buch zur Hand, das sich mit einem wesentlichen Themenkomplex des Wissens oder der Erkenntnis befaßt, und Sie werden feststellen, dass es voll und ganz, ohne die leisesten erkenntnistheoretischen Vorbehalte, im Geist eines Wissens verfasst wurde, das in Europa, im Westen ausgebreitet, entwickelt, revidiert, korrigiert und erweitert wurde und doch beansprucht, für alle Menschen, inklusive derer außerhalb Europas, gültig zu sein.«[67]

Arkoun beklagt hier, wenn er auch in keinem Zusammenhang weiter darauf eingeht, dass es den Europäern gelungen sei, die gesamte Entstehung und Entwicklung der Menschheitsgeschichte verabsolutierend für sich zu reklamieren. Mit dieser Feststellung verweist er auf ein strukturelles Problem, auf dem viele Konflikte zwischen Ori-

65 Arkoun, Mohammed: *›Westliche‹ Vernunft kontra ›islamische‹ Vernunft?* 1992, S. 270.

66 Ebenda, S. 265.

67 Arkoun, Mohammed: *Der Islam*, 1999, S. 265.

ent und Okzident beruhen. Ein solches hegemoniales Vernunftverständnis ist durchweg problematisch, weil eine bestimmte Vernunftform universalisiert wird. Die Konstruktion eines solchen Vernunftbegriffs ist auf den gewaltsam durchgesetzten Kolonialismus zurückzuführen. Hier werden weitere Stimmen der Vernunft entweder der eigenen Vernunft untergeordnet oder marginalisiert.

Weil durch die strukturelle Gewalt suggeriert wurde, es gäbe nur eine einzige rechte Vernunft, so hätten sich alle Nationen der Welt an den Maßstäben dieser hegemonialen Vernunft zu messen und ihr Leben danach einzurichten. Das scheint ein Grund zu sein, warum die kolonisierten Länder ihre Eliten nach Europa schickten, um mit Hilfe solcher Vernunft deren Vorzüge zu genießen. In der Regel sehen diese Menschen nach ihrer wissenschaftlichen Ausbildung die eigene Religion, Kultur und Wissenschaft, ebenfalls durch die Brille der hegemonialen Vernunft. An ihren eigenen Universitäten preisen sie dann europäische Denk- und Lebensstile. Es ist eine Folge dieser Erscheinung, dass sich die außereuropäischen Geisteswissenschaften aus den Übersetzungen der Forschungsergebnisse europäisch-westlicher Wissenschaftler speisen. Eine solche Selbstentfremdung hat in derartigen Gesellschaften – wie weiten Teilen der afrikanischen, lateinamerikanischen und islamischen Welt – nachhaltige Rückständigkeit, aber auch vehementen, bisweilen extremistischen Widerstand hervorgerufen.

Arkoun sucht Erklärungen dafür, warum in den arabischen Gesellschaften Dauerkonflikte, Extremismus und soziokulturelle Unzulänglichkeiten bestehen. Um ›den Islam‹ zu modernisieren, wendet er, ähnlich wie Bassam Tibi mit seinen Vorstellungen vom ›Euro-Islam‹, die Methoden der europäisch-westlichen Sozial- und Geisteswissenschaften auf den Islam an. Damit ist er bestrebt, die Vielfalt der Ideen und Meinungen innerhalb der islamischen Gesellschaften zu fördern. Die kritische Beschäftigung mit den autoritativen Schriften des Islam soll dazu beitragen, ein Neudenken innerhalb dieser Gesellschaften zu etablieren.

Während Arkoun in den Philosophien der ersten Phase eine gute Grundlage der Weiterentwicklung sieht, hält er die gegenwärtige Denkart der arabischen Geisteswelt für stagnierend. Der Islam habe stets die freiheitlichen Errungenschaften des modernen kritischen Denkens abgelehnt. »Die islamischen Denker beteiligten sich«, Arkoun zufolge, »in keiner Weise an der Schaffung der Moderne. Sie verweigerten sich hartnäckig den Ideen der Aufklärung, und über Jahrhunderte, bis zur Abschaffung des osmanischen Sultanats 1923 durch Kemal Atatürk, ignorierten sie alle wissenschaftlichen und intellektuellen Ereignisse in Europa. Daraus resultiert die noch heute andauernde Schwäche islamischen Denkens, das damit auch leicht manipulierbar ist.«[68]

In einer solchen Passivität sieht Arkoun den Grund für eine fehlende Rekonstruktion und Erneuerung von Geist und Gesellschaft in der islamischen Welt. Ihm geht es in erster Linie um die Befreiung der islamischen Tradition von intellektueller Starre durch fundamentale Kritik. Er merkt an, dass sich die islamische Vernunft innerhalb eines »geschlossenen Dogmatismus«[69] bewege. Diese Geschlossenheit bedeutet für ihn die große Gefahr des Verfalls.

Arkoun kritisiert weiterhin, er könne »kein Werk in einer der Sprachen des Islam (Arabisch, Persisch, Türkisch, Urdu) zitieren, in dem eine Kritik der theologischen Vernunft, der juristischen Vernunft, der politischen Vernunft, der exegetischen Vernunft und der historischen Vernunft«[70] wenigsten in Ansätzen thematisiert würde.

In einem weiteren Schritt kritisiert Arkoun die Wahrnehmung, Analyse und Interpretation des Islam im Westen. Er moniert, dass die Islamwissenschaftler in Europa den Islam stets gesondert, unabhängig von Kultur und Zivilisation thematisieren. Weiterhin stellt er fest, dass im Westen bereits der Name eines arabisch-islamischen Verfassers die Vorstellung eines subjektiv dargestellten Islam evoziere. Ein Werk, dessen Autor »Mohammed, Ali oder Fatima heißt«, werde skeptischer gesehen als das Werk eines Autors, welcher hingegen »den Namen Jean, Arthur oder Angelika« trägt. Hier seien sich »dieselben Leser auf einmal der ›Objektivität‹ des Autors vollkommen sicher«.[71]

Um diesen Missständen abzuhelfen, stellt Arkoun der europäisch-westlichen Islamwissenschaft eine ›Angewandte Islamwissenschaft‹ zur Seite. Während sich die westlich-traditionelle Islamwissenschaft »ausschließlich mit den Texten beschäftigt, die als repräsentativ für eine religiöse Tradition, ein Denken, eine Kultur, eine Zivilisation angesehen werden«,[72] wendet sich Arkouns angewandte Islamwissenschaft von einer Textorientierung ab und bedient sich der Erkennt-

---

68 Arkoun, Mohammed: *Islam und Christentum müssen ihre gemeinsamen Wurzeln erkennen,* 1998, S. 1202.

69 Arkoun, Mohammed: *Der Islam,* 1999, S. 116.

70 Ebenda, S. 14.

71 Ebenda, S. 15.

72 Ebenda, S. 168 ff.

nisse mehrerer Disziplinen. Zwei integrale Bestandteile dieser Interdisziplinarität sind für ihn die Sozial- und die Rechtsgeschichte. Mittels eines radikalen Perspektivwechsels sucht Arkoun eine neue Lesart des zeitgenössischen Islam zu erreichen. Um seine Vermittlerrolle zwischen dem Orient und Okzident zu institutionalisieren und mit seinem eigenen Verständnis von Islamwissenschaft eine angemessenere Sicht auf die arabisch-islamische Welt zu fördern, gründet er 2001 in Paris das ›Unabhängige Institut für Islamstudien‹.

Arkoun gehört, neben Haeri und Al-Jabri, zu den ernstzunehmenden Akteuren der islamischen Geisteswelt der Gegenwart. Seine reformerischen Ansätze bedeuten eine große Bereicherung für die soziokulturellen Dimensionen islamischer Gesellschaften. Seine Überlegungen bilden insofern eine fundierte Grundlage für weitere Forschungen. Wie Haeri sucht auch Arkoun einen Dialog auf Augenhöhe.

Während Haeri eine Erneuerung der islamischen Geisteswelt aus sich heraus, anhand der entwickelten Methodologien aller drei islamischer Phasen der Philosophie, sucht, ohne die europäisch-westlichen Hemisphären zu marginalisieren, betrachtet Arkoun das gesamte Panorama der islamischen Geschichte durch die Methodologie der europäisch-westlichen Brillen. Ein solches europaorientiertes Vorgehen schließt eine gewisse Engführung nicht aus.

Ebenso bleibt unerklärt, wie Arkoun zu der Feststellung kommt, er könne in der gesamten islamischen Welt kein kritisches Werk über die unterschiedlichen Arten der Vernunft finden. Neben dem erwähnten 20-bändigen Werk ›Tafsir al-Mizan‹ von Allameh Tabatabai (Persisch und Arabisch) sowie dem mehrbändigen Werk ›Kritik der arabischen Vernunft‹ von Al-Jabri (Arabisch) sind die Studien von Mohammad Mojtahed Shabestari (*1936)[73] sowie Seyyed Morteza Mardiha (Persisch) zu nennen, in denen alle von ihm vermissten Auseinandersetzungen mit der Vernunft in systematischer Absicht im Kontext der Geschichte und Gegenwart erfolgen.[74]

---

[73] Vgl. Shabestari, Mohammad Mojtahed: *Hermeneutic, The Scripture and Tradition,* 1992.

[74] Vgl. Mardiha, Seyyed Morteza: *Efae az aqlanijjat*. Taqadomme aql bar din, siasat wa farhang [Die Verteidigung der Vernunft. Vorrang der Vernunft vor Religion, Politik und Kultur], 1998. Zu erwähnen ist ein weiteres Standardwerk, in dem die Notwendigkeit unterschiedlicher Vernunftformen begründet wird, um Grenzen scharf zu konturieren. Vgl. Yousefian, Hassan und Ahmad Hossein Sharafi: *Aql wa Wahj* [Vernunft und Offenbarung], 1997.

Arkoun und viele islamische Intellektuelle der letzten 100 Jahre, die in europäisch-westlichen Hemisphären ihre Ausbildung genossen haben, schwelgen entweder in Erinnerungen an alte Zeiten oder verbreiten direkt oder indirekt eine Kultur der Selbstentfremdung: ›Wir Orientalen können nichts‹, deshalb wird zumeist indirekt die ›Verwestlichung‹ der islamischen Gesellschaften empfohlen. Eine solche rückständige Mentalität vieler Intellektueller, die sich als modern verstanden wissen wollen, ist einer der Gründe, warum sich die islamischen Kulturräume stets im Umbruch befinden.

Ausgewählte Werke:

– *Al fikr al arabi* [Das arabische Denken].
– *Naz-at al ansana fi al fikr al arabi* [Die Tendenz des Humanismus im arabischen Denken].

3.9 Mohammed Abed Al-Jabri und die Kritik traditionsgebundener arabischer Vernunft

Mohammed Abed Al-Jabri (1935-2010) ist in Marokko geboren. Er gehört zu den führenden Kritikern der islamischen Gegenwartsphilosophie. Dabei geht er von einer unumgänglichen Selbstkritik in islamischen Gesellschaften aus, um der Vernunft und Erneuerung des Denkens den Boden zu bereiten. In Anlehnung an Ibn Ruschd ist sein Ziel, die rationale intellektuelle Tradition islamischen Denkens zu stärken. Seine teilweise euroverliebte Denkart wird im arabischen Kulturraum oft kritisiert.[75]

In seiner Schrift ›Naqd al-aql al-arabi‹, ›Kritik der arabischen Vernunft‹, die eine zusammenfassende Einführung seines vierbändigen Werkes unter demselben Titel darstellt, sucht Al-Jabri eine Antwort auf die Frage:[76] ›Wie können wir gegenwärtig unser Verhältnis zur Philosophie unserer Vorfahren bestimmen?‹ Ihm geht es dabei um den Entwurf einer angemessenen Methode, um die arabische Welt aus der Krise zu führen.[77]

Al-Jabri sieht in der Diskrepanz von Tradition und Moderne den Grund für Stagnation bzw. Regression des islamischen Geistes. Diese beruhe für ihn auf einem seit dem Mittelalter bestehenden Irrationalismus: »Weil der zeitgenössische arabische *Leser* durch seine Tradition eingeschränkt und durch seine Gegenwart erdrückt ist, was zunächst bedeutet, dass ihn die Tradition absorbiert, ihn der Unabhängigkeit und Freiheit beraubt. Seit seinem Eintritt in die Welt wird ihm unablässig die Tradition eingeimpft, in Form eines bestimmten Vokabulars und bestimmter Auffassungen, einer Sprache und eines Denkens; in Form von Fabeln, Legenden und imaginären Vorstellungen, von einer bestimmten Art des Verhältnisses zu den Dingen und einer Art des Denkens; in Form von Wissen und Wahrheiten. Er empfängt all dies ohne jegliche kritische Auseinandersetzung und ohne den geringsten kritischen Geist. Beeinflusst durch diese eingeimpften Elemente erfasst er die Dinge, auf ihnen gründet er seine Meinungen und Betrachtungen. Die Ausübung des Denkens ist unter diesen Bedingungen wohl eher ein Erinnerungsspiel. Vertieft sich der arabische Leser in die traditionellen Texte, so ist seine Lektüre *erinnernd*, keineswegs aber *erforschend* und *nachdenkend*.«[78]

Für Al-Jabri ist folglich eine fehlende innere Dynamik der islamischen Geistesgeschichte dafür verantwortlich, dass sie sich nicht »in der Produktion von neuen Diskursen« entfaltet, sondern sich in der

---

75 Über Al-Jabri vgl. Harb, Ali: *Modakhalat*. Mabahit nakdia hawla aamal Mohammed Abed Al-Jabri, Houssine Marwa, Hicham Jaait, Abdel Salam Ben Abdel Ali, Said bin Said. [Interventionen. Kritische Untersuchungen über die Arbeiten von Mohammed Abed Al-Jabri, Houssine Marwa, Hicham Jaait, Abdel Salam Ben Abdel Ali, Said bin Said], 1985.

76 Vgl. Al-Jabri, Mohammed Abed: *Naqd al-aql al-arabi* [Kritik der arabischen Vernunft] (in vier Bänden), 1984 bis 2001.

77 Vgl. ebenda, S. 217.

78 Ebenda, S. 86 f.

»Reproduktion des Alten«[79] ununterbrochen fortsetzt. Jene Traditionslinie ist laut Al-Jabri verantwortlich für die gegenwärtige Regressionsbewegung.

Al-Jabri will diesem Missstand konzeptionell entgegenwirken. Dabei ist er bemüht, die Tradition durch die Einführung einer Moderne systematisch zu überwinden, die den islamischen Geist in seiner Gesamtheit und Lebensfülle umgreifen müsse. In einem solchen Wandel erblickt er eine Wiedergeburt der Vernunft, die zu einer Modernisierung der Gesellschaftsstrukturen führen würde.

Die Begriffe ›Tradition‹ und ›Moderne‹ sind im Denken Al-Jabris zentral. Wenn wir die Moderne, positiv gesehen, als das Neue, als Selbsterneuerung durch die Rückbesinnung auf die eigenkulturellen Werte, jenseits der europäisch-westlichen Moderne betrachten, so erweist sich Al-Jabris Ansatz als ein weiterführender Versuch, eine reflektierte Bewegung im islamischen Geist zu erzeugen. Wenn wir aber die europäisch-westliche Moderne, negativ gesehen, zur Selbstfindung bzw. Selbstkritik unkritisch übernehmen, so geht diese Haltung mit einem radikalen Traditionsbruch einher, den man als Selbstvergessenheit bzw. Selbstentfremdung bezeichnen kann.

Wie Haeri, so insistiert zunächst auch Al-Jabri, die Moderne müsse aus einer eigenkulturellen Perspektive heraus erfolgen, die »auf Elemente eines kritischen Geistes«[80] gestützt zu sein habe, »um im Inneren dieser Kultur eine Dynamik der Veränderung in Gang zu setzen.«[81] Problematisch wird sein Ansatz, wenn er zugleich betont, die Moderne müsse auf ›Rationalität‹ und ›Demokratie‹ gründen. Solcherlei westlich verwurzelte Grundannahmen sind nicht durch die eigenkulturelle Kritik der Tradition gewonnen, wie er sie selbst einfordert, sondern sie gründen ihre Authentizität auf europäisch-westliche Vorstellungen von Moderne.

Al-Jabri wirft weiterhin den Philosophen der islamischen Welt, allen voran Ibn Sina und Ghazali, vor, sie hätten keine neuen Philosophien hervorgebracht, sondern versucht, »religiöse Weltanschauungen mit der Vernunft zu versöhnen und rationale Auffassungen aus einem religiösen Blickwinkel zu legitimieren.«[82] Al-Jabri unterstellt Ibn Sina, er habe durch seine Schrift ›Orientalische Philosophie‹ »einer spiritistischen und gnostischen Strömung die Weihe gegeben,

[79] Ebenda, S. 56.
[80] Ebenda, S. 57.
[81] Ebenda, S. 57.
[82] Ebenda, S. 114.

deren Wirkung entscheidend wurde für die Regressionsbewegung«[83] der arabisch-islamischen Welt. Ghazali und seine Anhänger sollen Ibn Sina zum »offiziellen Vertreter der Philosophie im Islam«[84] erhoben haben. Nach Al-Jabri verfolgten diese Philosophen lediglich das Ziel, das griechische Denken islamkompatibel zu machen. An dieser Stelle unterscheidet er sich von der Grundannahme Falaturis. Islamische Philosophie ist nach dieser eine eigenständige Art zu denken, in der auch Elemente der griechischen Philosophie enthalten sind.

Ferner vertritt Al-Jabri die Ansicht, dass sich die östlichen und westlichen Regionen der islamischen Welt gedanklich auseinander entwickelt hätten. Während im östlichen Bereich eine ›irrationale‹ Philosophie von Ibn Sina, Sohrewardi oder Molla Sadra entwickelt worden sei, hätte der westliche Bereich durch Ibn Ruschd eine Tradition des kritischen Rationalismus hervorgebracht. Er schlussfolgert, dass die Rückständigkeit der islamischen Welt in der Irrationalität, die Fortschrittlichkeit des Westens hingegen in der Rationalität begründet seien.

Al-Jabris Argumentation wird dadurch fraglich, dass er die Werke der von ihm kritisierten Philosophen nicht im Detail kommentiert, sondern sich auf Behauptungen beschränkt. Er unterstellt Ibn Sina, Sohrewardi und Molla Sadra die aristotelische Logik, die auf Vernunft basiert, durch eine quasi esoterische Vernunft ersetzt zu haben, welche er als eine bloße national-persische Philosophie bezeichnet. Al-Jabri spricht sich hingegen für eine ›arabische Vernunft‹ aus, die ihren Niederschlag im Denken des Aristoteles und Ibn Ruschds finden soll. Reformer wie Afghani und Abduh, die auf ihre Weise Wege zur Erneuerung der islamischen Kulturräume suchten, bezeichnet Al-Jabri als zwei Vertreter des fundamentalistischen Traditionalismus.

Diese beiden Denker lehnen bekanntlich eine *totale* ›Verwestlichung‹ in islamischen Hemisphären ab und wollen sich auf das eigene Erbe im Orient besinnen, ohne die westliche Kultur zu verdammen. Al-Jabri wirft solchen Ansätzen einen Mangel an historischer Perspektive und Objektivität vor, ohne sich seiner eigenen Subjektivität bewusst zu sein.

In der Euphorie eines wenig förderlichen ethnisch-nationalistischen Arabertums verliert sich Al-Jabri in Vermutungen. Er geht von einer Grundannahme aus, in der er zwei angeblich völlig verschiede-

[83] Ebenda, S. 135 f.
[84] Ebenda, S. 137.

ne philosophische Identitäten im Osten und Westen der islamischen Hemisphäre einander entgegenstellt: averroischer Westen einerseits und avecinischer Osten andererseits. Mit diesem Polaritätsverständnis konstruiert Al-Jabri eine Welt, die es so nicht gibt.

Al-Jabri entgeht völlig, dass diese Philosophien und Orte des Denkens Schwestern sind und eine Einheit in Vielfalt darstellen. Die ›Familienähnlichkeit‹ ist hier nicht zu übersehen. Al-Jabri tritt als ein Richter über die arabischen Geisteswelt auf, der sie von den Ketten des ›Farabitums‹, des ›Ibn-Sinatums‹ und des ›Ghazalitums‹ befreien will. Ibn Ruschd ist für ihn das Heilmittel zur Überwindung islamischer Regression: »Wir Araber«, schreibt er, haben nach Ibn Ruschd in der Tat »am Rande der Geschichte gelebt [...]. Die Europäer ihrerseits lebten die Geschichte, aus der wir herausgetreten waren, weil sie es verstanden, sich Averroes [Ibn Ruschd] anzueignen und bis zum heutigen Tag das averroistische Moment zu leben.«[85]

In einer solchen Weltbild-Zergliederung ist allerdings Dauer-Rivalität und kämpferische Konfrontation die Spielregel. Al-Jabri widerspricht sich mit seiner Forderung, ein Volk könne nur eine Tradition in sein Bewusstsein aufnehmen, »die ihm gehört.«[86] Es ist unverständlich, dass er der Philosophie des Aristoteles nacheifert, mit der er die Rückständigkeit der arabischen Kultur überwinden möchte. Diese dogmatische Geschlossenheit erinnert an den totalitätsorientierten bzw. essentialistischen Kulturbegriff eines Johann Gottfried Herders (1744-1803), der Kulturen als in sich ruhende Kugeln betrachtet, die einander wesensfremd sind.[87]

Die Grundannahme Al-Jabris, nach der die islamische Welt in einen irrationalen und deshalb rückständigen Teil und einen westlich-rationalen und deshalb fortschrittlichen Teil untergliedert wird, konstruiert zwei einander wesensfremde Gedankenwelten innerhalb der islamischen Kultur. Diese Konstruktion birgt die Gefahr, einen Keil zwischen zwei Traditionslinien zu schlagen, die eigentlich tief ineinander verwurzelt sind.

Eine *klare* Unterscheidung zwischen Rationalität und Irrationalität, wie Al-Jabri sie vertritt, gibt es nicht. Sie sind ein Wechselspiel in der gesamten Geschichte des Denkens und nicht spezifisch orientalisch. Diese zwei Momente stellen einen unaufhebbaren Bestandteil aller

---

85 Ebenda, S. 223.

86 Ebenda, S. 230.

87 Vgl. Herder, Johann Gottfried: *Ueber die Würkung der Dichtkunst auf die Sitten der Völker in alten und neuen Zeiten*, 1967.

Denktraditionen der Völker dar. Mit Vereinfachungen und Pauschalisierungen können Subtilitäten der Philosophie nicht analysiert werden. Auch in der Heilsverabsolutierung ›der‹ Philosophie Ibn Ruschds, dem angeblich ›wahren Kommentator‹ des Aristoteles, als Anfang und Zukunft der ›Philosophie der Araber‹, verfehlt Al-Jabri sein Ziel, dem Orient einen Dienst zu erweisen.

Ausgewählte Werke:

— *Adimoqratia wa hoqoq al-innsan* [Die Demokratie und Menschenrechte].
— *Naqd al-aql al-arabi* [Kritik der arabischen Vernunft].

3.10 Karam Khella und die Erkenntnispyramide der Einheit

Karam Khella (*1934) ist in Ägypten geboren. Er engagiert sich in vielen sozialen Projekten und wird wegen seinen Bemühungen im Rahmen eines Austauschprogramms im Jahre 1958 nach Hamburg berufen, wo er am Institut für Geschichte und Kultur lehrt. Nach seiner Promotion über Theologie und Kirche in Kiel nimmt er eine Lehrtätigkeit in Bremen auf. Khellas Themenbereiche sind neben Geschichte, Philosophie und Wissenschaftskritik auch Wissenschaftstheorie sowie Sozialpädagogik.[88]

[88] Über Khella vgl. Quintern, Detlev: *Zur Leistungsfähigkeit der ›universalistischen Geschichtstheorie‹ von Karam Khella in der Analyse internationaler Zusammenhänge*, 1996.

Khella geht von einem offenen Philosophiebegriff aus, um einen Dialog zwischen verschiedenen Wissensgebieten in Gang zu bringen. Auf diesem Weg soll es gelingen, konstruktive Dimensionen der Wissenschaft fruchtbar zu machen, um ganz im Sinne Ghazalis zur verlorenen kosmischen Einheit zurückzufinden.

Die Philosophie Khellas ist sehr von den islamischen, vor allem von den altägyptischen, Philosophen geprägt. Philosophie ist für ihn jedes Denken, das um Abstraktion bemüht ist. Nicht allein der Absolvent des Fachbereiches Philosophie oder der Inhaber eines Lehrstuhls kann Anspruch darauf erheben, ein Philosoph zu sein. Auch ein Analphabet betreibt Philosophie, wenn er abstrahiert und seine Gedanken auf eine Meta-Ebene erhebt.[89] Insofern können abstrakt-systematische Leistungen als ›Philosophie‹ im engeren Sinne qualifiziert und ihre Urheber als ›Philosophen‹ in einem erweiterten Sinne betrachtet werden.

Im Unterschied zur Futurologie, die von der Extrapolation des Ist-Zustandes ausgeht, ist die Philosophie der Zukunft bestrebt, eine ›praktische‹ Philosophie zu sein. Dies bedeutet, Prognosen über Entwicklungsmöglichkeiten zu erstellen und daraus Kategoriesysteme für Interventionen zu konzipieren.

In einer gespaltenen Welt, in der auch die Philosophie gespalten ist, gibt es keine Philosophie ohne Prädikat. Wir können zwischen ›destruktiver‹ und ›konstruktiver‹ Philosophie unterscheiden. Das Prädikat ›praktisch‹ bedeutet in diesem Zusammenhang für Khella, Philosophie nicht unabhängig von ethischen Fragen zu betreiben. Ethik ihrerseits sei existentiell. Aus der Analyse der herrschenden Verhältnisse und aus der Absicht, diese gemäß den Bedürfnissen der Gegenwart zu verändern, würden ethische Gebote und Verbote abgeleitet.

Auch wenn Khella eine optimistische Grundeinstellung vertritt, findet sich in seinen Analysen eine realistische Darstellung der bedrohlichen Lage der Welt. Niemand kann eine Naturkatastrophe ausschließen, welche die Existenz der Menschheit bedrohen könne oder die Wahrscheinlichkeit, dass Menschen durch Menschen vernichtet werden. Hierbei denkt Khella an Massenvernichtungswaffen. Er nimmt Bezug auf die Absurdität des so genannten ›Overkill-Systems‹, bei dem ein Staat derart viele Massenvernichtungswaffen besitzt, dass die Erde mehrfach gesprengt werden könnte.

---

89 Vgl. Khella, Karam: *Arabische und islamische Philosophie und ihr Einfluß auf das europäische Denken*, 2006.

Die Überwindung von Destruktivität erfolge nicht automatisch. Die Zukunft der Menschheit müsse ›gemacht‹ werden. Als Eckpunkte einer besseren Zukunft sieht er die Beendigung von Angriffskriegen, von Rüstungsproduktion und Umweltzerstörung bei gleichzeitiger Etablierung eines Prinzips der Gerechtigkeit.[90]

Ein Schwerpunkt der Arbeiten Khellas im akademischen Bereich umfasst die Theoriebildung. Verwiesen sei insbesondere auf die ›Universalistische Erkenntnis- und Geschichtstheorie‹, die Khella als Metatheorie begreift. Die Theoriebildung im Rahmen des hierarchisch aufgebauten Erkenntnissystems des Menschen, ›Erkenntnispyramide‹ genannt, verlangt nach einer Ordnung, welche die Beziehungen zwischen den einzelnen Stufen des Erkennens, des Verstehens und der wissenschaftlichen Aufarbeitung klarstellt und ihr Verhältnis zueinander aufschlüsselt. Jede intellektuelle Leistung ist einer höheren Stufe untergeordnet, jede Ebene ist von einer Meta-Ebene abhängig. Die Erschließung dieser Beziehungen ist für die Erkenntnisreflexion der Wissenschaftsentwicklung wesentlich.

Mit der Erkenntnispyramide zeigt Khella nicht nur, warum Lehrmeinungen voneinander abweichen und Unterschiede aufweisen, sondern auch, wie es zur völligen Individualisierung und Aufhebung der Einheit gekommen ist.[91] Er verweist damit auf das Problem der Aufsplittung der Wissenschaften in zahlreiche Einzeldisziplinen, die zwar zu profundem Fachwissen auf den entsprechenden Gebieten führt, aber den Blick für die Gesamtheit nicht bewahrt.

In diesem Sinne ist Universalismus für Khella untrennbar mit Integration verbunden. Wie das Universum keine Anhäufung von Einzelteilen, sondern ein integriertes, zusammenhängendes, einheitliches System darstellt, so soll auch ein beliebiger Gegenstand in seinen historischen, gesellschaftlichen, ökonomischen, politischen und kulturellen Kontext eingeordnet und im Zusammenhang mit der menschlichen Wirklichkeit behandelt werden. Humanistisch ist Philosophie dann, wenn sie in allen Bereichen auf den Menschen, seine Bedürfnisse und Interessen fokussiert ist und Bezug auf die Gegenwart nimmt. Universalismus besteht nach Khella auf dem gegenseitigen Bezug von Erkenntnis und Handeln sowie der Einheit von Theorie und Praxis. Universalismus insistiert auf der permanenten Wahrung

---

90 Vgl. hierzu Khella, Karam: *Überall, jederzeit mit allen Waffen*, 2011.

91 Vgl. Khella, Karam: *Arabische und islamische Philosophie und ihr Einfluß auf das europäische Denken*, 2006, S. 380.

des Dreiecks aus Universalismus als Methode, Humanismus als Praxis und Einheit als Ziel.[92]

Khella formuliert seine These kontrastiv zur Lehre von Karl Marx und Friedrich Engels (1820-1895) vom historischen Determinismus, welcher die Entwicklung von Widersprüchen auf die Produktionsverhältnisse zurückführt. Seine These steht auch im Gegensatz zu den Theorien Nicolò Machiavellis (1469-1527), welche die Unterwerfung des Menschen unter die Interessen der Politik darstellen. Der Einwand, Machiavelli sei ein Extremfall, lasse sich nicht halten. Eine genauere Lektüre der europäisch-westlichen Philosophie zeige eine weitgehende Aufnahme von Machiavellis Ideen, selbst dort, wo vermeintlich ›humanistische‹ Philosophie vertreten wird. Insofern sei Machiavelli für die europäisch-westlichen Hemisphären noch lange nicht obsolet, da sich die Politik, insbesondere der Militarismus europäischer Staaten, mit dessen Vorstellungen deckt.

Der Problematik der Negativität begegnet Khella mit dem Rat, Kritik nicht nur auf das auszurichten, was *expressis verbis* ausgedrückt wird, sondern gerade auch auf das, was man nicht öffentlich sagt. Dies exemplifiziert Khella am Verhalten einiger europäischer Philosophen und Wissenschaftler der Gegenwart, die sich mit Äußerungen zur Aggressivität und Destruktivität ihrer Staaten bewusst oder unbewusst zurückhalten und auf offensive Kritik verzichten.[93]

Khella schlägt eine grundlegende Revision der Philosophiegeschichtsschreibung vor, welche die Rehabilitierung der Geschichte außereuropäischer Völker in europäischen Lehrwerken, insbesondere in Schulbüchern, einschließt. Er verurteilt Bezeichnungen wie ›People without History‹ oder auch ›Orientalische Despotie‹ und fordert, diese durch neutrale Begriffe zu ersetzen.[94] Ein wichtiges Forschungsgebiet Khellas ist die Frage nach den Ursprüngen der Philosophie. Er kritisiert hier die historische Vereinnahmung ägyptischer Leistungen durch die Griechen. Konkret geht es um die Entwicklung von Philosophie und Schrift im alten Ägypten.

Nach Khellas Auffassung wird eine erste Philosophie im Ägypten des 7. Jahrtausends v.u.Z. entworfen und dem Isisgott Thot gewidmet. Unter der Schirmherrschaft dieses Gottes der Gelehrten begründen

---

[92] Vgl. Khella, Karam: *Die universalistische Erkenntnis- und Geschichtstheorie,* 2007.

[93] Vgl. Khella, Karam: *Die gespaltene Welt,* ³2002.

[94] Vgl. Khella, Karam: *Die universalistische Erkenntnis- und Geschichtstheorie,* 2007, S. 51-104.

ägyptische Philosophen, lange vor der Entstehung der Schriftsprache, ein vollständiges philosophisches System.[95] Im Zentrum dieser Philosophie stehen die Lehren von Gleichgewicht, Harmonie, Aufrichtigkeit und dem Bestreben nach Vollkommenheit. Ethik und Moral ergeben sich von selbst, wenn die Grundregeln von Gleichgewicht und Harmonie eingehalten werden. Diese Philosophie erhält eine komplementäre Erweiterung durch umfassende Lehren zur Gerechtigkeit, die mit der Göttin ›Ma^{c}at‹ verbunden werden.

Die Philosophie Thots, die zunächst mündlich überliefert worden sei, wäre nach der Entstehung eines hieroglyphischen Alphabets aus der mündlichen Tradition in koptischer Sprache auf Papyri übertragen und festgehalten worden. Zugehörige Originalkodices, die zu den ältesten der Menschheit zählen, sind heute Bestand des Koptischen Museums in Kairo.

Interessierte Gelehrte aus allen Teilen der damals bekannten Welt besuchen die ägyptischen Schulen in Achmim, Asyut, Aschmunain und studieren diese Schriften. Weil das Erlernen der Hieroglyphen sehr mühsam ist, suchen die ägyptischen Lehrmeister nach einer vereinfachenden Möglichkeit der schriftlichen Kommunikation. Das Produkt dieses langen Entwicklungsprozesses ist, Khella zufolge, eine in Buchstabenschrift geschriebene Sprache, die alphabetisch strukturiert und grammatisch kodifiziert ist. Der Ausdruck ›Alphabet‹ stamme aus dem Koptischen, der Wortschatz sei den in der Region verbreiteten koptischen Sprachen entnommen.[96] Ein wichtiger Beitrag der koptischsprachigen Philosophie ist die Gnosis, welche neben die Philosophie des Thot und der ›Ma^{c}at‹ tritt.

Um den Studierenden der ägyptischen Schulen die Arbeit weiterhin zu erleichtern, verfallen die Gelehrten der Idee, eine Kunstsprache zu entwickeln, eine gemeinsame, künstlich strukturierte Kommunikations- und Verkehrssprache: die ›Koine‹, was soviel wie ›öffentlich‹, ›allgemein‹, ›publik‹ bedeutet. Der Wortschatz wird aus den in der Region verbreiteten Sprachen entlehnt, als Schrift wird die entwickelte Buchstabenschrift verwendet.

Der Zweck der Koine, nämlich die leichte Erlernbarkeit zu Studienzwecken, lässt sie schnell zu einer Schriftsprache des wissenschaftlichen und philosophischen Diskurses avancieren. Sie wird auch in

---

[95] Vgl. hierzu Khella, Karam und Hamid Reza Yousefi: *Philosophie in orientalischen Traditionen*, 2012 (37-53).

[96] Vgl. Khella, Karam: *Zur Philosophie Afrikas aus universalistischer Sicht unter besonderer Berücksichtigung Ägyptens*, 2010.

umliegenden Regionen zur Schriftsprache schlechthin, vor allem dort, wo vorher keine geeignete oder überhaupt keine Schriftsprache vorhanden war. Die allgemeinen frühchristlichen Konzilien der alten Kirche verhandeln ausschließlich in Koine. Eines der wichtigsten Produkte der Koine-Sprache ist die Septuaginta, die älteste vollständige Fassung des Alten Testaments. Koine wird aber nie zu einer allgemein verwendeten Volkssprache.

Im islamischen Raum wird die Koine im 7. christlichen Jahrhundert von der arabischen Sprache als schriftliche Verkehrssprache und als Sprache der Philosophie und Wissenschaft abgelöst. Der Kreis derer, die sich der Koine bedienen, wird immer kleiner, und noch vor der Wende zum zweiten Jahrtausend verschwindet sie nahezu vollständig.[97] Seither wird Koine in der Literatur gemeinhin als ›Griechisch‹, ›Alt-Griechisch‹ oder auch ›Klassisch-Griechisch‹ bezeichnet, obwohl diese Sprache weder vom griechischen Volk gesprochen noch deren Ursprünge griechisch sind.

Khella ist ein Philosoph der Tat. Seine Kritik wendet sich gegen diese Vereinnahmung. Er fordert eine Revision dieser historisch gewachsenen Behauptung, welche für ihn eine unverzichtbare Voraussetzung für ein gewandeltes Geschichtsbild darstellt.[98] Seine Philosophie steht unter dem Einfluss der ekhwanischen ›inssaniyyat‹, der ›Menschengemäßheit‹, und fordert deshalb einen Primat der praktischen Philosophie, die ethische Komponenten in sich trägt.

Ausgewählte Werke:

- *Arabische und islamische Philosophie und ihr Einfluss auf das europäische Denken.*
- *Geschichte der arabischen Völker: Von den Anfängen bis zur Gegenwart.*

97 Ob Koine eine rein wissenschaftliche Sprache ist oder ob sie auch gesprochen wurde, lässt sich nicht eindeutig feststellen. Auf die kontroversen Meinungen zu diesem Thema kann hier nicht näher eingegangen werden. Vgl. hierzu Khella, Karam: *Handbuch der arabischen Welt,* 1982.

98 Vgl. Khella, Karam: *Der Philosophenstreit,* 2013.

3.11 Seyyed Hossein Nasr und die Grenzen zwischen Tradition und Moderne

Seyyed Hossein Nasr wurde 1933 in Persien geboren. Er studiert an mehreren Universitäten in und außerhalb des Iran. 1945, nach dem Ende des Zweiten Weltkrieges, reist er in die USA und studiert Physik und Mathematik am Massachusetts Institute of Technology und danach an der Harvard Universität. 1958 kehrt Nasr in den Iran zurück und nimmt eine Lehrtätigkeit an der Arjamehr Universität auf, die heute unter dem Namen Scharif-Universität bekannt ist. 1972 wird er Rektor dieser Universität.

Unmittelbar nach seiner Rückkehr in den Iran macht Nasr die Bekanntschaft von Allameh Tabatabai und Abollhossein Rafii Qazwini (1897-1975), mit denen er sich über die grundlegenden Fragen der Philosophie und Logostheologie austauscht. Auch den französischen Philosophen Henry Corbin (1903-1978) lernt er in diesem Jahr kennen. Mit dem sadraischen Philosophen Allameh Tabatabai bleibt er 25 Jahre lang verbunden, ohne Qazwini und Corbin aus den Augen zu verlieren.[99]

1974 gründet Nasr mit seinen Kollegen Mohsen Foroughi (1907-1983), Abdolhossein Zarrinkoub (1923-1999), Seyyed Jalaleddin Aschtiani (1925-2005) und Ehsan Naraghi (1926-2012) sowie Nader Naderpour (1929-2000) die ›Kaiserliche Akademie für Philosophie im Iran‹, die ›Andschoman-e Schahanschahi-je Falsafe‹. Die Schirmherrschaft über diese Akademie übernimmt Farah Diba, die Gattin des letzten Schahs. Die Aufgabe der Akademie ist es, alle Bereiche der islamischen Philosophie, unter Berücksichtigung der iranischen Geistesgeschichte, neu zu fundieren und in die Welt zu tragen. Nasr ist von Beginn an bestrebt, die verlorengegangene Größe der Tradition islamischer Philosophie mit der Gegenwart zu verknüpfen. Die ›Kaiserliche Akademie‹ bildet eine Elite aus, um den Herausforderungen der Gegenwart bestmöglich gerecht zu werden. Zu seiner Schülerschaft zählen unter anderem Gholamali Haddat Adel (*1945) und Gholamreza Avani (*1942). In jener Zeit ruft Nasr die Zeitschrift ›Ewige Vernunft‹, ›Javidan Kherad‹, ins Leben, um die Möglichkeit zu eröffnen, die neuesten Forschungen der entstehenden Elite zur Diskussion zu stellen.

Nach der Islamischen Revolution von 1979 reist Nasr erneut in die USA und bekleidet 1984 in Washington die Professur für islamische Studien an der George Washington University. Seine Studien umfassen vor allem die Geschichte des Denkens im Islam, die Geschichte der Mystik und Hermeneutik sowie die Kritik der Tradition und Moderne. Besonderes Gewicht nimmt in seinem Denken die Frage nach dem ›Heiligen‹ ein.

Nasr betrachtet sich nicht als eine Art Politiker, der durch Populismus alles daran setzt, wiedergewählt zu werden. Seine Mission als Philosoph bestünde *ausschließlich* darin, grundlegende Reformen im Denken der Menschen herbeizuführen. Er bezeichnet seine Philoso-

[99] Corbin war von der schiitischen Spiritualität und Rationalität so fasziniert, dass er Zeit seines Lebens mit Nasr und Allameh Tabatabai in Kontakt bleibt und zahlreiche Reisen in den Iran unternimmt. Über Nasrs Denken vgl. sein Interview ›Dar djostegouje amre qodsi‹ [Auf der Suche nach dem Heiligen], 2006.

phie als eine Kombination aus ›Gavidan Kherad‹, also ›Ewiger Philosophie‹, und der vernunftverwurzelten Tradition islamischer Philosophie. In den Denkstrukturen von Ibn Sina, Sohrewardi, Molla Sadra und Ibn Arabi sieht er tragende Figuren dieser Tradition, mit denen er sich identifiziert.[100] Nasr beschränkt Philosophie nicht auf rationalistische Elemente, sondern geht von einem erweiterten Philosophiebegriff aus. Er will theologische Reflexionen und philosophischen Sufismus sowie philosophische Hermeneutik und Narrativität einbeziehen.[101]

Gegen Ende des 16. Jahrhunderts gründet Mir Damad in Esfehan, worauf im zweiten Kapitel bereits hingewiesen wurde, ein wissenschaftliches Zentrum, in dem nicht nur philosophische, theologische und mystische Richtungen zusammenfließen, sondern auch die von Widersachern der Philosophie. Nasr bezeichnet dieses Zentrum als ›Schule von Esfehan‹.

Die Frage nach Tradition und Moderne bilden die zentrale Achse der Philosophie Nasrs. Sein Menschenbild ist für das Verständnis seiner Philosophie und damit für seine Kritik an der Moderne grundlegend. Nach ihm gibt es drei menschliche Charaktere: solche, die den profanen Dingen des Lebens großen Wert beimessen, ihr Leben danach ausrichten, um ihre Glückseligkeit zu finden; solche, die ihre Zufriedenheit durch oberflächliches Mitleidsgefühl und allgemeine Sentimentalität erlangen und schließlich Menschen, die den Sinn des Lebens denkend und verstehend zu ergründen versuchen und Geistiges anstreben. Die Glückseligkeit solcher Menschen definiert sich in der Kontinuität ihres Strebens nach Weisheit.[102]

Während Nasr die ersten zwei Menschentypen eher der Moderne zugehörig sieht, ordnet er die dritte Gruppe von Menschen der Tradition zu. In der wertschätzenden Achtung der Tradition sieht er ein Geschenk des göttlichen Lichtes, dessen Gnade die Wiedereinsetzung der Weisheits- und Wahrheitsliebe ausmacht.[103] Weil diese Wahrheit Menschen jenseits ihrer Herkunft und Hautfarbe verbindet, sieht Nasr die Aufgabe der Tradition darin, Menschen durch transzendente Bil-

---

[100] Vgl. Nasr, Seyyed Hossein: *Se hakime mosalman* [Drei Weisen des Islam], 2002.

[101] Vgl. Nasr, Seyyed Hossein: *History of Islamic Philosophy,* 3 Volumes, 2003.

[102] Vgl. Nasr, Seyyed Hossein: *Dar djostegouje amre qodsi* [Auf der Suche nach dem Heiligen], 2006, S. 16.

[103] Vgl. Nasr, Seyyed Hossein: *Die Erkenntnis und das Heilige,* 2006, S. 93 ff.

dung und denkende Lebensführung zusammenzuführen, ohne kulturelle Grenzen aufzuheben.

Eine solche Weltsicht, für die Nasr steht, verträgt sich nicht mit der Philosophie der Moderne, in der sich eine Weltanschauung verbirgt, die jede Form von Spiritualität und Transzendenz zu Gunsten des Materiellen bekämpft. Als problematisch sieht er diese Haltung, wenn der Mensch die göttliche Autorität usurpiert und sich selbst als das Maß aller Dinge bezeichnet. Nasr weist diese Anthropozentrik der Moderne zurück. In der Entmachtung oder Entheiligung der Religion sieht er die Wurzel von Maßlosigkeit und Identitätsverlust.

In diesem Zusammenhang sieht es Nasr als ein Problem an, dass viele Philosophen aus weiten Teilen der islamischen und asiatischen Welt die Weltsicht der Moderne übernommen haben und durch diese Brille schauend, ihre eigene Tradition hinterfragen. Diese *euroverliebte* Position lehnt er mit Entschiedenheit ab. Nasr hält es für verwunderlich, dass Arkoun, ein Moslem algerischer Herkunft, in seiner Funktion als Wissenschaftler wie ein französischer Aufklärer spreche.[104] Er führt diese Selbstentfremdung auf die Ideologie des Orientalismus zurück,[105] der ein Kind des Kolonialismus ist. Wie Edward W. Said (1935-2003) vertritt Nasr die Auffassung, die Kolonialherren hätten diese Wissenschaftsdisziplin gegründet, um die Welt, die sie beherrschen, nach ihren eigenen Mustern zu prägen.

Für Nasr »wurzelt die Moderne in einem gewaltigen Betrug.«[106] Diese Janusköpfigkeit liegt, ihm zufolge, in der kühn verkündeten Botschaft, der ›moderne‹ Mensch besitze erstmals in der Geschichte der Menschheit die Freiheit, sich selbst zu bestimmen. Nasr aber sieht die Realität des modernen Menschen so, dass er in unsichtbare Ketten gelegt worden ist. Durch Suggestion oder Appell an profane Bedürfnisse werde der ›moderne‹ Mensch dazu gezwungen, nach dem ›Zeitgeist‹ zu leben. Dies sei ein bestimmtes Gehäuse, in dem alles vorgegeben ist. Man könnte sagen, der ›Heilige Geist‹ sei geradezu ersetzt worden durch den ›Zeitgeist‹. Nasr geht es um die Beantwortung der Frage, wer diesen ›Zeitgeist‹ formt und seinen Rahmen definiert.

---

104 Vgl. Nasr, Seyyed Hossein: *Dar djostegouje amre qodsi* [Auf der Suche nach dem Heiligen], 2006, S. 318 f.

105 Vgl. Said, Edward W.: *Orientalismus*, ^{3}2012.

106 Nasr, Seyyed Hossein: *Dar djostegouje amre qodsi* [Auf der Suche nach dem Heiligen], 2006, S. 299.

Die Politiker des Westens verbreiten nach Nasr die Ideologie der Moderne und Postmoderne durch Medien. Zudem bestimmen die Modemacher den Geschmack der Menschen. Wer es wagt, aus diesem Gehäuse bzw. Gängelwagen des Zeitgeistes auszubrechen, wird sanktioniert.[107] Nach Nasr trägt die Moderne jakobinische Züge, die er analysiert und darlegt. Ein prominenter Vertreter dieser Forderung ist Samuel P. Huntington (1927-2008), der offen ausspricht: »Der Westen eroberte die Welt nicht durch die Überlegenheit seiner Ideen, oder der Werte oder seiner Religion, sondern vielmehr durch seine Überlegenheit bei der Anwendung von organisierter Gewalt. Die Westler vergessen oftmals diese Tatsache; die Nichtwestler vergessen sie niemals.«[108] Bezugnehmend auf diese Feststellung Huntingtons ist Nasr der Ansicht, der Betrug der suggerierten Gehäusefreiheit der Moderne führe den Menschen »in Richtung der Verderbnis und in die Vernichtung der Humankultur.«[109] Daher plädiert er für die Rückkehr zu traditionellen Werten. Während Nasr die Moderne im Okzident in Gefahr sieht, sich durch Anmaßung selbst zu zerstören, entfernt sich der Orient immer mehr von der eigenen Tradition und geht somit der gleichen Gefahr entgegen.

Jenseits aller euroverliebten oder europhobischen Positionen betont er, dass die griechische Philosophie gleichermaßen dem Orient und dem Okzident angehöre und beide miteinander verbinde.[110] Er sieht die Philosophie der Griechen nicht als *genuin* europäisch an, wie es ja auch von Bertrand Russell (1872-1970) und Heidegger vertreten wird. Nasr misst der Philosophie, über ihre theoretische Dimension hinaus, großen praktischen Wert bei und kritisiert, dass in modernen Zeiten sich die meisten Bereiche der Philosophie gegen die ›Sophia‹, die Weisheit gewandt hätten. Was heute praktiziert werde, sei nicht, wie einst, ›Liebe zur Weisheit‹, sondern im Gegenteil ›Misosophie‹, ›Verachtung der Weisheit‹.[111]

Die Tragödie des Westens sieht Nasr im Verachten dessen, was Intellekt ursprünglich besagt. Er ist nämlich jene Instanz im Menschen, die für das aktive Denken und Erkennen zuständig ist, die Fähigkeit also, etwas geistig zu erfassen und einzuordnen. Die Me-

---

[107] Ebenda, S. 301.

[108] Vgl. Huntington, Samuel P.: *Kampf der Kulturen*, ³1997, S. 68

[109] Vgl. Nasr, Seyyed Hossein: *Dar djostegouje amre qodsi* [Auf der Suche nach dem Heiligen], 2006, S. 299.

[110] Ebenda, S. 83.

[111] Vgl. hierzu Nasr, Seyyed Hossein: *History of Islamic Philosophy*, 2003.

thode der Moderne liegt in der Spezialisierung aller Wissensbereiche. Die damit verbundene Vereinzelung führt jedoch zum Verlust der Einheitsbetrachtung. Hierdurch sei ein Bruch entstanden, eine Trennung zwischen wichtigen Bereichen wie Vernunft und Offenbarung, Religion und Wissenschaft, zwischen Diesseits und Jenseits.

Der eigentliche Unterschied des Westens gegenüber der islamischen Welt hat mit dem Reich des Einheitsdenkens zu tun, das die Muslime durch den Einfluss des Westens mittlerweile größtenteils verloren hätten. Die Muslime hätten aufgehört, sich als eine Zivilisation wahrzunehmen, die viele große Denker der Weltgeschichte hervorgebracht habe.

Was Nasr in der gegenwärtigen islamischen Welt vermisst, ist der Intellekt, das erkennende Denken. Der Koran sei ein Vorbild, das zwischen denjenigen unterscheide, die ihren Intellekt gebrauchen, und denen, die ihn nicht gebrauchen. Die Muslime hätten jene wegweisende Sure des Koran zum erkennenden Denken vergessen, in der offenbart ist, die Menschen sollten damit beginnen, ihren Intellekt zu gebrauchen.[112] Im koranischen Begriff ›Yaghelun‹ sieht Nasr diese Aufforderung,[113] die Menschen einlädt in einer ursprünglichen und essentiellen Art und Weise denkend zu wissen. Nasr plädiert daher für die Wiederbelebung der ursprünglichen Denktraditionen im Islam.[114]

Bereits 1964 thematisiert er in seinem Werk ›Science and Civilisation in Islam‹[115] die Frage nach Sinn und Funktion der Wissenschaft. Der Version von Wissenschaftsvorstellung der Moderne könne nur mit der Wiederbelebung des Einheitsdenkens begegnet werden. Die wissenschaftliche Vorgehensweise der Moderne sei letztlich die Ausübung einer spezifischen Philosophie der Natur der Dinge. Diese Weltanschauung gründet sich auf totalen Reduktionismus.

Das Ergebnis dieser Denkform ist die Herausbildung von ›Ismen‹ wie Empirismus, Rationalismus, Humanismus, oder Liberalismus, Sozialismus und Strukturalismus. Nasr moniert, dass diese ›Ismen‹ allzu leicht in der islamischen Welt Fuß fassen. Diese ›Ismen‹ beeinflussen, als Fortsetzung der Kolonialperiode, das Bildungssystem in

---

112 Es gibt viele Stellen im Koran, die Menschen zum Denken auffordern. Vgl. vor allem die Suren 3:66, 4:83, 6:51, 8:23, 14:26 oder 30:22.

113 Vgl. bspw. Sure 2:171.

114 Vgl. Nasr, Seyyed Hossein: *Wiederbelebung der islamischen Philosophie,* 2014.

115 Vgl. Nasr, Seyyed Hossein: *Science and Civilisation in Islam,* 1964.

der islamischen Welt. Die meisten islamischen Intellektuellen sind, Nasr zufolge, daran gescheitert, mit diesen ›Ismen‹ kritisch-sympathisch umzugehen. Nasr beobachtet dies bei seiner Bekanntschaft mit Michel Foucault (1926-1984), der im Iran bei einem Symposium verkündete: ›Wissen Sie, sobald meine Ideen in Frankreich Feuer fangen, werden sie auch im Iran berühmt sein.‹

Tradition und Moderne stehen nicht in einer Opposition zueinander, sondern beschreiben zwei völlig verschiedenen Denk- und Lebensentwürfe, die in weiten Teilen der Welt zu beobachten sind. Problematisch sind extremistische Positionen dieser Weltsichten, die Nasr zu Recht kritisiert. Er geht zwischen dem Fortschrittswahn der Moderne und dem Glaubenswahn der Tradition einen Mittelweg. Nasr ist von Anfang an ein Philosoph der Tat. Er fordert eine grundlegende Erneuerung des Denkens in der islamischen Welt durch eine Rückbesinnung auf den Koran, der die Menschheit zum Nachdenken über sich und die Welt einlade. In einer unreflektierten Nachahmung der Moderne sieht er die Gefahr, sich in deren ›Ismen‹ zu verfangen und zum bloßen Hinterherläufer einer Weltanschauung zu werden, die er darüber hinaus für ein Puzzle hält, in dem viele Stücke nicht zusammenpassen. Was sich dieser Struktur nicht füge – das Gleiche gilt auch für die ebenfalls fundamentalistischen Vorstellungen von Tradition – werde durch die Anwendung organisierter Gewalt passend gemacht.

Ausgewählte Werke:

– *Die Erkenntnis und das Heilige.*
– *History of Islamic Philosophy.*

3.12 Reza Davari Ardekani und die Zukunft der Philosophie

Reza Davari Ardekani ist 1933 in Persien geboren worden. 1967 promoviert er an der Teheraner Universität in Philosophie mit einer bahnbrechenden Arbeit über Farabis politische Philosophie. Nach langer Tätigkeit in Lehre und Forschung erhält er 1983 an dieser Universität einen Lehrstuhl für Allgemeine Philosophie. Ardekani ist der amtierende Präsident der ›Akademie der Wissenschaften Irans‹, Vizepräsident der ›Vereinigung der Akademien der Wissenschaften in Asien‹ und Herausgeber des offiziellen Kulturjournals des Iran. Neben Nasr, Dinani und Avani gehört Ardekani zu den führenden Denkern des zeitgenössischen Iran, die neue Wege suchen, um ihr

Land und womöglich darüber hinaus die islamische Welt philosophisch in Richtung einer Rückbesinnung auf ihr Erbe zu motivieren. Man könnte sagen, dass alle vier Philosophen der Tat sind.

Ardekani ist ein Schüler des iranischen Philosophen Ahmad Fardid (1909-1994), der mit orientalischer wie okzidentalischer Philosophie gleichermaßen vertraut ist. Durch seinen Lehrer wurde Ardekani mit den Werken Heideggers bekannt gemacht. Besonders schätzt er Heideggers Kritik an der Technologie und der instrumentellen Vernunft.[116]

Philosophie lässt sich nach Ardekani nicht wie eine politische Partei betrachten, der man beitreten könnte. Wer sich für ein solches ›Gehäuse‹ entscheide, kopple sich vom echten philosophischen Denken ab. Mit dieser Bestimmung verweist er auf ›Ismen‹, die dem Denken Schranken setzen. Philosophie ist auch keine Religion; ›Philosophie als Religion‹ gibt es für ihn ebenso wenig wie es ›philosophische Religion‹ gibt. Religion fußt auf Glauben, während Philosophie auf dem Boden der Kritik operiert. Was Philosophie als Wissenschaft der Wissenschaften und Religion dennoch verbindet, ist die Frage nach der ›Wahrheit‹. Mit der Religion geht der Anspruch einher, die Wahrheit zu verkörpern, wohingegen Philosophie der Wahrheit gewahr werden will und den Sinn des Lebens ergründen möchte.

Zu Ardekanis Forschungsschwerpunkten gehören, neben Hermeneutik und politischer Philosophie auch die Geschichte der Philosophie der islamischen Welt sowie die Geschichte des Denkens im Abendland. Seine Philosophie legt Ardekani in einer Reihe von Schriften nieder. In seinem kulturphilosophischen Œuvre trifft er eine klare Unterscheidung zwischen Philosophie und Weisheit. Während Weisheit geschichts- und zeitlos ist, ist Philosophie zeit- und kulturgebunden. Die Wirkungskraft des Denkens entdecken wir häufig erst im Lösungszwang bestimmter historischer Ereignisse. Doch Denken ist *a priori* da.

Die zentrale Achse von Ardekanis Philosophie dreht sich um die Frage: Wozu überhaupt Philosophie? Warum beschäftigen sich Menschen zeit ihres Lebens mit den grundlegenden Fragen menschlicher Existenz? Echte Philosophie ist für ihn keine ›Tafannon‹, also keine vergnügliche Beschäftigung, sondern ein tiefes Bedürfnis, welches

116 Über Ardekani vgl. Asadi, Mahmoud (Hrsg.): *Chhrehaje mandegar:* Reza Davari Ardekani [Serie: Biographischer Abriss bleibende Persönlichkeiten: Reza Davari Ardekani], 2002.

Menschen antreibt, über existentielle Fragen, ja über den Sinn des Lebens generell nachzusinnen und womöglich Antworten zu finden. Dies könnte man auch ›Sehnsucht nach Wissen und Erkenntnis‹ nennen. Die Gründung des ›Bait al Hikma‹, also ›Haus der Weisheit‹, in Bagdad des 8. Jahrhunderts ist für Ardekani der Beweis eines solchen Bedürfnisses. Weiterhin geht er von einem Philosophiebegriff aus, in dem ›Wort und Tat‹ zusammenkommen. Eine Philosophie ohne Praxisrelevanz sei affirmatives Gerede. Als Beweis einer ›Philosophie der Tat‹ führt Ardekani Sokrates an, in dessen Denken Theorie und Praxis sowie das Gedachte und das Gelebte eine Einheit bilden.

Ardekani hält Vergangenheit, Gegenwart und Zukunft für keine voneinander unabhängigen Zeitebenen, sondern sieht diese in enger Relation. Um das zeitgenössische Denken im Iran zu analysieren, sei es unumgänglich, auf dessen Entstehungsgeschichte zurückzugreifen, genauso, wie die Zukunft sich aus der Gegenwart entwickle und von ihr kaum zu trennen sei. In diesem Zusammenhang sieht Ardekani die Sprache als Spiegel von Kultur, Erkenntnis und Denken, in dem immer das Erbe der Vergangenheit mitschwinge. Kultur, und damit Sprache als Ausdruckswelt des Menschen, ist für ihn von großem Gewicht. Kein Volk sollte nach Ardekani seiner Kultur gegenüber gleichgültig sein.

Die Beschäftigung mit den Denkwegen in der Geschichte des zeitgenössischen Iran führen Ardekani zu einer Kritik der Zustände in seinem Land. So beginnt für ihn jede Epoche mit bestimmten Prinzipien und Grundlagen, welche das derzeit gültige Wertesystem begründen. Verlieren diese Prinzipien ihren Wert, so habe es mit der Epoche bald ein Ende, und es beginnt ein Ringen um neue Denkinhalte. Ist das Volk in der Lage, die eigene Kultur regenerierend fortzuführen und neue Prinzipien zu finden, so regeneriert sich auch das Denken auf eine gesunde Weise von selbst. Ist dies nicht der Fall, so werden für die neue Epoche Denkwege und Prinzipien anderer Völker übernommen. Die Folge ist dann oft geistlose Nachahmung.

Ardekani sieht den gegenwärtigen Iran in einer derartigen Lage und kritisiert, dass das Land seine kulturelle Bodenhaftung zu verlieren droht. Es habe den Anschein, als ob es den eigenen geschichtlichen Boden für vergessen erkläre und sich der westlichen Konsumverliebtheit zuwende, wobei diese importierte Kultur mit der eigenen nicht wirklich kompatibel sei.[117] Ardekani beklagt die Unterbrechung

---

[117] Vgl. Davari Ardekani, Reza: *Waz-e konuni-je tafakor dar Iran* [Gegenwart des Denkens im Iran], 2013.

der eigenen Entwicklung von Wissenschaft und Technologie. In euroverliebten Entwicklungsländern gebe es zwar Wissenschaft bzw. Wissenschaftler, aber keine eigene Technologie, sondern lediglich importiertes Know-How. Die Abhängigkeit von den Industrieländern und damit einhergehende Konflikte sind bei einer solchen Konstellation programmiert.

Ardekani sieht es als unmöglich an, durch Anleihen an den Westen eigene kulturelle und technologische Fortschritte zu erzielen, mit denen man sich ernsthaft identifizieren könne. Nur durch eine grundlegende Suche in Form eines ›Zu-sich-selbst-Findens‹ sieht er die Möglichkeit, aus der eigengeschichtlichen Entwicklung heraus die Gegenwart zu gestalten. In diesem Sinne ist Philosophie für Ardekani nicht irgendeine Tugend, die man erlernen oder importieren könne, sondern eine Ur-Sehnsucht, die es immer wieder neu zu entdecken gelte.

In seinem Werk ›Apologie der Philosophie‹ greift Ardekani dieses Thema auf und betrachtet Philosophie als die Seele der menschlichen Gesellschaft und damit die des Lebens überhaupt. Philosophie hilft uns, Probleme zu identifizieren, darüber nachzudenken, ihre Entstehungsursache zu erkennen und eine Lösungsmöglichkeit zu finden. Für Ardekani soll Philosophie wie ein medizinischer Pathologe sein, der immerzu Gewebeproben der Gesellschaft untersucht.[118] Nur so könne eine sinnvolle Therapie eingeleitet werden, um eine Gesellschaft gesunden zu lassen.

Ardekani stellt in diesem Geiste die Frage nach der Zukunft der Philosophie überhaupt, welche unmittelbar die Geometrie des Geistes und, wie wir sehen, der Gesellschaft berührt. Ohne eine verinnerlichende Rückbesinnung auf die eigenen philosophischen Wurzeln sei es nicht möglich, eine zukunftsfähige Philosophie zu gestalten. Ardekani steht Moderne und Postmoderne nur ablehnend gegenüber, wenn sie als Plagiat in einer Gesellschaft wie der iranischen installiert wird. Für ihn beschreibt die Postmoderne nicht einfach die Zeit nach der Moderne und den Übergang einer Epoche in die nächste, sondern geradezu ihr krisenhaftes Ende.

Für Ardekani spielt die Philosophie Farabis eine fundamentale Rolle. Man kann Ardekani geradezu aufgrund seines integrativen Denkens als den Farabi unserer Zeit betrachten. Er sieht Farabi als den Begründer der Philosophie in der islamischen Welt an, als einen

---

[118] Vgl. Davari Ardekani, Reza: *Defa az falsafe* [Apologie der Philosophie], 1989.

Vordenker der Zivilgesellschaft mit gerechter Verteilung, auf den sich alle späteren Philosophen berufen. Hier verwirft er die Auffassung der Orientalisten, die nicht nur Farabi als einen bloßen Kommentator der Griechen einstufen: »Die Unterstellung, dass die islamischen Philosophen, genauer, Philosophen der islamischen Welt, nur Nachahmer der Griechen seien oder deren Ansichten nicht verstanden hätten und deshalb vom richtigen Weg abgekommen seien, ist das Produkt einer historisch gewordenen Betrachtungsweise der Orientalisten. Dies hat mit dem Denken der Philosophen der islamischen Welt so gut wie nichts zu tun.«[119]

Dass die Orientalen bloße Verwalter griechischer Philosophie seien, hält Ardekani also für unhaltbar, denn aus einer bloßen Reproduktion anderer Philosophien hätten niemals Köpfe wie Ibn Sina hervorgehen können. Er führt die Wiederbelebung des griechischen Denkens auf die Philosophen der islamischen Welt zurück, die jene Sprache erlernten und deren Denken jenes wie Phönix aus der Ashe zu neuem Leben erstehen ließ. Henry Corbin gehört nach Ardekani zu den wenigen Ausnahmen unter den Islamwissenschaftlern und Orientalisten, die einen echten Dialog mit dem Islam und den Philosophien in der islamischen Welt gesucht haben.[120]

In seinem Werk ›Neubetrachtung islamischer Philosophiegeschichte‹ geht er der Frage nach, ob und inwieweit die Philosophie der islamischen Welt eigentlich griechisch ist und warum überwiegend iranische Denker jener Zeit eine so starke Affinität hatten, sich mit dem griechischen Denken zu beschäftigen.[121] Für ihn produzieren die Denker der islamischen Welt von Beginn an eine eigenständige Philosophie, und zwar eine ›monotheistische Interpretation dieser Philosophie‹, die dem islamischen Denkkontext angemessen ist. Der Philosophie der Griechen liege ein bestimmtes, dichotomisierendes Menschenbild zugrunde. Dies zeigt sich bspw. bei Aischylos (ca. 525-456 v.u.Z.), der Nichtgriechen als unzivilisiert und als ›Barbaren‹ betrachtet.[122]

Philosophen der islamischen Welt hingegen seien von Anfang an von einem universellen Menschenbild ausgegangen. Hier zeigen sich Be-

---

119 Vgl. Davari Ardekani, Reza: *Ma wa tarikhe falsafeje eslami* [Wir und die Geschichte der islamischen Philosophie], 1998, S. 88.

120 Vgl. Davari Ardekani, Reza: *Farabi az manzare filsoufe farhang* [Farabi im Denken Reza Davari Ardekanis], 1998, S. 88.

121 Vgl. Davari Ardekani, Reza: *Negahi digar be tarikhe falsafeje eslami* [Neubetrachtung islamischer Philosophiegeschichte], 2008.

122 Vgl. Aischylos: *Die Perser,* 1964, S. 16.

rührungspunkte mit Falaturis Auffassung, der von der ›Umgestaltung der griechischen Philosophie durch die islamische Denkweise‹ ausgeht.

Ardekani sieht die Beschreibung der realen Welt ohne Berücksichtigung der Subjektivität des Beobachters als unmöglich an. Noch problematischer wird es, wenn diese Subjektivität als Intersubjektivität missverstanden und sogar verabsolutiert wird. Nach Ardekani hat Wissenschaft letztlich religiöse Züge. Die Verabsolutierung wissenschaftlicher Vorgehensweise sei Glaubenssache.

In seinem Spätwerk ›Wir und die Geschichte der islamischen Philosophie‹ führt Ardekani in die Philosophien der islamischen Welt von ihren Anfängen bis in die Gegenwart ein und diskutiert ihre Bedeutung für das Leben überhaupt. Dabei analysiert er neben der Geschichte der Rationalität in der islamischen Welt auch die Situation der Philosophie im Iran im Vergleich zu den anderen islamischen Kulturräumen. Exemplarisch porträtiert er einige Philosophen, vornehmlich Al-Kindi, Farabi, Ibn Sina, Ghazali, Ibn Ruschd, Sohrewardi und Molla Sadra sowie Allameh Tabatabai.[123]

Ardekani versteht dieses Werk zugleich als eine Antwort auf die Behauptungen Al-Jabris, der die Philosophien der islamischen Welt in arabische und persische unterteilt und behauptet, dass der persische Teil lediglich das Ziel verfolge, das griechische Denken islamkompatibel zu machen. Für Ardekani ist befremdend, dass der Marokkaner Al-Jabri sich einerseits als Erbe jener Gründergeneration islamischer Philosophie begreift, andererseits aber deren mehrheitlich persische Wurzeln beklagt.

Insofern versteht Ardekani sein Werk als eine liebende Verteidigung der Philosophie überhaupt. Er formuliert in seinem Werk, jenseits aller euroverliebten oder europhobischen Ansätze, eine Mittelposition, um Orient und Okzident miteinander versöhnend zu verbinden. Ardekani gelingt es, plausibel zu begründen, dass Philosophie, nach seinen Worten die ›Geometrie des Geistes‹, als eine universelle Instanz jede Form von kulturchauvinistischer Verengung verwerfen muss.

Ausgewählte Werke:

– *Defa az falsafe* [Apologie der Philosophie].
– *Ma wa tarikhe falsafeje eslami* [Wir und die Geschichte der islamischen Philosophie].

---

[123] Vgl. Davari Ardekani, Reza: *Ma wa tarikhe falsafeje eslami* [Wir und die Geschichte der islamischen Philosophie], 2011.

Nachwort

Die Geschichte des Denkens ist eine Geschichte der menschlichen Sehnsucht über sich hinauszuwachsen, seine Stellung im Kosmos zu finden und sich ein würdiges Dasein zu gestalten. Betrachten wir die Entstehungs- und Entwicklungsgeschichte des Denkens in der islamischen Welt, so ist auch sie zweifelsohne ein Ausdruck dieser schöpferischen Sehnsucht.

Die Philosophie der islamischen Welt ist im Grunde methodisch-systematisch ausgerichtet. Sie ist nicht nur ein klassisches Beispiel interkultureller Begegnung, sondern eine einzigartige Denkwelt, in welcher Rezeption und Originalität zusammentreffen: Rezeption griechischer Philosophie und Originalität mit eigenen Leistungen auf dem Gebiet der Philosophie, Theologie und der Naturwissenschaft. Die Werke von Philosophen der islamischen Welt, gestern wie heute, sind ein Reflex auf jeweils aktuelle Begebenheiten in der islamischen Welt. Sie besitzen die nötige Tiefe, um, wie wir gesehen haben, solide Antworten auf die virulenten Fragen der Gegenwart und womöglich der Zukunft zu formulieren.

Wir dürfen die Frage stellen, warum sich die islamische Welt, trotz dieses unschätzbaren Erbes, immer wieder in einem politischen und soziokulturellen Zwiespalt befindet und ob es möglich ist, sich aus eigener Dynamik daraus zu lösen. Meiner Ansicht nach ist diese Situation teils auf den Kolonialismus zurückzuführen, vorwiegend aber durch eigene Nachlässigkeit verschuldet. Die eigene Verantwortung hängt mit dem aufgegebenen Anspruch zusammen, Ideale zu entwickeln, wie es in der Gründungs- und Blütephase der Philosophie im ›Haus der Weisheit‹ noch der Fall war. Problematisch ist, dass selbst das Bewusstsein fehlt, diesen Anspruch aufgegeben zu haben.

Schon zu Lebzeiten der ersten vier Kalifen wurden, um der rein politischen Macht willen, blutige Kämpfe um die Rechtmäßigkeit des Kalifenamtes zwischen den rivalisierenden Gruppierungen innerhalb des Islam ausgetragen.[1] Dieser nachhaltige Machtstreit führte schließlich zur Spaltung des Islam in eine schiitische und eine sunnitische Richtung. Eine Folge dieser politisch-motivierten Spaltung ist Dauer-Rivalität und kämpferische Konfrontation.

---

[1] Diejenigen Kalifen sind Abu Bakr (632-634), Omar Ibn al-Khattab (634-644), Osman Ibn Affan (644-656) und Ali Ibn Abitalib (656-661).

Viele der späteren Kalifen, wie die Omajjaden, beanspruchten darüber hinaus als personifiziertes Gewissen der islamischen Völker eine durch Gott legitimierte Alleinherrschaft für sich und zwangen die Völker zur Unterwerfung. Schon hier wurde Religion zu politischen Zwecken missbraucht. Jede Kritik an diesem Anspruch wurde als Gotteslästerung gewertet und gewaltsam niedergeschlagen. Was wir heute innerhalb vieler islamischer Kulturräume erleben, ist mehr oder minder auf diese historisch gewachsene Mentalität zurückzuführen.

Hinzu kommt in der Neuzeit sowohl das Problem der Korruption als auch das der Kollaboration der Machthabenden mit den ehemaligen Kolonialmächten. Viele Eliten betrachten ihr islamisches Erbe, ›Turath‹, vorwiegend durch die europäisch-westliche Brille und sind somit eher ein Teil des Problems als dessen Lösung. Viele Philosophen und Wissenschaftler der islamischen Welt, die ihre Ausbildung im europäisch-westlichen Ausland genossen haben und nun teilweise auch in ihren Ländern als Hochschullehrer oder gar Politiker tätig sind, haben sich Folgendes zu fragen: Warum sind die meisten philosophie- und wissenschaftsgeschichtlich relevanten Einführungen und Kompendien in der islamischen Welt geistige Importe, die sich in ihrer Effizienz wie eine allgegenwärtige geistige Besatzungsmacht verhalten?

Ein Fehler vieler dieser Philosophen, Wissenschaftler und Politiker ist, dass sie in ihren Gesellschaften Fragen formulieren, welche keineswegs Probleme ihrer Gesellschaften widerspiegeln, sondern Fragen sind, die in europäisch-westlichen Hemisphären gestellt und diskutiert werden. Diese Intellektuellen wissen oft aufgrund ihrer selbstverschuldeten Entfremdung nicht, wo sie geschichtlich stehen und mit welchem Kulturraum sie sich identifizieren.

Es ist nur zu verständlich, dass fremde Mächte gewillt sind, jenen Zwiespalt zu einem Dauerzustand werden zu lassen, um ihren Einfluss zu erhalten und weiter zu vertiefen. Eine konsequente Rückbesinnung auf die eigene reichhaltige Geschichte des Denkens ist für alle islamischen Völker der unumgängliche Weg, sich neue Perspektiven zu erarbeiten. Wer das Vergangene nicht kennt oder nicht bereit ist, darüber zu reflektieren, läuft Gefahr, alte Fehler in die Zukunft hinein zu tragen. Es wäre freilich zu einfach und auch ungerecht, das Problem der eigenen Fehler *ausschließlich* in die Schuhe der ›Kolonialstaaten‹, ›Kreuzfahrer‹, ›Perser‹, ›Türken‹ oder der eigenen ›Despoten‹ zu schieben.

Wer anderesherum den Islam als die Wurzel aller ›islamischen‹ Rückständigkeit zu bestimmen meint, denkt zu kurz. Wer behauptet, die Muslime hätten keine ›Reformation‹, keine ›Aufklärung‹ und keine ›Französische Revolution‹ gehabt und seien deshalb von der europäisch-westlichen Moderne überrascht worden, denkt ebenfalls zu kurz. Das Gleiche gilt auch für diejenigen, die vermuten, die Philosophien der islamischen Welt hätten sich in eine Festung des Glaubens zurückgezogen, um den Anfechtungen einer sich wandelnden Welt nicht die Stirn bieten zu müssen.

Erklärungsbedürftig wäre vielmehr die Herkunft jener kolonialen Dynamik, mit der die Europäer in den letzten 250 Jahren fast den ganzen Globus unterworfen haben. Schon Hegel hatte die zutreffende Vision: »Die Welt ist umschifft und für die Europäer ein Rundes. Was noch nicht von ihnen beherrscht wird, ist entweder nicht der Mühe wert oder aber noch bestimmt, beherrscht zu werden.«[2] Diese Vision ist in der Tat Wirklichkeit geworden. Es ist durchaus der Überlegung wert, wie sich die organisierte Gewalt des Weltherrschaftsanspruchs legitimiert, Afrika, die beiden amerikanischen Kontinente, den indischen Subkontinent, Südost- und Ostasien sowie Teile der islamischen Welt zu unterwerfen.

Im Hinblick auf den Islam und alles, was mit ihm zusammenhängt, ist im Westen seit dem Kolonialismus ein Zerrbild mit verheerenden Folgen zur Normalität geworden. Es geht um das weit verbreitete Vorurteil, der Islam durchdringe bedingungslos und ausschließlich alle Lebensbereiche der Muslime und es gebe keine Trennung zwischen säkularer und religiöser Sphäre in Politik, Wissenschaft und Gesellschaft. Das im Westen fast wie ein Schimpfwort benutzte Adjektiv ›islamisch‹ zementiert diese Unterstellung und verschleiert die faktische Pluralität des Islam.

Folgerichtig werden rationale Diskurse im Orient entweder marginalisiert oder als Nachahmung westlichen Denkens dieser Gesellschaften abqualifiziert. Mit dieser Ideologie ist die Absicht verbunden, nicht nur die Leistungen, sondern zugleich jede Pluralität im Orient, allen voran dem Iran unsichtbar werden zu lassen.

Der Ausdruck ›Islamische Medizin‹ wird keineswegs von Wissenschaftlern der islamischen Welt beansprucht, sondern wird zu einer Art Stigmatisierung benutzt, um jede Ambiguität im Keime zu ersticken. Der Chirurg arbeitet doch nicht nach dem Koran, sondern nach

---

2 Hegel, Georg Wilhelm Friedrich: *Vorlesungen über die Philosophie der Weltgeschichte*, 1955, S. 763.

den Regeln der Medizin. Der iranische Wissenschaftler gründet seine Forschungsfelder doch nicht auf dem Koran, sondern baut seine Satelliten und Trägerraketen nach den Maßstäben der Technik. Das Gleiche gilt auch für Nanotechnologie und Stammzellenforschung, die im Iran seit Jahren betrieben werden.

Entfällt im Westen der Schleier des diskreditierenden Vorurteils, so sehen wir, dass Säkularität und Sakralität in einer Gesellschaft wie dem Iran eine fruchtbare Verbindung eingegangen sind.

Der Orient ist seit der Entstehung des Islam ein Ort, aus dem viele wissenschaftliche Errungenschaften und weitreichende Impulse hervorgegangen sind. Die Geschichte der orientalischen Philosophie und Naturwissenschaft wartet auf die Morgenröte ihrer Entdeckung und eines Neubeginns, um verarmtes Denken der Gegenwartsphilosophie dialogisch zu überwinden. Was im Zuge des Kolonialismus gestoppt oder verhindert wurde, wird heute in Ländern wie Indien oder dem Iran auf allen Ebenen wieder aufgegriffen und vorangetrieben. Diese Entwicklung ist weder *europhobisch* noch *euroverliebt*, sondern eine *Mittelposition*, um zwei Welten aus eigener Geschichte und Weisheit miteinander zu versöhnen.

Philosophie im islamischen Orient ist ein historisch einzigartiger Beitrag zu Weltkultur, Weltphilosophie und Weltkommunikation. Von Anfang an ist Pflicht zu Toleranz, vernünftigem Handeln und Offenheit – Haltungen, die wir mit Aufklärung und Demokratie in Verbindung bringen – ein Wesenszug des Islam. Was heute der islamische Orient braucht, ist jene anfängliche Sehnsucht, wie sie vor Zeiten schöpferische Dynamik erzeugte, sich Ziele zu setzen und Hürden zu überwinden, um dem eigenen Vermögen und Anspruch gerecht zu werden. Wir als die Erben stehen in der Pflicht, die Werte und Menschenbilder der Gründungs- und ersten Blütephase der Philosophie und Naturwissenschaften im islamischen Orient wie ein Phönix aus der Asche wieder auferstehen zu lassen.

Diesem Werk habe ich ein bewegendes Zitat des deutschen Dichter-Philosophen Johann Wolfgang von Goethe vorangestellt und möchte es mit demselben Zitat schließen:

> »Was du ererbt von deinen Vätern hast, erwirb es, um es zu besitzen.«

Literaturverzeichnis

Abboud, Tony: *Al-Kindi*. The Father of Arab Philosophhy, New York 2006.

Abu Ru'yan, Muhammad Ali: *Tarikh al fekr al falsafi al islam* [Geschichte des philosophischen Denkens im Islam], Kairo 1980.

Adamijjat, Fereydun: *Ideologije nehsate mashruteje Iran* [Philosophie der Verfassungsbewegung im Iran], Teheran 1975.

—: *Andishehaje Mirza Aghakhan Kermani* [Die Philosophie des Mirza Aghakhan Kermani], Teheran 1978.

—: *Andishehaje Mirza Fathali Akhondzade* [Die Philosophie des Mirza Fathali Akhondzade], Teheran 1979.

—: *Andishehaje Talbof Tabrizi* [Die Philosophie des Talbof Tabrizi], Teheran 1981.

Adorno, Theodor W.: *Negative Dialektik*, Frankfurt/Main 1966.

Aischylos: *Die Perser,* in: Griechisches Theater, Frankfurt/Main 1964.

Akhondzade, Mirza Fathali: *Se maktub* [Drei Traktate], hrsg. v. Bahram Chubine, Frankfurt/Main 2006.

Algar, Hamid: *Allama Sayyid Muhammad Husayn Tabatabai – Philosopher, Exegete and Gnostic,* in: Journal of Islamic Studies Advance Access published, Nr. 5, 2006 (1-26).

Al Ghasāli: *Das Elixier der Glückseligkeit,* Köln 1979.

—: *Die Nische der Lichter,* Hamburg 1987.

—: *Der Erretter aus dem Irrtum,* Hamburg 1988.

—: *Das Kriterium des Handelns,* Darmstadt 2006.

Alfārābī: *Alfārābī's philosophische Abhandlungen,* übersetzt v. Fr. Dieterici, Leiden 1892.

—: *Über die Wissenschaften*. De scientiis, Hamburg 2005.

Al-Ḫwārizmī, Muḥammad Ibn Mūsā: *Algoritmi de numero Indorum,* Roma 1857.

Al-Jabri, Mohammed Abed: *Naqd al-aql al-arabi* [Kritik der arabischen Vernunft], in 4 Bänden, Beirut 1984 bis 2001.

—: *Kritik der arabischen Vernunft*. Die Einführung, Berlin 2009.

Al-Kindi: *Die Erste Philosophie,* Freiburg 2011.

Al-Suhrawardi: *Philosophie der Erleuchtung* [Hikmat al-ishraq], übersetzt und hrsg. v. Nicolai Sinai, Frankfurt/Main 2011.

Amoli, Ayatollah Hassan Hassanzade: *Hezaro jek kaleme* [Eintausend und ein Wort), Qom 2009.

Amoli, Ayatollah Javadi: *Mareffatschenasi dar Qoran* [Erkenntnistheorie im Koran: Koranexegese], Qom 2000.

Ansari Moghadam, Ali: *Zendeginameh Molla Mohsen Faiz Kaschani* [Leben und Werk von Molla Mohsen Faiz Kaschani], Teheran 2012.

Aristoteles: *Metaphysik:* Bücher I (A)-VI (E), Hamburg 1989.

Arkoun, Mohammed: *L'humanisme arabe au IVe/Xe siècle*. Miskawayh, philosophe et historin, Paris 1970.

—: *›Westliche‹ Vernunft kontra ›islamische‹ Vernunft?* Versuch einer kritischen Annäherung, in: Der Islam im Aufbruch. Perspektiven der arabischen Welt, hrsg. v. Michael Lüders, München 1992 (261-274).

—: *Islam und Christentum müssen ihre gemeinsamen Wurzeln erkennen*. Gespräch mit Adalbert Reif, in: UNIVERSITAS 53, Nr. 630, 1998 (1202-1212).

—: *Der Islam*. Annäherung an eine Religion, Heidelberg 1999.

Asadi, Mahmoud (Hrsg.): *Chhrehaje mandegar:* Reza Davari Ardekani [Serie: Biographischer Abriss bleibende Persönlichkeiten: Reza Davari Ardekani], Teheran 2002.

Averroes: *Die Hauptlehren des Averroes,* übersetzt v. Max Horten, Bonn 1913.

—: *Die entscheidende Abhandlung und die Urteilsfällung über das Verhältnis von Gesetz und Philosophie*, Hamburg 2009.

Biruni, Abu Reyhan Muhammad Ibn Ahmad: *Kitab al-tahqiq milal hind min maqbula lil-aql wa mardhula* [Über Geschichte und Weisheit Indiens], Teheran 1975.

—: *Al-asar al-baqiya an al-qurun al-khalia* [Über die Hinterlassenschaften früherer Jahrhunderte], Teheran 1975.

—: *Kitab Tahdid nihayat al-amakin li-tashih masafat al-masakin* [Über die Wissenschaft der Ausmessung und Abbildung der Erdoberfläche], Teheran 1975.

Braunmühl, Anton von: *Nassir Eddin Tusi und Regiomontan,* Halle 1897.

Campagna, Norbert: *Alfarabi – Denker zwischen Orient und Okzident*. Eine Einführung in seine politische Philosophie, Berlin 2010.

Chamenei, Seyyid Mohammed: *Mulla Sadra*. Transzendente Philosophie, Bremen 2011.

Dabashi, H.: *Mir Damad and Founding of School of Isfahan,* in: History of Islamic Philosophy, hrsg. Seyyed Hossein Nasr u.a., London 1996 (597-634).

Davari Ardekani, Reza: *Farabi moassese falsafeje Eslami* [Farabi. Gründer der islamischen Philosophie], Teheran 1977.

—: *Defa az falsafe* [Apologie der Philosophie], Teheran 1989.

—: *Farabi az manzare filsoufe farhang*. Goftegou ba Reza Davari Ardekani [Farabi im Denken Reza Davari Ardekanis], in: Dialog des Monats, Heft 16, Teheran 1998 (84-88).

—: *Negahi digar be tarikhe falsafeje eslami* [Neubetrachtung islamischer Philosophiegeschichte], Teheran 2008.

—: *Ma wa tarikhe falsafeje eslami* [Wir und die Geschichte der islamischen Philosophie], Teheran 2011.

—: *Waz-e konuni-je tafakor dar Iran* [Gegenwart des Denkens im Iran], Teheran 2013.

Descartes, René: *Abhandlung über die Methode des richtigen Vernunftgebrauchs*, Stuttgart 1995.

Dinani, Gholamhossein Ebrahimi: *Madjara-je fekre falsafi dar djahane eslam* [Geschichte des philosophischen Denkens in der islamischen Welt], in 2 Bänden, Teheran 1998.

—: *Schoae andishe wa schohud. Falsafeje Sohrewardi* [Intuition und das Leuchten des Denkens. Philosophie des Sohrewardi], Teheran 1990.

—: *Khage Nasireddin Tousi. Filsofe Goftegou* [Khage Nasireddin Tousi. Philosoph des Dialogs], Teheran 2005.

Faiz Kaschani, Molla Mohsen: *Minhadjel Nidjat* [Pfad der Erlösung], Teheran 1981.

—: *Al-Mahjol-Beyza fi Tahzibol-Ehya* [Wiederbelebung der Wiederbelebung], in 4 Bänden, Teheran 1991.

—: *Usulol Ma'aref* [Prinzipien der Erkenntnistheorie], Teheran 1992.

—: *Akhlaqe nabowat wa Emamat* [Ethik der Prophetie und Imamat], Teheran 2012.

Farabi, Abu Nasr Mohammad ibn: *Arae ahle Madinatolfazele* [Ansichten der Bewohner eines vortrefflichen Staates], Teheran 2003.

Farzaneh Poor, Hossein: *Tasahol wa Modara dar andishe-je sijasi-je Eslam* [Ta-sahol und Modara im politischen Denken des Islam], Teheran 2007.

Falaturi, Abdoldjavad: *Zur Interpretation der kantischen Ethik im Lichte der Achtung*. Mit einem Anhang: Vorarbeit zu Studien zu einem allgemeinen Kantwörterbuch, Bonn 1965.

—: *Umgestaltung der griechischen Philosophie durch die islamische Denkweise* (Unveröffentlichte Habilitationsschrift), Bonn 1973.

—: (Mit anderen) *Der Islam in den Schulbüchern der Bundesrepublik Deutschland*: Nachträge 1986-1988 zur Analyse der Schulbücher, Braunschweig 1990.

—: *Der Islam im Unterricht*. Beiträge zur interkulturellen Erziehung in Europa, Braunschweig 1996.

—: *Der Islam im Dialog*. Aufsätze von Professor Abdoldjavad Falaturi, Hamburg [5]1996.

Filali-Ansary, Abdou: *The Construction of Belief*. Reflections on the Thought of Mohammed Arkoun, London 2013.

Flügel, Gustav Leberecht: *Al-Kindi genannt ›der Philosoph der Araber‹*. Ein Vorbild seiner Zeit und seines Volkes, Leipzig 1857.

Foroughi, Mohammad Ali: *Sejre Hekmat dar Oroupa* [Geschichte der europäischen Philosophie], in 3 Bänden, Teheran 1938, 1939, 1941.

—: *Hoqouqe asasije mashroutijjate melal* [Das Grundrecht der Völker], Teheran 1941.

—: *Farhangestan chist?* [Was heißt Kultur?], Teheran 1972.

—: *Persien dar 1919* [Iran im Jahre 1919], Teheran 1974.

—: *Name ye xosusi be Mahmoud Vesal* [Privatbrief an Mahmoud Vesal], Teheran 1976.

Gharamaleki, Ahad Faramarz: *Nazarije-je Akhlaq Mohammad Ibn Zakariya Razi* [Ethik im Denken Mohammad Ibn Zakariya Razis], Teheran 2012.

Ghazali, Abu Hamid Mohammad ibn Mohammad: *Tahafut al falasifa* [Das Ungenügen der Philosophen], Teheran 1987.

—: *Ihya ulum ad-din* [Wiederbelebung der Religionswissenschaften], Bd. 4: Das Buch des Denkens, Teheran 1990.

Gorgias von Leontinoi: *Reden, Fragmente und Testimonien,* Hamburg 1989.

Günther, Ursula: *Ein moderner Kritiker der islamischen Vernunft,* Würzburg 2004.

Haeri Yazdi, Mehdi: *Kawoschha-ye aql-e Nazari* [Erforschungen der theoretischen Vernunft], Teheran 1968.

—: *Philosophie-Suche nach der Wahrheit und dem Sein,* in: Islam im Dialog, hrsg. v. Islamische Akademie Deutschland e.V. und Islamisches Zentrum Hamburg, Jg., 1., Nr. 3, 2002.

Haghdar, Ali Asghar: *Mohammad Ali Foroughi wa sakhtarhaje novin* [Mohammad Ali Foroughi und neue Strukturen], Teheran 1990.

Hajatpour, Reza: *Mehdi Hairi Yazdi interkulturell gelesen,* Nordhausen 2005.

Hamade, Trad: Dieu, le monde et l'âme chez Molla Sadra al-Shirazi, Paris 1993.

Harb, Ali: *Modakhalat*. Mabahit nakdia hawla aamal Mohammed Abed Al-Jabri, Houssine Marwa, Hicham Jaait, Abdel Salam Ben Abdel Ali, Said bin Said. [Interventionen. Kritische Untersuchungen über die Arbeiten von Mohammed Abed Al-Jabri, Houssine Marwa, Hicham Jaait, Abdel Salam Ben Abdel Ali, Said bin Said], Libanon 1985.

Haschmi, Mohammed J.: *Die Quellen des Steinbuches des Beruni,* Bonn 1935.

Hegel, Georg Wilhelm Friedrich: *Vorlesungen über die Philosophie der Weltgeschichte*, Hamburg 1955.

—: *Vorlesungen über die Philosophie der Religion,* Bd. 2, Frankfurt/Main 1969.

Herder, Johann Gottfried: *Ueber die Würkung der Dichtkunst auf die Sitten der Völker in alten und neuen Zeiten,* in: Sämtliche Werke, hrsg. v. Bernhard Suphan, Bd. 8, Hildesheim 1967 (334-346).

Hobbes, Thomas: *Vom Menschen, vom Bürger,* Hamburg 1959.

—: *Leviathan,* Stuttgart 2010.

Horkheimer, Max: *Zur Kritik der instrumentellen Vernunft,* Frankfurt/Main 1985.

Huntington, Samuel P.: *Kampf der Kulturen*. Neugestaltung der Weltpolitik im 21. Jahrhundert, München [3]1997.

Hussain, Taha und Ahmad Zaki (Hrsg.): *Ikhwan as-Safa wa khillan al-wafa: Rasail Ikhwan as-Safa wa khillan al-wafa* [Abhandlungen von Brüdern und Schwestern der Lauterkeit und Freunden der Treue], in 4 Bänden, Kairo 1928.

Ibn Khaldun: *Die Muqaddima*. Betrachtungen zur Weltgeschichte, München 2011.

Ibn Miskawayh, Abu Ali Ahmad ibn Mohammad: *Traité d'Éthique*, übersetzt von Mohammed Arkoun, Damas 1969.
—: *Gavidan Kherad* [986-992] (Ewige Vernunft), Teheran 1976.
—: *Tahdhib al-akhlaq* [Die Grundlagen der Moral], Teheran 1996.
—: *Al-Fauz Al-Asghar* [Das kleine Glück in der Philosophie], Teheran 2010.
Ibn Sina, Abu Ali al-Hussain ibn Abdullah: *Dar haghighat va kejfiat mogoudat* [Über die Wahrheit und Qualität der Dinge], Teheran 2004.
—: *Elahiat* [Die Metaphysik], Teheran 2004.
Jameleddine Ben-Abdeljelil: *Ibn Ruschds Philosophie interkulturell gelesen*, Nordhausen 2005.
Johardelvari, Abdolamir: *Iranische Philosophie von Zarathustra bis Sabzewari*, Frankfurt/Main 1994.
Kant, Immanuel: *Verkündigung des nahen Abschlusses eines Traktats zum ewigen Frieden in der Philosophie* (1798), hrsg. v. KPAW, Bd. VIII, Berlin 1923.
Kemmerich, Max: *Leben und Denken des Ibn Khaldun*, Augsburg 1994.
Kharazmi, Abu Djafar Mohammad Ibn Musa: *Zij al-Sindhind* [Sindhind], Teheran 1975.
—: *Kitab at-tarich* [Buch des Datums], Teheran 1979.
—: *Mafati-hol olum* [Werkzeuge der Wissenschaft], Teheran 1983.
—: *Kitab surat al-ardh* [Das Bild der Erde], Teheran 1990.
—: *Kitab al-Dscham wa-l-tafriq bi-hisab al-Hind* [Über das Rechnen mit indischen Ziffern], Teheran 1991.
—: *Kitab al-mukhtasar fi hisab al-gabr wa-l-muqabala* [Einführung in das Rechnen der Algebra und Almuqabala], Teheran 1993.
Khella, Karam: *Handbuch der arabischen Welt*, Hamburg 1982.
—: *Das europäische Orientbild*, in: Wider den Zeitgeist. Festschrift für Schapour Ravasani, hrsg. v. Andreas Lembeck u.a., Oldenburg 1996 (181-205).
—: *Die gespaltene Welt*, Hamburg [3]2002.
—: *Arabische und islamische Philosophie und ihr Einfluß auf das europäische Denken*. Geschichte und Inhalte: Ideen, Erkenntnisziele, Lehren, Aktualität, Hamburg 2006.
—: *Die Universalistische Erkenntnis- und Geschichtstheorie*, Hamburg 2007.
—: *Zur Philosophie Afrikas aus universalistischer Sicht unter besonderer Berücksichtigung Ägyptens*, in: Das Bild von Afrika. Von kolonialer Einbildung zur transkulturellen Verständigung, Berlin 2010 (27-74).
—: *Überall, jederzeit mit allen Waffen*, Hamburg 2011.
—: (mit Hamid Reza Yousefi): *Philosophie in orientalischen Traditionen*, in: Philosophie und Philosophiegeschichtsschreibung in einer veränderten Welt. Theorien – Probleme – Perspektiven, hrsg. v. Hamid Reza Yousefi und Heinz Kimmerle, Nordhausen 2012 (37-53).
—: *Der Philosophenstreit*. Ibn-Sina, Gazali, Ibn-Rusd, Hamburg 2013.

Kock, Ilona: *Ontologische Begründung von Ethik durch Einheitserfahrung im Denken Plotins und Ghazalis,* Nordhausen 2011.

Lüthe, Rudolf: *Absurder Lebensstolz.* Postmoderne Auseinandersetzungen mit der Philosophie Albert Camus', Münster 2012.

Mahmoud Zakzouk: *Ghazali und Descartes.* Ein philosophischer Vergleich, Nordhausen 2005.

Mardiha, Seyyed Morteza: *Efae az aqlanijjat.* Taqadomme aql bar din, siasat wa farhang [Die Verteidigung der Vernunft. Vorrang der Vernunft vor Religion, Politik und Kultur], Teheran 1998.

Maroth, Miklos: *Ibn Sina und die peripatetische ›Aussagenlogik‹,* Leiden 1989.

Mir Damad: *Dschazawad* [Die Feuerflamme], Teheran 1986.

Molla Sadra, Mohammad ibn Ibrahim Sadreddin Shirazi: *Das philosophische System von Schirazi,* übersetzt und erläutert von Max Horten, Straßburg 1913.

—: *Al-Hekma al-Motealiya fil-asfar al-Aqlia al-Arbaa* [=Asfar], [Transzendentalphilosophie. Der vierfache Weg zur Erkenntnis], Bd. 1, Teheran 2001.

Naraghi, Molla Ahmad: *Meradjul-Sa'ada* [Die Himmelfahrt der Glückseligkeit], Teheran 2006.

Nasr, Seyyed Hossein: *Science and Civilisation in Islam,* New York 1964.

—: *Die Erkenntnis und das Heilige,* München 1990.

—: *Se hakime mosalman* [Drei Weisen des Islam], Teheran 2002.

—: Nasr, Seyyed Hossein: *History of Islamic Philosophy,* 3 Volumes, Bd. 1, 1999, Bd. 2, 2001 und Bd. 3, hrsg. mit Oliver Leaman, London 2003.

—: *Dar djostegouje amre qodsi.* Gofgegou ba Seyyed Hossein Nasr [Auf der Suche nach dem Heiligen. Ein Interwiev mit Seyyed Hossein Nasr], Teheran 2006.

—: *Wiederbelebung der islamischen Philosophie,* in: Spektrum Iran, Heft 2, 27. Jg., 2014.

Qorbani, Abolqasem: Qorbani, Abolqasem (Hrsg.): *Zendeginame-je riazidanane Eslami* [Biographien islamischer Mathematiker], Teheran 1997.

Quintern, Detlev: *Zur Leistungsfähigkeit der ›universalistischen Geschichtstheorie‹ von Karam Khella in der Analyse internationaler Zusammenhänge,* Hamburg 1996.

Razavi Rad, Mohammad: *Molla Sadras Philosophie interkulturell gelesen,* Nordhausen 2006.

Rudolph, Ulrich: *Islamische Philosophie.* Von den Anfängen bis zur Gegenwart, München 2004.

Sabzewari, Molla Hadi: *Asrarol Hekma* [Rätsel der Philosophie], mit einer Einleitung von Toschihiko Izutzu, Teheran 1982.

—: *Scharhe Manzoume* [Das System des Universums], Teheran 1995.

Sahebozzamani, Mohammed-Hassan: *Das Verhältnis von Religion und Philosophie bei Al-Farabi,* Göttingen 1956.

Said, Edward W.: *Orientalismus,* Frankfurt/Main [3]2012.

Sartoscht: *Die Gathas des Sartoscht,* aus dem Persischen übersetzt und hrsg. v. Reza Madjderey, Nordhausen 2009.

Sezgin, Fuat: *Muhammad Ibn Zakariya al-Razi*. Texts and Studies, Frankfurt/Main 1996.

Shabestari, Mohammad Mojtahed: *Hermeneutic, The Scripture an The Tradition,* Teheran 1992.

Schirazi, Ghotbeddin: *Nihayat al-idrak fi dirayat al-aflak* [Die Grenzen der Durchdringung des Wissens über den Himmel], Teheran 1980.

Schramm, Matthias: *Ibn Al-Haythams Weg zur Physik,* Wiesbaden 1963.

Sohrewardi, Schahabeddin Yaha: *Hekmat ol Eshragh* [Philosophie der Erleuchtung], Teheran 2004.

—: *Aqle sorkh* [Morgenröte der Vernunft], Teheran 2006.

Tabari, Esfandiar: *Sohrewardi interkulturell gelesen,* Nordhausen 2007.

Tabatabai, Allameh Seyyed Mohammad Hossein: *Tafsir al-Mizan* [Das Kriterium der Interpretation], Teheran 1980.

—: *Usule Falsafe wa Raweshe Realism* [Prinzipien der Philosophie und Methoden des Realismus], in 5 Bänden, Teheran 1984.

—: *Nahajatol Hikma* [Ziel der Weisheit], Qom 1993.

—: *Bedajatol Hikma* [Anfang der Weisheit], Qom 2000.

Talbof Tabrizi, Mirza Abdolrahim: *Masalekolmohsenin* [Doktrin der Wohltäter], Teheran 1944.

Tayefeh-Mahmoudi, Bahram: *Der persische Arzt und Philosoph Avicenna (Ibn Sina)*. In der Sicht der persischen Medizin- und Literaturgeschichtsschreibung, Düsseldorf 1964.

Tousi, Khage Nasireddin: *Tadjrid dol arajed* [Philosophische Abstraktionen], Teheran 1994.

—: *Akhlaq-e Naseri* [Über das Wesen der Moral], Teheran 1996.

Tworuschka, Udo: *Abdoldjavad Falaturi*. Ein Wanderer zwischen den Kulturen, in: DIALOG. Zeitschrift für interreligiöse und interkulturelle Begegnung: Mensch – Leben – Glückseligkeit 2012 (109-117).

Vahdat, Farzin: *Mehdi Haeri Yazdi and the Discourse of Modernity,* in: Iran: Between Tradition and Modernity, hrsg. v. Ramin Jahanbegloo, Lanham 2004 (51-70).

Varedi, Ahmad: *Muhammad Ali Furughi, Zuka al-Mulk (1877-1942)*. A study in the Role of Intellectuals in Modern Iranian Politics, University of Utah 1992.

Wassilios Klein: *Abu Reyhan Biruni und die Religionen*. Eine interkulturelle Perspektive, Nordhausen 2005.

Wiedemann, Eilhard: *Zu den optischen Kenntnissen von Qutb al Din Al Schirazi,* Leipzig 1911.

—: *Über die Gestalt, Lage und Bewegung der Erde sowie philosophisch-astronomische Betrachtungen von Qutb al Din al Schirazi*. Mit 2 Abbildungen, Leipzig 1912.

Yousefi, Hamid Reza: *Interkulturalität und Geschichte*. Perspektiven für eine globale Philosophie, Reinbek 2010.

—: *Viele Denkformen – eine Vernunft?* Über die vielfältigen Gestalten des Denkens, hrsg. v. Hamid Reza Yousefi und Klaus Fischer, Nordhausen 2010.

—: *Zarathustra – neu entdeckt.* Theoretische und praktische Grundlegung einer verkannten Philosophie, Münster 2010.

—: *Interkulturalität.* Diskussionsfelder eines umfassenden Begriffs, hrsg. v. Hamid Reza Yousefi und Klaus Fischer, Nordhausen 2010.

—: *Interkulturalität.* Eine interdisziplinäre Einführung (mit Ina Braun), Darmstadt 2011.

—: *Karl Jaspers.* Grundbegriffe seines Denkens, hrsg. v. Hamid Reza Yousefi u.a., Reinbek 2011.

—: *Philosophie und Philosophiegeschichtsschreibung in einer veränderten Welt.* Theorien – Probleme – Perspektiven, hrsg. v. Hamid Reza Yousefi und Heinz Kimmerle, Nordhausen 2012.

—: *Einleitung der Herausgeber* (mit Heinz Kimmerle), in: Philosophie und Philosophiegeschichtsschreibung in einer veränderten Welt. Theorien – Probleme – Perspektiven, hrsg. v. Hamid Reza Yousefi und Heinz Kimmerle, Nordhausen 2012 (7-18).

—: *Wissensgesellschaft im Wandel.* Bildung, Bolognaprozeß und Integration in der Diskussion, hrsg. v. Hamid Reza Yousefi, Nordhausen 2011.

—: *Interkulturalität als eine akademische Disziplin,* in: Das interkulturelle Lehrerzimmer. Perspektiven neuer deutscher Lehrkräfte auf den Bildungs- und Integrationskurs, hrsg. v. Karim Fereidooni, Wiesbaden 2012 (177-192).

—: *Toleranz im Weltkontext.* Geschichten – Entstehungsorte – Neuere Entwicklungen, hrsg. v. Hamid Reza Yousefi und Harald Seubert, Wiesbaden 2013.

—: *Verstehen und Verständigung in einer veränderten Welt.* Theorien – Probleme –Perspektiven, hrsg. v. Hamid Reza Yousefi und Klaus Fischer, Wiesbaden 2013.

—: *Wir reden miteinander.* Eine Einführung in die interkulturelle Kommunikation, Darmstadt 2013.

—: *Die Bühnen des Denkens.* Neue Horizonte des Philosophierens, Münster 2013.

Yousefian, Hassan und Ahmad Hossein Sharafi: *Aql wa Wahj* [Vernunft und Offenbarung], Teheran 1997.

Zakariya Razi, Abu Bakr Mohammad ibn: *Moallafat wa mosnnafat* [Einführung in die Schriften], Teheran 1992.

—: *Al-Mansuri fi al-tib* [Kanon der Medizin], Teheran 2007.

—: *Al-siratol falsafija* [Die philosophische Lebensführung], Teheran 2011.

Zakzouk, Mahmoud: *Ghazali und Descartes.* Ein philosophischer Vergleich, Nordhausen 2005.

Zanner, Markus: *Konstruktionsmerkmale der Averroes-Rezeption.* Ein religionswissenschaftlicher Beitrag zur Rezeptionsgeschichte des islamischen Philosophen Ibn-Ruschd, Frankfurt/Main 2002.

SV

suhrkamp spectaculum

paradies fluten (verirrte sinfonie) ist der erste Teil der Klimatrilogie von Thomas Köck, der in einer gewaltigen Bilder- und Sprachflut eine Geschichte des Kapitalismus als Parade mit Instrumenten, Geschichten, Chören vorbeiziehen lässt, die mit dem Kautschukboom im 19. Jahrhundert, dem ganze Landstriche und Völker zum Opfer fielen, beginnt. Köck betrachtet die Gegenwart durch die historische Linse und gelangt so zu verblüffenden Bildern. Köcks sprachlich kraftvolle, pulsierende Literatur überspringt leichtfüßig die Grenzen zwischen Prosa, Dramatik und Lyrik. Seine raumgreifende Sprache, seine Szenarien, sind eine erfrischende Provokation für die Bühne, ein ästhetisches wie politisches Verfahren.

Für *paradies fluten*, das zu seinen meistgespielten Stücken zählt, erhielt der vielfach ausgezeichnete Thomas Köck 2016 den renommierten Kleist-Förderpreis. Das Buch enthält mit *paradies fluten*, *paradies hungern* und *paradies spielen* die gesamte Klimatrilogie.

Thomas Köck wurde 1986 im österreichischen Steyr geboren.